枭雄

一代

刘邦

水木年华·编著

开国帝王系列

郑州大学出版社
郑州

图书在版编目（CIP）数据

一代枭雄刘邦 / 水木年华编著 . —郑州：郑州
大学出版社，2018.4
（开国帝王）
ISBN 978-7-5645-5295-4

Ⅰ . ①一… Ⅱ . ①水… Ⅲ . ①汉高祖（前 256- 前
195）- 评传 Ⅳ . ① K827=341

中国版本图书馆 CIP 数据核字（2018）第 024907 号

郑州大学出版社出版发行
郑州市大学路 40 号　　　　　　　　邮政编码：450052
出版人：张功员　　　　　　　　　　发行部电话：0371-66658405
全国新华书店经销
新乡市豫北印务有限公司印制
开本：710 mm×1 000 mm　1/16
印张：17
字数：236 千字
版次：2018 年 4 月第 1 版　　　　印次：2018 年 4 月第 1 次印刷

书号：ISBN 978-7-5645-5295-4　定价：48.00 元
本书如有印装质量问题，请向本社调换

内 容 简 介

刘邦，中国历史上第一位平民帝王。他崛起于乱世，南征北战，终胜西楚霸王项羽，成就开国帝业。他是酒肆歌寮里形骸放荡的村痞浪子，他是金戈沙场上运筹帷幄的军事天才，他是捭阖斡旋于天下诸侯的纵横大家，他是知人善任创千秋基业的乱世枭雄。身为汉高祖，刘邦摒弃自身弱点，广开言路虚心纳谏，与民生息勤俭治国，为后世基业夯定坚固的基础，最终使汉成为中国历史上统治时间最长的强盛王朝，同时，他对汉民族的统一、中国的统一强大，汉文化的保护发扬有决定性的贡献。本书用通俗灵动的语言，深入讲述汉高祖刘邦的传奇人生。

前　言

　　中国两千多年的封建历史长河是由一个个朝代组成的，每个朝代都会涌现出一个叱咤风云、扭转乾坤的开国帝王，这些开国帝王无不具有一段非凡的传奇，如夜空中群星般璀璨夺目。他们抓住历史机遇，尽显扭转乾坤、开疆辟土的万丈豪情和文韬武略；他们开启了一个新的朝代，翻开了历史的新篇章。

　　曹操说："夫英雄者，胸怀大志，腹有良谋，有包藏宇宙之机，吞吐天地之志者也。"细品这些开国伟人，他们无不深刻影响了中国的历史发展，也因此青史留名。

　　开国帝王在制定朝纲、驾驭群臣、发展经济、政治谋略、军事手段、思想文化、民族关系等方面所实行的一系列政策，都或多或少地推动着历史的进程。作为开国帝王，无论从哪个角度讲，他们都是当时的成功人物。解读开国帝王，剖析中国历史，还原其真实的面目，可以让我们从中学到宝贵的人生智慧。

　　本丛书汇集历代开国帝王的生平事迹，上起千古第一帝秦始皇，下迄清朝开国皇帝皇太极，直观、深入地介绍了每一位开国帝王惊心动魄的奋斗历程。

　　希望本书能够得到广大读者的喜爱。

目　录

附录　汉高祖刘邦大事年表

泗上亭长

第一章

平凡家世

秦庄襄王三年（公元前247年），沛县（今江苏沛县东）丰邑（今江苏丰县，当时属沛）中阳里村，生活着一户姓刘的农民，主人刘太公，主妇刘氏。刘家世代务农，加上刘公夫妇吃苦耐劳，所以生活虽然艰难，依靠祖上留下来的产业，却也过着自给自足的日子。

他们本是普通的人家，普通的人，然而一件神秘的事情却降临到了他们身上。

一天，刘氏因事外出，走路走得久了，就感脚下乏力，刚好路边有一柳树，于是便坐下休息。谁知困意袭来，正当似睡非睡之时，忽见一披甲神人从天而降，立在身旁，略停片刻，便向自己走来……以后之事，就昏然不觉了。

刘公在家，见妻久出不归，心中惦念，正要离家相迎，见天色突变，一时乌云密布，电闪雷鸣，四处一片昏暗。刘公更加着急，忙拿了雨具，奔出家门，向大泽方向赶去。临近大堤，远远看见妻子坐在一棵树下，对天气的变化没有任何反应，更为惊奇的是妻子周围的云雾越积越浓，云雾中金光浮动，似有蛟龙腾跃。见此，刘公惊恐万分，不敢前往，停步观望。不久，云气渐散，天气转晴。刘公忙跑到妻子身旁，见她睡意方醒，问起刚才情况，她只说："我走路乏了，在此休息，蒙胧中见有一金甲神人来到身边，以后的事情就记不清楚了。"刘公听后，心中暗暗称奇，忙

扶起妻子回到家中。

不料刘氏从此有孕，十月怀胎，一朝分娩，产下一个男婴来。因为排行第三，就起名刘季。这个刘季，便是后来当了汉朝开国皇帝的刘邦。而以上那场如梦如幻的情景，后来也变成了刘邦本是"龙种"的"铁证"，被太史学家司马迁正式地写进了《史记》。

刘太公的家境在当地来说，实在是太平常了，平常得他甚至没能留下一个真实的名字，他的妻子，别说名字，连姓氏也无从考究。后来，司马迁撰写《史记》，尽管那时离刘邦在世之日还不足百年，司马迁翻遍了皇家馆藏的所有图书，走访了刘家的亲朋近邻，也未能找到刘邦父亲的真名和刘邦母亲的实姓，只好在其不朽巨著《史记》里如实记叙说："刘邦父曰太公，母曰刘媪。"

但是后世一些研究历史的人，认为刘邦是汉朝的开国皇帝，不给他的父母查出个真名实姓，似乎是对皇帝的最大不恭，于是，多方牵强，百般附会，竟把一个非常简单的问题，弄得十分复杂，以致于众说纷纭。东汉学者王符，在作《史记》索隐中说刘邦的父亲叫"刘熵"，魏晋时的皇甫谧在《帝王世纪》里则说刘邦的父亲名刘执嘉，刘邦的母亲姓王。也有人极力反对，认为刘邦的母亲不是姓王，而是姓温。以胡编乱造闻名于世的《春秋握成图》还费尽心机地给刘邦的母亲查证出个非常雅致的名字："含始"。这事让唐朝初年的学者颜师古很有些愤愤然。他在《汉书·高帝纪》索隐中毫不客气地批评说："媪，女老称也，史家不详注高祖母之姓氏，无得记之，故取当时相呼称号而言也。其下王媪之属，意义皆同。至皇甫谧等妄引谶记，好奇骋博，强为高祖父母名字，皆非正史所说，盖无取焉。宁有刘媪本姓实存，史迁肯不详载。即理而言，断可知矣。"

学者们不但要为刘邦的父母"考究"出名字，还要再为刘邦"考究"出一个名贵的出身，否则，就难以显示出伟人不同于凡夫俗子的品性，也解释不出他会成为伟人的内在原因，于是，又苦心孤诣地给刘邦挂靠上一个高贵的血统，说刘邦是远古时代大圣人唐尧的后裔。刘邦建立的汉朝，也是继承了帝尧的事业。

据说尧初居于陶（今山东定陶西北），后迁入唐（今山西临汾西南），所以世称为陶唐氏。班固在《汉书·高帝纪》的《赞》里郑重其事地写道：史书《春秋》记载着晋国太史蔡墨的话：陶唐氏衰弱后，他的后代有个叫刘累的，怀有驯龙的绝技，为夏王孔甲专门养龙。商、周两朝，刘氏后人仍被封为诸侯；春秋时期，他们在晋国做官，采邑封在范（今河南省范县东南），就以范作为姓氏。鲁文公时（公元前7世纪末），范氏家族受晋灵公和赵宣子迫害，逃往秦国。七年以后，范氏族人一部分回到晋国，一部分留在秦国，留在秦国的那支，恢复了他们过去的姓——"刘"。

但是，秦国的刘氏和沛县的刘氏相隔数千里，如何才能把他们的血缘有机地结合在一起呢？对此，西汉经学家、楚王刘交的四世孙刘向做了突破性的发展。他补充说："战国时期，刘氏的族人随同秦军伐魏，被魏军俘虏。秦灭魏的时候，魏被迫把都城从梁（今河南开封）迁到沛县的丰邑。"刘氏的族人也随之迁到了丰邑。

为此，刘向还编了一首《高祖颂》的歌，供人们传唱。歌词是："汉帝本系，出自唐帝。降及于周，在秦做刘。涉魏而东，遂为丰公。"这里的"丰公"，即太公的父亲，刘邦的爷爷。

刘向为了使他的"考据"更具说服力，又举出刘氏祖坟在丰邑的事实做佐证。他说，这是由于刘氏族人迁到丰邑的时间不长。又说，刘邦即皇帝位后，设祖宗祠堂祭祀，就分了秦、晋、梁、荆（丰属荆楚）四个层次。经过如此多人的引经据典，旁征博引，终于得出了"汉承尧运"的结论。

刘邦的长相，也被描绘得非同寻常。史书上说他眉骨挺耸，鼻梁高大，天庭宽广。丰满的额角上隐隐约约呈现出龙的身影，额下留一副漂亮的五绺长须，左腿上生有七十二颗黑痣。睡觉的时候，总有一条金龙护罩全身，让人不敢逼视。真是赫赫君主相，堂堂帝主容。

刘邦兄弟四人，大哥叫刘伯，结婚后没过几年就死了，大嫂带着孩子寡居乡间。二哥叫刘喜，又称刘仲，从小老实巴交，跟着太公在家务农。老大、老二和老三刘邦都是刘媪生的，老四刘交则和刘邦同父异母。刘交喜欢读书，小时候曾跟着名儒浮丘伯学过《诗》，为人多才多艺，在刘邦的兄弟行中，他是唯一的知识分子，刘邦平时与刘交的关系也最亲。刘邦聚众起兵后，刘交经常跟在刘邦身边，帮助刘邦出谋划策。

刘邦的父亲刘太公，有着中国普通农民质朴憨厚的典型性格。为人勤俭，持家有方。农忙时节下田种地，农闲时间还做点小生意，这可以从他的社交圈中得到验证。刘邦当了皇帝，把太公封为"太上皇"。这位"太上皇"住在皇宫里，只管享清福，从不问政事，闲暇时间打发不完，就把过去的老伙伴邀到宫廷里玩。这些被邀请的人，多是屠夫、小贩、酒店老板、大饼店掌柜一类，由此可知，刘太公过去与他们有着相同的经历。

出任亭长

刘太公的最大心愿，就是多置办些产业，能在沛县成为一个受人敬重的富翁。大儿子青年夭折，太公非常悲伤，幸好二儿子刘喜老实本分，日

刘邦画像

出而作，日落而息，和自己一样，在庄稼行里是个出类拔萃的人。老三刘邦，体格健壮，相貌魁伟，家里面多了一个好劳力，太公心里十分高兴，对这个三儿子也分外喜欢。但是随着刘邦一天天长大，太公却一天天地生起了刘邦的气。这是因为，刘邦虽然出生在农家，却极不喜欢农桑。他不想面朝黄土背朝天，一身泥巴一身汗地干庄稼活儿。太公就把他送进学堂，想让他读些书识些字，学会记记账，以后能做个小本生意维持生计。谁知刘邦对读书也不感兴趣，识了几个字，就不想再学了。刘太公看在眼里，急在心头，先是规劝，继而斥骂，说他"不能治产业""不成器""不如老二有出息"。刘邦挨了骂，嘴里不说什么，心里却老大地不服气，行动上也仍然我行我素。刘太公拿他没有办法，只好采取极端措施，将之赶出家门，逼着他另谋生路，自食其力。

刘邦离开家门，无人管束，倒也十分自在，只是每天的吃饭却成了问题，于是，他想起了住在乡间的大嫂。

刘伯死后，他的妻子带着孩子刘信，搬出家门另居。孤儿寡母相依为命，日子过得十分艰难，久而久之，养成了吝啬的习惯。刘邦有家难归，只好到嫂子家就食。嫂子心里很不乐意，可面子上抹不开，也就勉强供给。后来，刘邦不但自己白吃白喝，还隔三岔五地邀请一帮狐朋狗友，在嫂子家大吃特吃，这就使得嫂子非常生气。

一天中午，嫂子刚刚做好了饭，准备跟儿子安安宁宁享用一顿。一抬头，远远望见刘邦又领了一帮子人朝家走来。她灵机一动，赶紧用笼盖把饭菜盖上，顺手拿起锅铲，又是刮锅，又是敲盆，弄得叮叮当当乱响，意

在告诉刘邦，饭已经吃完了，你们不要再有什么指望。跟着刘邦来的几个人见了这般情景，无可奈何地怏怏离去。刘邦多个心眼，走到厨房里，打开笼盖一看，里边的饭菜热气腾腾，发出诱人的香味。他明白是受了嫂子的捉弄，心里又羞又愧，可自己白吃白喝，明明理亏，不好与嫂子争论，只是长叹几声，悻悻离去。

这件事对刘邦的刺激太深了，以至于在当了皇帝之后，别的子侄不是封王，便是封侯，唯独不封他大哥的儿子刘信。刘太公还以为儿子"贵人健忘"，提醒刘邦。不料刘邦气呼呼地说："我不是忘了封大哥的儿子，只是恨他母亲当年太吝啬。"刘太公爱孙心切，一再央求。刘邦迫不得已，才把刘信封为最小的侯，而且叫"戛羹侯"，可见他对这件事的记恨之深。

公元前224年，秦王政派大将军王翦攻灭楚国，在沛地设立泗水郡，刘邦被推荐当上泗上亭（今江苏沛县东，又作泗水亭）的亭长。亭是秦时在与"乡"同级的交通要道上设立的一种行政机构，负责接待过往行旅的食宿、公文传递和维护社会治安等事。"亭长"是"主亭之吏"，直属县令管辖。刘邦当亭长时期的政绩，史书上记叙得不多，但有两件事情，却描写得十分详细。

一件是"以竹皮为冠，令求盗之薛治之"。"薛"是古县名，在今山东滕州东南，"求盗"是官名，为亭长手下的副职，负责追捕盗贼。刘邦对自己的衣冠服饰十分讲究。为了显示自己的与众不同，他精心设计了一种帽子，高七寸，宽三寸，上顶略平，下部稍宽，要求用当年长出的嫩竹皮编织而成。刘邦打听到薛县的手工编织工艺非常高超，有许多能工巧匠，便特地派求盗带上他绘制的图样，风尘仆仆地赶到薛县，寻找名师制作。帽子做好了，刘邦十分喜爱，起名为"刘氏冠"，他经常戴着它漫步于通衢，招摇于街市，神气十足地展现自己的杰作。沛县起兵时，竹皮冠成为他的重要装束。以后当了皇帝，还专门颁发诏令，规定只有达到一定爵位的人，才有戴这种帽子的资格，并把它列为汉朝的定制。

第二件事是常从王媪、武妇处"贳"（音世，赊欠的意思）酒，但只"贳"而永不清账，赖钱赖得心安理得。

王媪、武妇是泗水亭上的两位妇女，各开了一爿小酒店。刘邦嗜酒如命，成了这两个店主的常客。他熟门熟路，或是一人独饮，或是邀友共酌，不管是喝多喝少，从不现付酒钱。只是吩咐两个妇女记到他的账上。一年到头，却始终不提还欠清账之事。刘邦是当地的头面人物，由于他的频频光顾，使得这两个小酒店顿然增辉，生意格外兴隆。两个小店因此多赚的钱，除抵消刘邦的赊欠外，还绰绰有余。王媪和武妇惹不起这个地方长官，不敢向他讨账，干脆顺水推舟，当着刘邦的面，"折券弃债"，表示将过去的旧账，一笔勾销。为了顾全刘邦的面子，再落个人情，她们对别人解释说，刘邦酒醉睡熟后，头上常常有神龙出现，她们觉得怪异，才主动这样做的。刘邦听了，心里更是十分得意。

这些话越传越远。刘邦竟因此在人们的心目中变成了神。

刘邦年轻时行为放荡，然而却在放荡中透出一种行侠仗义的英雄之气，令人钦佩。所以，许多人都主动亲近他，把他视为最可信赖的知己。

在沛县，与刘邦关系最深的，当首推萧何。

萧何，在沛县衙门里当"主吏掾"。"掾"是对一般附属官员的通称。按秦朝的制度，县令下面的属吏，分"主吏"和"少吏"几个级别。"丞"和"尉"职位最高，称为"长吏"或"主吏"；而"斗食"和"佐吏"等，则称为"少吏"。萧何担任的职务，当属县丞，是县令的直接助手。

根据秦始皇"贫而无行，不得推择为吏"和"若有欲学法令者，以吏为师"的规定，除了立有军功，可以按军功授爵的将士外，其他人被选为

郡县的属吏，必须要具备三个条件：一是要有一定数量的家产，二是要有足够的"德行"，三是具备必要的文化知识。在这几个条件上，萧何均优越于刘邦。

萧何在沛县极有声望，史书上说他以"文无害"著称乡里。所谓"文无害"，是称赞萧何通晓律令，主持公道，不枉害人。萧何从人品到才干，均无可挑剔，沛令也对他十分倚重。

但是在萧何的心目中，刘邦却是一个超凡脱俗、出类拔萃的人物。他暗暗把刘邦当作自己的首领。刘邦平时不拘小节，常常惹出些违法犯禁的麻烦，萧何总能施展出刀笔吏的神通，把大事化小，小事化了，使刘邦不至于吃官司。以后，萧何又极力推荐，让刘邦当上了泗水亭的亭长。《史记·萧相国世家》对这一段历史的记叙是："高祖（刘邦）为布衣时，（萧）何数以吏事护高祖。高祖为亭长，常左右之。"

更难能可贵的是，萧何为了能够经常和刘邦在一起，主动放弃了进京高升的机会。

秦始皇为了巩固秦朝的政权，对各级官员的政绩要求十分严格。他定期派出特使，到各郡县巡行，考察地方官吏，以决定是否升贬。去沛县考察的是一位御史，这位御史看萧何精明能干，极力推荐萧何到京城做官。萧何却不愿同刘邦分手，婉言谢绝了御史的垂青，继续留在沛县当他的"主吏掾"。以后刘邦在沛县能够举义成功，萧何确实功不可没。

刘邦在沛县官场中的朋友，除了萧何外，还有当狱掾（管理监狱的官吏）的曹参，当狱吏的任敖，管理车马运输的夏侯婴以及泗水亭的亭卒周苛等人。这些人尽管身份各异，地位不同，但他们都对刘邦唯命是从。刘邦一旦遇到什么危难，他们会不顾自己的一切，鼎力相助，即使赴汤蹈火，也在所不惜。夏侯婴的案子，便是一个例证。

夏侯婴的职衔是"厩司御"，这是一种较低的官职。他除了管理县里的车马外，还要经常赶车出城给县令办事。每次办完公事，夏侯婴都要绕到泗水亭去找刘邦，或是喝喝酒，或是说说知心话，而且一坐就是大半天。这种亲昵关系，引起了别人的嫉妒。

过了一段时间，夏侯婴听到消息，他将被提升为"试补县吏"。"试补县吏"属于县里的高级职员。夏侯婴乐得一蹦三尺高，连家也顾不上回，一口气赶到了泗水亭，把这个喜讯告诉给刘邦。

刘邦也为自己老朋友的荣升而万分高兴，亲手做了几个小菜，打开一坛存放多年的陈酒，两人相对而坐，你一盅，我一盅，欢欢喜喜地畅饮起来。真是人逢喜事精神爽，一坛老酒很快见了底，两人都有了几分醉意。但是，话却越说越投机，精神越来越亢奋，以至于乐得忘掉了一切，两人好像一下子又回到了孩童时期。你推我一把，我捅你一拳，拉拉扯扯，滚打在一起。刘邦猛一用力，只听夏侯婴"哎哟"一声，胳膊脱了臼。

这件事被刘邦的一个政敌知道了，到沛令那里告了刘邦一状，说刘邦是"吏伤人"。按照秦朝的法律，做官吏的人犯了法，要从严惩处。刘邦身为泗水亭长，负责维护地方上的治安，结果自己却打伤了人，这事一旦落实，刘邦轻则免官，重则要作为刑徒，发配到边疆去修长城。

沛令本来看刘邦就很不顺眼，如今得了这个机会，打定主意，要重重地惩治刘邦。他迅速传齐各方，公堂会审。

大堂上，刘邦矢口否认。夏侯婴更是极力辩白，说是他自己不小心摔伤了手臂，与刘邦没有关系。萧何、曹参也尽量帮着刘邦说话。刘邦的那位政敌只为耳闻，并未眼见，结果以"诬告"的罪名，挨了一顿板子。

原告变成了被告。那位政敌觉得窝火，又多方探听，了解到责任确实在刘邦身上，于是进行翻案。沛令也不死心，以升官发财为诱饵，让夏侯婴如实招认，夏侯婴坚决不从。第二次升堂，又没有问出什么结果。只好给夏侯婴加个"责任心不强"的罪名，打了几百板子，又蹲了一年多大

狱。"试补县吏"的职位也泡了汤。但"终以是脱高祖"，他用自己的身体和前程，保护了刘邦。

在社会底层的普通民众中，刘邦也结交了一批热血朋友。比如周勃、樊哙等。他们尽管出身贫寒，可一个个侠肝义胆，身手不凡。在刘邦当亭长期间，这些人虽然没有做出值得史书记叙的特殊贡献。但是，在刘邦以后的事业中，他们却建立了不朽的功勋。

为人"木僵敦厚"的周勃，在沛县以编织苇箔为业。为了养家糊口，别人办丧事，他还去充当吹鼓手，在那个时候这种职业是最为下贱的。但是，刘邦却不以职业取人。沛县起义，周勃被任命为"中涓"（本来指主管帝王宫廷清扫工作的官，以后也指最亲近的侍臣）。此后，无论是推翻暴秦的作战，还是抗击匈奴的入侵，乃至平息诸侯王的叛乱，周勃总是冲锋在前。刘邦临死时还一再嘱咐，要给周勃委以重任。刘邦死后，周勃果然不负重托，勇夺北军，粉碎了诸吕的叛乱，保证了刘邦的事业不致中断。

樊哙是个杀狗卖肉的屠户，目不识丁，可为人豪爽，极讲义气。刘邦不但和樊哙交好，而且还与他结成连襟。后来在鸿门宴上，樊哙头发上指，"目眦（眼眶）尽裂"，慑服了不可一世的诸侯上将军项羽，使刘邦死里逃生；两军阵前，他总是身先士卒，舍生忘死，斩将夺旗。特别是樊哙总能在关键时刻，对刘邦直言相谏，成为一位难得的肱股之臣。

美满婚事

刘邦的结发妻子吕雉，字娥姁，砀郡单父（今山东单县）人，出生于公元前241年，比刘邦小十五岁。单县是沛县西边的邻县，吕雉的父亲人称吕公，是沛县县令的好友。为躲避仇人，吕公举家迁至沛县居住，吕雉因此得以与刘邦喜结良缘。

沛县县令见老友吕公迁至本县居住，便决定摆酒宴为吕公接风。县令此举，从表面上看是不忘故友，重叙旧情，以交友之道为重，实际上是借此向他的下属官吏索取钱财的一次机会。县令有意事先将设酒宴款待吕公一事张扬出去，待到举行酒宴的那天，沛县府中的属吏及当地豪杰名流，闻知县令在家中设宴接待贵客，哪一位敢不前往凑趣助兴？既然前往县令家赴宴，又会有谁不备一份"礼物"便空手前往？

宴会当日，沛县县令家门前车水马龙，客人出出进进，很是热闹。为应付这一场面，县令家中的管事忙碌不休；而主持收纳财礼的事宜，县令特意命主吏萧何担任。由协助县令负责全县官吏人事考核的萧何来接收账礼，县令举办这次宴会的真实用意，不言自明。

县令在家中设宴接待贵客，刘邦怎能不赴宴往贺。但是，他既无朝廷俸禄，又不肯搜刮百姓，连饮酒都是欠账，哪有钱以备财礼？然而，刘邦又怎肯错过这场盛宴？他踌躇了一会儿，便两手空空而来。当刘邦来到县令家门前时，客人早已来了大半，县令与吕公已在堂上分宾主落座。在门

前，刘邦听到萧何对前来的贵宾们说："贺礼不满千钱的，坐于堂下。"

闻知萧何主持收纳财礼，刘邦心中不禁一阵高兴，也就不为两手空空前来而犯难了。可是对于贺礼不满千钱坐于堂下的这一规定，刘邦却有几分讨厌。灵机一动，刘邦便于门外在名帖上写道："泗水亭长刘邦贺万钱。"而实际上他手中连一钱也没有带。负责招待的家客见刘邦在帖上写道"贺万钱"，大吃一惊，便立即高声向门内喊道："泗水亭长刘季贺万钱！"

随着，接待人员便导引刘邦入门到堂上入座。这时，坐于堂上主宾席的吕公，闻听有贺万钱的贵宾到来，大吃一惊，不知是何方贵客，便急忙起身迎接刘邦到堂上就座。

萧何在门内闻听接待人员高喊刘邦贺万钱，不由一怔。他心里清楚，刘邦哪里会有什么万钱充当贺礼，肯定是在欺诈，在心里暗自骂道："这小子今天又到这里来耍鬼把戏，这不明明是给我出难题吗？"萧何素知刘邦的为人，彼此又是莫逆之交，此刻也无可奈何，只得暂且为他遮掩一下。

刘邦呢，只见他大摇大摆地在门客的指引下，彬彬有礼地步入堂上。

萧何在堂下见刘邦在堂上受到吕公的敬重，便走上堂来，面对吕公说道："刘季好说大话，很少能说到做到。"

萧何对吕公所说的这句话，实质上是对刘邦发出警告。诈称贺万钱已使萧何有苦难说，他哪能容得刘邦在吕公面前再次口出狂言，惹出麻烦来。刘邦当然知道好友萧何的用意，但他装作没听见的样子，在他素来瞧不起的县府一班官吏面前，刘邦毫不客气，大大方方地坐在上座，一点也不谦让。酒宴进行期间，刘邦在吕公的一旁神态自若，谈笑风声，与吕公谈得很是投机。酒席临近尾声，客人们已开始离座告辞，吕公一一答谢。当刘邦也要离座时，吕公向刘邦使了一个眼色，刘邦心领神会，知道吕公是要他暂且留住，也许有话要说。

刘邦待客人都已离去后，自己却留在后面，这时，吕公在送走全部客人后，转身面对刘邦，请他坐下。吕公落座后，便严肃而语重心长地对刘邦说："您相貌非凡，我愿意把亲生女儿，嫁给你为妻。"

此时刘邦已年近四十，仍未娶妻。他见吕公是一位不平凡的长者，又是县令的故友，心里十分答应这门亲事，但口上不得不回答说："后生蒙大人赏识，实属三生有幸。只是婚姻大事，容后生禀告父母后再作答复。"

"是的，是的。"吕公连声点头允诺。

从刘邦的回话和态度来看，吕公知道刘邦在心中已经答应了这门亲事，料想刘邦的父母也不会提出什么异议。

刘邦向父母禀告吕公之意，父母也很高兴。多年来父母一直为刘邦的婚事操心，怎奈儿子对此事总是借故推托，使得做父母的也无可奈何。在儿子禀告此事之前，父母对三儿子的婚事问题，早已是心灰意冷，不愿再过问了。令二位老人喜出望外的是，这次是他的儿子主动禀告此事，从谈话的口气中，二老知道儿子心中有意与吕公女儿成婚，况且吕公又是县令的故友，不是寻常人家，当然没有任何异议。只是刘老太公在高兴之余，想起三儿子的婚事令他操心多年，心中难免还残存着怨气，便向三儿子说道："不成器的东西，都是年近四十岁的人了，还没有个家室。当父母的还能陪伴你们几天，也不愿为你再操这份心了。这件事只要你自己愿意，我和你母亲也就不想再说什么了。"

刘邦从父亲的谈话中，知道二老心里对这门婚事是满意而高兴的，只是多年来对自己心中有些怨气，话不能不这么说。见父母答应这门婚事，刘邦心里很是高兴，因为这毕竟是他有生以来第一次要做新郎啊！

吕公把女儿吕雉许配给刘邦，这事在家中却引起了一场轩然大波。

却说吕公赴宴后回至家中，把将女儿许配给刘邦一事讲给老伴儿，谁知吕老太听后大怒说："你这个老糊涂，从前总是对我说咱们这个女儿与众不同，一定要嫁给个富贵人家。来到沛县后，县令想把女儿娶做儿媳妇，这是多么好的一门亲事，门当户对，年龄也相般配，我有心答应，可你却说不合适，坚决不肯，我也依了你。可你今天却事先不向我说一声，竟稀里糊涂地把女儿许配给刘邦。他刘邦是什么人，都年近四十了，家里又没有什么产业……"

吕公见老伴儿唠叨没完，心里有些不耐烦，心想说不定还要说出什么令人烦恼的话来，便打断吕老太的话，生气地说："这不是你们妇道人家所能懂得的！难道我能让自己的亲生女儿将来受苦遭罪吗？"

吕公是吕门的一家之主，他向吕老太说了这句话，这门亲事就算是这样定了下来。

刘邦与吕雉结婚的那天，很是热闹。作为一名亭长，刘邦在远近也算是小有名气，加上他待人仁慈和善，人缘很好，又有县府里的一班同事和朋友，前来参加婚礼的客人很多。不必说萧何、曹参等人是宴席上的贵宾，就连县令也派人送来了一份贺礼。婚礼这天，刘邦感到平生从没有过的畅快，比平时多饮了许多酒。待到客人散去，他与妻子吕雉进入洞房时，早已醉得不成样子。

刘邦自从娶吕雉为妻后，夫妻二人日子过得很和谐。从此，刘邦便很少光顾王大妈、武大娘所开设的两家小酒店；外妇曹氏那里，也很少再见到刘邦的身影。吕雉长得虽然算不上是美人，但也五官端正，正是妙龄少女，又有良好的家教，举止有礼，为人还很要强。过门后，吕雉把家里家外都操持得井井有条，就连田间的农活，也都大多由她来劳作，对丈夫更是关心备至，很是敬重。刘邦对自己这位年轻的妻子从心眼儿里感到满意，对妻子体贴入微，吕雉劳作一整天所带来的疲乏，在

吕后像

丈夫无微不至的关怀下，瞬间便消失在幸福温情之中。

刘邦结婚后，吕雉为他生下一个女儿，这就是后来的鲁元公主；一年多后，又为他生下一个男孩，这就是后来的孝惠皇帝。刘邦年过四十，喜得贵子，当然高兴万分。夫妻一起安安稳稳地过日子，二人之间的恩恩爱爱自不必细说。其间，曾有一件与后来似乎有关的事，《本纪》里有所记载：秦时的亭长不算是帝国在编的官员，官府也不发给俸禄，只是拨给一块田地，由官府派人代耕。虽说是有人代耕，也主要是播种或收获的大忙季节，有人代劳；田间管理期间的除草等多项农活，仍须由家人劳作。自从吕雉嫁给刘家后，田间除草等农活儿主要是她承担下来。刘邦见妻子抚养两个孩子，又要到田间操持农活儿，很是心疼，便在农忙季节经常请假回家，协同妻子在田间做些庄稼活。

远赴咸阳

刘邦自与吕雉结为夫妻，在一段时间内精神上很是愉快，尝到了小家庭的温暖。然而，像刘邦这样一个胸怀大志的人，小家庭的温暖、儿女情

长之类并不能使他在精神上得到全部的满足。成家几年之后，他时时有不可名状的烦闷生出来，但又都不是妻子、儿女们惹的。这时，有一件"美差"使刘邦的这种精神状态得到了缓解，此事与秦帝国的徭役制度有关。

当时，秦帝国的成年男子，除了每年为郡县地方政府服一个月的劳役外，一生中还要为中央政府（国家）服徭役一年，戍边一年。事实上，秦帝国农民的徭役负担很重，远远超出制度上的规定。按制度上的规定，沛县农民每年都要有人到都城咸阳为国家服徭役。浩大的秦始皇陵与阿房宫工程，常年需要几十万劳力。郡县被征调的服徭役的民夫，当然要由地方政府派人带领前往，并由带领者监管这些民夫。地方政府中的官吏，一般都不愿担任这一差事。因为这不仅要远离家乡，备尝旅途的辛苦，有时还要承担一些意想不到的风险，责任重大。秦法对带领民夫的官吏有着非常严苛的要求与规定，违犯法规者将视其不同情节给予严厉的惩罚。

一日，刘邦正在亭舍中闲坐，胸中很是烦闷。恰巧曹参因公事路过这里，到亭舍休息片刻，顺便与刘邦叙谈叙谈。刘邦在烦闷之际见好友光临，很是高兴，邀曹参到武大娘酒店痛饮一场。曹参深知同刘邦饮酒不醉不休，而自己又有公务在身，必须及时赶回县府，便谢绝道："亭长，今日实在对不起，手头有一个紧急的案子要办，天黑前必须赶回县府。容我改日陪亭长喝个痛快。"

刘邦看曹参讲话时的表情，不像是说谎，也就不再勉强，说道："这次就依了你，回去请转告萧功曹，就说我很想他，请他近日能抽空光临亭舍。到时候你随他同来，咱们痛饮一场。"

"恐怕不成，他近日忙得很哩。"曹参回答。

"什么忙得很，做官还有不办公务的？"

"不是。近日郡里发下朝廷公文，又要调一批民夫到咸阳去服徭役……"

　　"徭役年年有，按规定征调就是了，这同忙与不忙有何干系？"刘邦打断了曹参的讲话。

　　"我不是说徭役的征调，是说萧功曹正为物色带队人犯难：合适的人选都已不止一次地去过了，不合适的人选又令人放心不下。你想，当官的谁愿抛家舍业地受那份苦，又要冒些风险……"

　　刘邦挥手打断了曹参的谈话，他本来就烦闷，想同好友饮酒解烦，却听曹参说什么公务在身；邀萧何近日前来，又说什么为物色带队人犯难，不由得重添烦闷。曹参见刘邦心情不好，自己又急于赶回县府，便起身而去。

　　曹参走后，刘邦心想：真是各有各的难处啊！人生在世，何必为这些不值得的……想到这里，刘邦精神不禁为之一振，喜上眉梢。他暗暗自语：带领民夫去咸阳服役算得了什么！出去见见世面，总比一生一世都待在沛县要强得多吧，何不趁此机会到都城走上一遭。当晚，刘邦主意已定。第二天清晨，刘邦来到县府萧何的寓舍。虽说卯时未到，萧何早已伏案办公。萧何见刘邦大清早就赶到县府，感到有些奇怪，以为出了什么事情，便问道："亭长清晨光临，有何公干，莫非是出了什么事情？"

　　"没有什么公干和事情，是来看望看望。"刘邦面带笑容地随便回答。刘邦这种表情和回答使萧何更是一时弄不清是怎么回事，便说："不对！你大清早就来到县里，必定是有事，是公事！对吗？"

　　刘邦含笑不语，走近公案，公案上正放着与征调徭役有关的公文。刘邦有意地两眼盯着案上的公文，拖长了声调一字一字地笑着说道："我哪里有什么公事，是朋友间的私事，我是特意前来为大人排忧解难的啊！"

　　萧何是个聪明人，他见刘邦两眼盯着公文用特殊的语调说什么排忧解难，联想昨晚曹参回到县府转告他的邀请和曹刘之间的对话，顿时明白了刘邦的来意，便笑着说："亭长莫非是有意……"

萧何没有往下讲去，只是瞧了瞧案上的公文，二人会意，便一同放声哈哈大笑起来。

由刘邦带领民夫去咸阳服徭役，当然是合适的人选，萧何没有什么不放心的。刘邦近些时候心情总是烦闷，也好借此机会出去散散心，见见世面。然而，这毕竟是远离家乡，只身在外，加之责任重大，秦法又严，万一有什么闪失……因此，萧何无论怎样为带队人选犯难，也不能往好友刘邦的头上去想。这次刘邦主动要去，考虑到方方面面的原因，萧何这才勉强地同意他出去一次。萧何不愿在朋友面前说担心风险之类的话语，只是向朋友问道："带队去咸阳的事，同嫂夫人说了没有？她同意吗？"

"说了，说了。她管不了我的事。"

其实，在事情尚未定下来之前，刘邦怎会同夫人讲？他认为这事用不着同女人商量。然而，事情一旦定下来，如何向妻子讲这件事，刘邦又感到有些为难了。妻子比自己小十五岁，带领两个年幼的孩子在家顶门过日子，真是太有些难为她了。再说，自从结婚后刘邦从未出过远门。平时总是在一起，天长日久，习以为常，觉得没有什么，可是一旦要经年累月地离开妻子儿女，心里却感到一种从未体验过的难受。早知如此，刘邦说不定不会主动去找萧何要求带队。但是，刘邦也不后悔，大丈夫一言既出，不容反悔。

从县府回家的那天晚上，儿女们睡下后，刘邦心情沉重地向妻子告知带队去咸阳的事。深夜的黑暗之中，刘邦看不到床榻上妻子的表情，也没有听到妻子在暗中啜泣。吕雉很理解和敬重丈夫，丈夫离家远行，她的心情可想而知。然而她近年来察觉到丈夫时常闷闷不乐，自己也不好过问，心想：借此机会让他出去散散心吧，男人怎能总是守在家门口过日子？吕雉在丈夫面前，是个温柔和顺而又多情的妻子，但遇事时她又是个很刚强的女人，这就是《史记·吕太后本纪》所说的"吕后为人刚毅"。因此，在夫妻即将暂时分别之际，吕雉并没有像一般少妇那样在丈夫面前哭泣，而是把痛苦压抑在心中，劝丈夫用不着惦记家里，一路保重，节制饮酒，平平安安地早去早回。妻子的这种态度，使刘邦感到意外和无比的高兴。

时至中秋，吕雉在刘邦行前早已准备好了过冬所需的寒衣。且不说刘邦夫妻儿女相别时的千情百态，只见启程时县府中送别刘邦的场面，昔日那些好友们无不前来饯行。按往常惯例，每位替他饯行的官员都送给他三百钱，资助他旅途使用。当时，为官府服劳役抵债，每日的工钱是八钱，三百钱相当于一个劳力一个多月的工钱。只有萧何一个人送给他五百钱，刘邦很受感动，直到他做了皇帝之后，他还惦记着"何独以五"这件往事。

从沛县至咸阳，一路西行，大约有一个月的旅程。深秋季节，田地的庄稼都已收割入场，冬小麦麦苗刚刚破土而出，中原大地之上，远望黄绿相间，近看则一片荒凉。田野上看不到劳作的农夫，只有田边枯黄的杂草，秋风迎面吹来，一派凄凉气氛。

刘邦和他带领的农夫，都是告别了亲人而踏上征程，怀着同样的心情向西方默默无语地行进，哪有什么兴致欣赏旅途上的风光。刘邦感到这一年的深秋很是别扭，往年深秋同妻子女儿在场院打场，喜庆丰收，各户人家都是喜气洋洋的，怎么今年深秋在田野上却见不到人影，一派凄凉？年过四十的刘邦，难道不知道此刻农夫不在田野而在场院吗？这是因为刘邦在旅途上心情不好。此时，只有此时，他才体会到父母、朋友，特别是妻子儿女在他心中竟占有这么重的分量。

旅途中刘邦很少一个人独自饮酒，他深知自己带领着本县的几百名农夫，责任重大，不能给萧何及家中父母妻子添什么麻烦，让亲人挂念。妻子嘱咐他途中节制饮酒的那句话，他牢牢地记在心中。

刘邦出身于寻常百姓人家，在农村中长大，深知身服徭役的农夫们的

疾苦。一路之上，他很关心农夫，有谁害了头痛脑热的，他都亲自问候。临行前同事们送给他的那些旅费，他饮酒是用不尽的，况且他又很少独自饮酒。因此途中不时用自己的旅费买些酒食，让大家一同享用；他自己也喝上几杯，但由于公务在身，朋友们又不在场，他也没有兴致多饮。几百名农夫中有人同他年龄相近，但大多是二十岁上下的青年男子，属于晚辈。刘邦对农夫的体恤，使得他所带领的几百人对他无限感激和爱戴，没有一个人给他惹出什么麻烦。

刘邦带领民夫从沛县启程西行，一路上凄凄凉凉，心绪不佳，整日寡言少语，似乎自己变成了另外一个人。然而，走过函谷关进入关中秦国故地时，他的心情随着路旁的景观开始振奋，似乎从另外一个世界把自己寻找回来，恢复了自我。民夫们看得清楚：队长边走边仰望左侧高耸入云的秦岭，有时又驻步凝视路基之下右侧远方的黄河、渭水，犹如一条条白色的丝带，一片宁静的气氛同左侧山间的鸟鸣声，恰成相反的映照。

刘邦还是不讲话，他贪婪地望着层出不穷的奇景，仿佛自己走入了另一个世界。观望而无语，刘邦的脑海中在不停地思索：大秦帝国的故土，确是一块形胜宝地，崇山峻岭，巨川大河，形势险要，无怪乎山东六国的联军总是不能越函谷关西行一步，而猛如虎狼的秦军却是从西方居高临下灭亡六国。这一切，都是刘邦身居沛县时无法体会得到的。

观览景物，思索历史，伴随着西行的步伐。为在限期内赶到咸阳，刘邦怎敢停步发怀古之幽情。作为队长，跟随在他身后的，毕竟是几百名衣装不整、服色不一的农家子弟啊！也正因为如此，停留在他脑海中的景物，总是使他陷入一片憧憬之中，使得他可以因此而尽情地遐想。

走着走着，远处的山阳水阴之间，露出了帝国皇帝离宫别馆的殿影。秦自建国以来，西起雍都（今陕西凤翔），东至潼关黄河，"东西八百里，离宫别馆相望属"，所谓"关中计宫三百"，说明秦国多年来在渭水两岸所先后建造的庞大宫殿群，堪称数不胜数。风格各异的秦宫，夕阳映照，点缀在青山绿水之间，使刘邦神往而心花怒放。这时，刘邦才知道在家乡时常听老人们所讲述的天宫，其实不是在天上，而是在人间，就在他的视野之内。

秦帝国的离宫别馆，把刘邦引入一个新的世界。此时此刻，什么近年来的烦闷，旅途上的凄凉，父母、朋友、妻子儿女，似乎都成了另一个世界的往事，自己如今同他们已经斩断了一切联系。以往的四十多年，不过是逝去的一场梦，而在他所追求的这个新世界里，则只有山间的离宫别馆。

刘邦所带领的民夫，报到地点是咸阳城东南的阿房宫工地，距咸阳尚有几十里的路程。进入工地后，民夫便在监管下投入紧张而繁重的劳作，刘邦则借着职务上的方便，有机会瞻仰雄伟的咸阳城墙和城楼，游览了城中繁华的街市，特别是有幸目睹了秦始皇的车驾出行。

秦始皇的车驾出行，一般都是戒备森严，禁止老百姓观看。但偶尔也有破例的时候，即允许路旁的百姓观看，借以在平民百姓面前显现他的神威。史书记载中的"纵观"，即任人观看的意思。刘邦有幸赶上这一盛大场面，当时，警戒线之外，路旁人山人海，刘邦被人流拥至前沿，他叉腿站稳了脚跟，得以观看了皇帝车队在他面前驶过的全部情景。

车队前面的是类似兵车性质的所谓"高车"，每车驾清一色的四匹高头大马。车上笔直地站立着高大魁梧的卫士，手持兵器，身着盔甲，目光直视，威风凛凛。兵车之后是副车，即所谓"安车"。车上椭圆形车盖，车箱分前后二室，外表装饰华丽，前面坐着谦恭谨慎的驾车御官，也是每车驾清一色的四匹高头大马。副车过后是秦始皇帝乘坐的更为豪华壮丽的所谓"金根车"，车上驾六匹清一色的高头大马。金根车过后，又有副车、兵车驶过。整个车队浩浩荡荡地在刘邦眼前驶过，他感到眼花缭乱，也说不上有多少车驾驶过，行进了多少时间。

据文献记载，天子车驾出行，有大驾、法驾、小驾之分，除皇帝乘坐的金根车、五时副车之外，大驾有属车（包括兵车在内）八十一乘，法驾有属车三十六乘，小驾有属车九乘。秦始皇此次车驾出行，不是出函谷关巡行帝国的东土，当然不会配备有八十一乘属车的"大驾"；但他恩准百姓"纵观"，用配备九乘属车的"小驾"又不足以在百姓面前显现皇帝的神威；因而他下令配备有三十六乘属车的"法驾"。由金根车、五时副车、三十六乘属车和仪仗所组成的车队，可谓是浩浩荡荡了。

秦始皇当年所乘坐的车驾，实物当然难以保存至今。但是，1980年秦始陵出土的两驾铜车、铜马、铜俑系精美的仿真制品，大小相当于真车、真马、真人的二分之一，车与系驾的结构完全模拟实物，与真车真马基本上没有差异，现已修复完好，公开向人们展出，使我们有幸从实物上分享刘邦当年所曾享受到的一点眼福。

当秦始皇的车驾从纵观的百姓面前驶过的时候，警戒线随即撤除，人群中顿时随之鼎沸起来。此时刘邦才如梦方醒，望着远去的车队，他情不自禁地感叹道：嗟呼，大丈夫当如此也！

刘邦也不明白，自己怎么会在大庭广众面前冒出了这样一句犯有杀头大罪的狂言。好在当时离散的观众人声沸腾，周围也没有什么人听全他这句话，但刘邦却对自己一字一字吐出的这句话，听得清清楚楚。

司马迁作《史记》时，于《高祖本纪》以凝炼的文笔生动地记载了这则故事：高祖常徭咸阳，纵观，观秦皇帝，喟然太息曰："嗟呼，大丈夫当如此也。"

这次纵观皇帝车驾出行，刘邦也有小小的遗憾，即没有看到始皇帝的"龙颜"。秦始皇当时并没拉开车窗（据秦始皇陵出土的副车实物，车的后室前阑的上方，有一帘状掀窗，左右两侧又各开一个推拉式的小窗。

三副窗板均镂孔铸成菱花形小孔，闭窗后仍可隐约看到窗外景物的大致状况，但外边却看不见窗内的情况，起到了今日纱窗的作用），他不想让百姓看到他的龙颜，这不仅因为他有时微服私行于街头民间，以保自身的安全，而且还为了不失自己的尊贵；但在有菱花形小孔的窗内，秦始皇可以看到窗外百姓沿途瞻仰他的盛况。刘邦虽然没有目睹秦始皇的龙颜，但他脑海中所想象的皇帝尊容，肯定会比实际要神秘与高大得多，因而对他具有长久的诱惑力。

第二年的秋天，沛县下一批来咸阳服徭役的民夫到达阿房宫工地，刘邦这才带领去年秋天来到这里的民夫启程返回家乡。

家乡毕竟是家乡，亲人毕竟是亲人。这里且不说刘邦同父母、朋友、妻子如何叙一年多来的离别之情，且不说刘邦与萧何、曹参在饮酒间谈及他在关中、咸阳的观感，以及皇帝车驾仪仗和自己的口出狂言之类，而是有必要指出如下的事实：刘邦在关中、咸阳神往离宫别馆和纵观皇帝车驾前前后后的那些日子，他早已把家乡的父母、朋友、妻子儿女忘得一干二净，仿佛自己成了另外一个世界的主人，同往昔断绝了一切。因而，当他回到家乡的亲朋之间、身在温柔之乡却仍对关中、咸阳不能忘怀，时时神往。

刘邦在关中忘却家乡，在家乡又神往关中，这就决定了他在第一次去咸阳之后，又多次隔年带领服徭役的民夫去咸阳，这就是《本纪》所说的"高祖常徭咸阳"。

秦末乱世

第二章

斩蛇兴兵

转眼间已到了秦始皇病死沙丘的前夕，秦帝国所面临的形势，已不是天下太平，而是"群盗满山"；普天之下，"亡逃山林"者已是数不胜数了。

这年春天，发生了一件事，改变了刘邦的命运。

秦始皇在骊山大修陵寝，征集七十万人充作劳役。这项费时三十余年的巨大工程，如今已进入堆土筑台和挖掘地下空间的阶段。秦始皇希望在死前目睹自己的这座万年屋，于是下令加快工程进度。

征集劳役的工作，在全国各地展开。沛县征集了五百名刑徒，需要由一个能干的官吏送往咸阳，差事落到了刘邦头上。

在山雨欲来风满楼的形势下，县令点名命刘邦带领刑徒去骊山修墓，出发前刘邦便预感到气氛与往常不同，前景不妙。然而他多年来自告奋勇地"常徭咸阳"，人们又无不赞扬他带队有方，他此次怎好意思借故推辞，心中确实有难言之处。

果不出刘邦所料，刚刚离开沛县县城不远，队伍中便有很多人逃亡。刑徒逃亡的原因，当然是不甘受苦，担心难以活着回来，不如现在逃亡，也许会有一条生路。况且，当时的破产农民，还有在骊山修墓的刑徒"亡逃山林"者大有人在，有不少人选择了这条道路。因而刘邦所带领的刑徒一离开县城便有多人逃亡，是不足为怪的。

面对着刑徒出发后的逃亡，刘邦大伤脑筋。他估计，照此下去，不待到达骊山，刑徒岂不是要逃光了？当队伍行至丰邑西面的泽中亭，刘邦已从刑徒的逃亡中受到启发，找到了自己不容选择的唯一生路。刘邦知道，按照秦法，他所带领刑徒到达骊山时如果逃亡大半，是要依法问斩的。与其到骊山伏法就刑，不如现在就逃亡山林，也许还能活下去。想到这里，刘邦主意已定。在泽中亭，刘邦下令就地休息，拿出自己的旅费，派人到附近买来酒肉，请大家开怀痛饮。以往刘邦也同带领的民夫们于途中饮酒，但作为队长他总是节制自己，因为前面还有路程。这次不同了，他前面的路程，不是西行入关，而是从此去他也不知道的去处，自己也从此不再是什么队长，还节制什么？在酒肉面前，刘邦第一次如此地与他所带领的徒众们开怀痛饮。从表面上看，刘邦是那样高兴地大口饮酒，大声呼喊；其实，在场的人，谁也没有人的心情像刘邦的心情那样复杂和痛楚。

痛饮之中，刘邦思念自父母生下自己以来，已有四十余载。如今，父母健在，家有娇妻爱子，自己也曾多次带队去咸阳风光过，不止一次地做过当皇帝的美梦，而今日却落得个上不能孝养父母、下不能抚养妻子儿女的悲惨地步。此时此刻，他想的不是什么理想王国、皇帝美梦，而是必须正视的冷酷现实：逃亡山林。在这种心情下饮酒，怎能不醉？待到夜幕降临后，刑徒中有不少人也都喝得大醉了。以刘邦的酒量，他虽然今日饮得大醉，但头脑尚且清醒。刘邦见天色已晚，便起身向刑徒们高声说道：

"你们被押往骊山修墓，工苦吏暴，也不知有多少人葬于异乡，能生还故乡者又能有几人？我已想过，今放你们一条生路，逃命去罢！"

众人听后，颇吃一惊，觉得像在梦中，等到醒悟过来，忙给刘邦跪下："刘公不忍我等送死，慨然相释，这等大恩大德，我辈没齿不忘。只不知，你将我们释去，又如何回去交差？"

刘邦闻言大笑，于是说："你们逃后，我也只好远走高飞，难道还会回去送死？"

众人这才放下心来，相互解下手上的绳索，四处逃去。唯有十余壮士，站着未动。

"你们为何不走？"刘邦问。

"刘公如此大德，我等逃走不义，我们已商定，情愿跟从恩公，同生共死！"

刘邦见他们这样说，慨然说道："多蒙诸位不弃，天高地阔，我们必能闯出一条生路来。"

因怕天亮后官府追捕，刘邦指挥众人觅小路而行。天上月光明亮，小径荆草丛生，刘邦醉意蒙眬，壮士鱼贯而行。正走间，忽然前面大乱。有人跑过来说："不好了，前面有大蛇挡路，碗口粗细，长约数丈，我们赶紧原路退回，另找别路行走……"

未待来人说完，刘邦勃然作色："壮士行路，岂怕蛇虫？"

说完，拔剑在手，向前行走数十步，果见一条大蛇横于小径之中。蛇见人来，昂头吐芯，两眼如烛，盯住刘邦。刘邦见状，一股热血自心头涌起，大叫一声："畜牲也敢如此！"跨步向前，躲过蛇头，手起剑落，将大蛇斩为两截，然后用剑拨开死蛇，辟开道路，率众人大步而过。又行数里，天已将明，众人也感力乏，刘邦遂令休息，自己觅一干燥之地，卧倒便睡，片刻就进入了梦乡。及醒，天已大亮。

恰有一丰邑人，也夜过此路，从后边急匆匆赶来，一见众人，便道："你说怪也不怪，在距这儿数里之远，我遇到一位老妪，只见她席地痛哭，我问为何如此悲伤？她指着道旁的一条死蛇说：我儿本白帝子，化蛇挡道，今被赤帝子杀死。言罢，又伤心地哭泣起来。我本欲问她为何将蛇当作儿子，谁知，老妪转眼不见了。岂不怪事？"

众人围拢过来问："果有此事？"

秦末乱世

"是我耳闻目睹，怎能有假？"

刘邦坐着未动。来人也不屑与他再说，转身离去。

刘邦听在耳里，喜在心上："什么白帝赤帝，不去管他，但这件怪事又应在我的身上，莫非我真要成事？"想到此，浑身来劲，站起身来，招呼众人继续赶路。

据史书记载：秦襄公时，因立国西方，故作畤，以祠白帝。至秦献公时，又作畦畤，以祠白帝。所以，白帝在这里是暗指秦廷。

相传赤帝为尧之后，在这里是暗指汉朝。

刘邦斩蛇，由此引出白帝、赤帝之说，为史家借助神话、史资，附会出汉将兴，秦将灭的一种舆论。同时，刘邦为此举付出了代价：由泗水亭长一变而成为逃亡的犯人。他获得的好处是赢得了被遣散民夫的一片欢呼声，为他日后举事打下了群众和舆论基础。

隐身芒砀

且说当初刘邦举首四望，心里想着哪里会是自己的栖身之处呢？因而自然地想起秦始皇几年前东巡时说过的一句话。这位千古少有的始皇帝，虽说是聪明一世，晚年却又做出了不少糊涂一时的蠢事。他听信"望气者"所说的"东南有天子气"，便把这句话挂在自己的嘴边上，四出宣扬，并且以东游楚地来镇压、制伏这股天子气。就客观效果而言，这岂不是替被推翻的六国旧贵族宣扬帝国的江山不稳吗？怎能不算是秦始皇所做的一件蠢事呢？可以证明这一点的是，刘邦在走出沼泽地后，于迷茫之中受秦皇帝"东南有天子气"这句话的启发，举目遥望南面那云雾缭绕的芒山、砀山，心想：面前莫非就是为自己提供的有天子气的栖身之处？于是便毫不犹豫地带领十余人向芒山、砀山走去。

芒、砀两山在今安徽省砀山县东南，芒山县是沛县西南方的邻县，芒山在北，砀山在南，其间相距仅八里。芒、砀两山是苏北丘陵的东缘，海拔并不太高，但位于低洼的沛丰沼泽地的南沿，其相对高度亦足以称为这一地区小有名气的山陵，况且山间有古树密林，杂草丛生，于"山泽岩石之间"，不乏有匿身之处，可供辗转栖身。

刘邦进入芒、砀山后，大有绝处逢生之感。匿身于山岩间的风霜雨露之苦，对于出身农家的刘邦和跟随他的十几余名青壮年来说，也算不得什么。虽然要东躲西藏，但大家在一起共患此难，倒也是过得无拘无束，整日好不快活。刘邦约束跟随自己的十余名弟兄，不可侵犯附近百姓，干那些打家劫舍、杀人越货的勾当。这样一来，十余人的吃饭问题也是令刘邦伤脑筋的事，真不知他们都是怎样充饥度日的，史书也根本没有留下有关这方面的记载。

不过，我们从刘邦的一桩奇缘中可以看出一些端倪。

芒砀山是芒山和砀山的合称，两山相连，当时的海拔高度在一千二百米左右，山上有虎狼出没。有一些猎户住在山脚和半山腰上，人数不多，通常十余里之内不见人烟。

一天下午四五点钟左右，太阳尚未落山，林中的光线已显得黯淡。刘邦离开众人，一个人在山林中举步而行。刘邦学过几天功夫，又有宝剑在手，倒也不惧野兽。他穿行了一会儿，来到一条小溪旁。顺着小溪前行，他想或许会找到一户人家的。他捧起溪水洗了脸，然后靠在一块巨大的青石上歇息。

这时，忽听身后传来霍霍的风声，刘邦预感不妙，正欲拔剑，一只虎爪已搭上他的肩头。回头一看，竟是一只白额大虎，他差点吓得晕过去。

我命休矣！他想。动弹不得的他，根本不敢拔剑。

奇怪的是，老虎像是跟他戏耍，并无伤他之意。它用鼻子嗅他的脸，似乎还有几分亲热。刘邦正惊异间，只听一个女子的声音在耳边响起："孽畜，走一边去，不可伤害将军性命。"

刘邦顺着声音望去，见一个十八九岁的女子笑吟吟地站在几步开外。

她很漂亮，这不言而喻。容貌秀丽，身材袅娜不像是山野之人，皮肤很白，又穿一件白色的绕襟深衣，越发显得冰清玉洁。

刘邦傻了眼，他可从未见过如此漂亮的女人。他的老婆吕雉够漂亮了，却也没法同跟前这位姑娘相比。

刘邦倒身下拜，口称救命恩人。那女子慌忙上前扶起，一面说："将军不必行如此大礼。小女子姓袁名姣，居此山已有数年，这只虎曾是家母的坐骑，去年家母仙逝，它就随了我。刚才吓着将军了，真是万分抱歉。"

袁姣一口一个将军，刘邦听着很受用。他何曾是什么将军，一介亭长而已。

刘邦说："在下……"

"你叫刘邦对不对？"袁姣笑着打断他，"你排行第三，所以又叫刘季。"

刘邦大奇："我与姑娘素昧平生，姑娘怎么会知道我的姓名？"

"我知道的不只这些呢。"袁姣说。她转过话题，手指着白云缭绕的山顶，又道，"寒舍就在那儿，将军同小女子到了寒舍，自当细细奉告。"

刘邦说："此去恐有不便。"有些事，他已经预先想到了，心里巴望着，嘴上却客气。

袁姣一笑："有什么不便的？将军是正人君子，想必不会对小女子有所非礼。"

"那当然。姑娘是我的救命恩人。"刘邦一味奉承。

袁姣沿一条羊肠小道拾阶而上，刘邦跟在她身后，渐渐感到吃力。袁姣身轻如燕，登山如履平地，刘邦却爬得气喘吁吁，袁姣不时停下来等他。刘邦不禁暗自惭愧：七尺男儿竟不如一个红颜女子。

到了山顶，果然看见几间茅屋，篱边墙下盛开着野花。门前一溪流水，屋上半抹斜阳，如此幽景，刘邦顿觉神清气爽。刘邦正欲进屋，却见那只白额大虎从屋后转了出来，又吓得他倒退两步。

袁姣说道："将军不必害怕，它是来欢迎你的。"

刘邦走进室内，但见布衾纱帷，竹椅板凳，甚是雅静。看情形，这茅屋只有袁姣一人居住，有那老虎相伴，倒也安全。只是她孤身一人住在这山峰之上，不免令人生疑。

莫非她是个仙女？刘邦想。

刘邦这么想着，用眼去看袁姣，越看越觉得她像个仙女，行动举止，分外飘逸。这位仙女请刘邦坐下，从墙上取下弓箭，出门去了。不多时，她回来了，手上拎着野兔和山鸡，还有一壶酒。

刘邦问："这附近渺无人迹，你在何处买的酒？"

袁姣说："将军有所不知。离此地不远，有一个小小的村落，都是打猎谋生的人家。寻常用品，那里都有，买东西很方便的。"

晚餐是野味下酒。刘邦转了大半天，肚子早已饿得咕咕叫。他向来是不顾吃相的，纵有美女在前，也顾不了许多，兔肉鸡肉，只管往嘴里塞。大嚼了一回，才抬起头来，问及袁姣的身世。袁姣沉吟片刻，讲了一段故事。她原籍冀州，先父曾在秦廷担任御史大夫。一日，秦始皇大宴群臣，兼及命妇。男席设在偏殿，女席设在后宫。酒过三巡，秦始皇忽然转入后

宫，与各位大臣的夫人共饮，局面尴尬。袁姣的母亲袁夫人姿色出众，引起了秦始皇的注意。秦始皇要她陪饮，她无法推辞；听说她善于舞剑，又让她当众舞了一回。秦始皇看得眼花缭乱，看得欲火升腾。宴罢，他命袁夫人暂缓出宫。

接下来，这位不可一世的皇帝要同臣下的妻子睡觉。袁夫人柳眉倒竖，却不便给他当面难堪。她借口更衣，悄悄地飞身上屋，逃回家中。

她把宫中被逼的事告诉了丈夫。夫妇二人商议，认为秦帝决不会善罢甘休，他看上的女人，无论如何要弄到手，袁夫人与其留在咸阳招祸，不如远走他乡。于是，她携带年龄尚幼的袁姣来到芒砀山中。她有武功在身，不怕野兽，也不怕别人欺负。

三个月后，她得到凶信：丈夫被秦帝杀害了。

其后的十余年，母女二人就住在山顶上。袁夫人把剑术传给女儿，期望她有朝一日能为父亲报仇，为母亲雪耻。当然，她一个女子，刺杀秦帝的可能性甚小。有神算之称的袁夫人料定有个叫刘邦的人将到山中避祸，此人正好是秦帝的克星。去年秋天，袁夫人染疾在身，自知将不久于人世，便嘱咐女儿，一定要善待刘邦，必要时，做他的小妾也行。

袁姣讲完这段话，一张粉脸已臊得通红。

刘邦则听得心花怒放。他到山中避祸，有人管吃管住不说，还自动送上来一个如花似玉的女子。看来他的确不同凡响：关于他来历的传说竟已远播到京都咸阳。

窗外月光如水。刘邦忽然有了抒情的兴致，拉了袁姣的手往外走，袁姣由着他。她已是他的人了。

月光下的山峰一片银亮，万籁俱寂。远处隐约传来山中溪流的声音，再远处，是山下的那片沼泽地。芒砀山一带，雨水奇多，今夜却是个大晴天，一轮皓月静静地挂在天幕上。

刘邦有理由想：这是上苍专门为我安排的。我是龙种嘛。

这样，刘邦在芒砀山就有了一个安定的落脚点。而平日他则与弟兄们一同打猎习武，等待复出的时机。

刘邦在西距沛县县城二百华里左右的丰西泽中亭将所押送的百余名刑徒释放，自己也随即逃亡，这消息很快便传到沛县。私自释放所押送的全部刑徒，这事非同小可。若不是在秦帝国即将灭亡的前夕，这事非追究法办不可。然而，当时的天下动荡不安，各级地方官员也都是自身难保。如果上报朝廷，按秦法且别说是沛令，就是泗水郡郡守也要负有不同程度的连带责任，因而从县令到郡守都故意装作不知，没有把此事上报朝廷。又因刘太公已与刘邦分家另过，没被株连，而吕雉则被抓入狱中。秦律本来严酷，再加上吕雉手中无财，在狱中受尽凌辱。有一狱吏，见吕雉尚有姿色，起了歹意，寻机调戏。一次，此吏欲施无理，恰被另一狱吏任敖碰到。

任敖，沛县人，为狱中吏多年，平时和刘邦十分要好。这次见吕雉被捕入狱，便留心照顾，以防不测。

这天，他刚迈进狱门，就听见了狱吏的调笑声，吕雉的哭泣声。顿时激起了他的侠义心肠，一脚将门踢开，抢起拳头，照直朝狱吏打去。此吏猝不及防，连中数拳，被打得鼻青脸肿。两人正打得不可开交，被别吏捉住，送往县廷。县令升堂问案，两人各执一词，互不相让。狱吏说任敖无端生事，徇私打人；任敖说他调戏妇女，理应该打。当时，功曹萧何在侧，知为吕雉引起，本就有心护着刘家，遂对县令说："狱吏知法犯法，应该重罚；任敖出自侠义之心，行为虽鲁莽，但尚可原谅。"县令觉得此断有理，遂判狱吏竹杖四十，解职还乡；责令任敖下不可再犯，仍回狱守职。数日之后，萧何在县令面前为吕雉开脱，说她本为一介女流，在家不闻外事。刘邦之过，罪不在其妻，如将吕雉长期关在狱中，也不是办法，

不如宽释，也好乘机寻找刘邦。县令见上边不究，便做个顺水人情，放吕雉回了家。

吕雉在家待了几天，她昼思夜想，坐立不安，在家里怎么也待不住了。于是，吕雉把年幼的儿女安顿在外婆家中，自己毅然地离开家门，踏上了寻夫的行程。

离开家门之后，一个从未只身外出的农家少妇，在杳无音讯的情况下四处寻夫，要经受多少辛苦和艰险的磨难？好在她天性"为人刚毅"，在丈夫畏罪逃亡、下落不明的情况下，为着寻夫，她已经不知道天底下竟会有什么可以阻拦住她前行的艰难险阻；如果寻不到丈夫，自己活在世上还有什么意思？在这种意念的支配之下，吕雉没有了任何畏惧！她逢人问路，首先来到丰西泽中亭。再四下打听，又来到了芒砀山。芒山与砀山蜿蜒方圆数十里，山高林密，杂草丛生，终日不见人影，到哪里去找丈夫？就这样，也不知吕雉究竟在山中辗转了几日，但最终还是找到了丈夫。

夫妻二人相见于山岩之间，吕雉两眼直视从山岩上走下来的壮年男子，只见刘邦满面胡须，颧骨高突，两只比往常更加炯炯有神的大眼睛，把脸庞显得更加削瘦。刘邦瞧着妻子那副两目直视的呆傻神态，又见她那被山风吹乱了的鬓发，树枝划破了的衣袖，特别是眼角上出现的皱纹，痛感妻子怎么竟会变成这副模样。二人面面相觑，一时间相对无语。最终还是刘邦首先开口："娥妁（吕雉字娥妁），你是怎么找到这里的？"

吕雉说："夫君所住的地方，常有云气缭绕，顺着云气就找到了。"

刘邦又问："此话当真？"

吕雉笑道："我什么时候骗过你了？"

刘邦高兴得大拍脑门：看来我的确不同于普通人。

他向吕雉讲述了山中的遭遇。提到袁姣时，他偷偷察看吕雉的脸色。吕雉非但没有生气，反而显得高兴，她对刘邦说："只要你日后真能富

贵，娶个三妻四妾也不在话下！"

不多时，袁姣打猎归来。两个女人相见，倒也亲热。两人同是出生于大家门第，举止谈吐，自非寻常村妇可比。吃饭时，她们争着往对方碗里夹菜；夜里睡觉，又把刘邦推来推去，推进对方的怀抱。这场面使刘邦暗自感慨，他想：我只不过是个农夫的儿子，却在这儿锦衣玉食，被佳人双双环绕，这难道不是上苍的特殊照顾吗？

刘邦越来越相信自己是个龙种。这点很重要：他为自己树立了一个奋斗目标。

刘邦的匿身之所并非是吕雉的久留之地，她只在这里留宿一夜，便告辞离开。时隔不久，吕雉又来到山岩，为丈夫送来寒衣，为大家带来一些食品。此后的一段时间内，吕雉曾多次来芒砀山探望丈夫。

吕雉经常往来沛县与芒山、砀山之间，这事怎能瞒得住家乡的人。时间一久，家乡的人知道了刘邦没有远走，就在西南方的芒山、砀山。

吕雉对来到家中询问刘邦下落的萧何、曹参说了实话，萧、曹请吕雉向刘邦捎话，让他自己多加保重。

有关刘邦的奇闻，最感兴趣的是沛县中的青年子弟，他们聚在一起，议论着前往归附，有的人竟想借此在天下动荡时混个前程。

刘邦匿身于芒山、砀山后不久，秦始皇于公元前210年病死于沙丘，继位的秦二世倒行逆施，不到一年的工夫便把天下弄得民怨沸腾。当陈胜、吴广在大泽乡首举反秦义旗时，刘邦在芒砀山同所聚集的徒众早已不是当初的十余人了。

农民起义

皇帝死在外地，因担心有变，左丞相李斯便秘不发丧。他命人把秦始皇的棺材放在宽大的丧车中，车有门窗，又有帘幕遮着，只有从前宠幸的宦官、参乘官以及给皇上送饭的人，在丧车中陪着。百官向皇上请示，一如往常，宦官就在丧车中答复。

七月天气比较炎热，当秦始皇的丧车被拉回咸阳后，他的尸体已然腐烂，不成形状。九月才下葬，豪华的骊山墓，埋下的只是一堆骨架。

死了秦始皇，却又出现了一个更为残暴的君主——二世皇帝胡亥。

胡亥与赵高、李斯合谋，通过篡改秦始皇遗诏而登上了秦帝国二世皇帝的宝座。胡亥即皇帝位后，提拔赵高为郎中令，使这个阴谋家窃夺了国家的重要权力。在赵高的怂恿和策划之下，胡亥非但没有为秦帝国和人民做过一件有益的事，而是倒行逆施，把秦始皇所施行的暴政推至无以复加的程度，致使秦帝国的社会矛盾急剧激化，在他即位的一年过后，便爆发了以陈胜、吴广为首的农民大起义。

胡亥、赵高通过阴谋手段窃夺国家最高权力，为确保这一权力，他们借助于"更为法律"，首先是杀害宗室和大臣，"公子十二人戮死咸阳市，十公主矺死于杜，财物入于县官，相连坐者不可胜数"。此外，被逼自杀的还有公子闾等三人以及公子高等。被赐死的大臣有蒙恬、蒙毅、冯去疾、冯劫等，造成了"宗室振恐""群臣人人自危"的后果。即是说，秦帝国的上层统治集团由于胡亥、赵高的屠杀和"尽去先帝之故臣，更置陛下之所亲信者"，使得秦帝国统治集团内部的矛盾急剧激化。二世胡亥自即位之日起，他便在帝国人民面前暴露了他的暴君面目。暴虐成性的胡亥，在秦始皇下葬时下令"先帝后宫非有子者，皆令从死"，同时将工匠封闭在墓道中窒息而死。从全国征调更多的民夫继续修造阿房宫以及秦始皇帝陵的未完成工程，同时继续修建直道、驰道，征发民夫戍边，"外抚四夷"，调集各郡县"材士五万人为屯卫咸阳，令教射狗马禽兽"，致使"赋敛愈重，戍徭无已"。"屯戍一岁"的法律规定被改为居于闾左的贫民一律戍边，把更加沉重的赋税和徭役负担，强加在人民的头上，使人民断绝了生路。二世胡亥为"威服海内"，还效法秦始皇"巡行郡县"，先到碣石，然后南下会稽，再绕回辽东，从辽东返回咸阳。

胡亥、赵高的"更为法律"，不只是为了诛杀宗室及大臣，而且还指向人民大众。更改法律后的"法令诛罚日益刻深"，致使更多的人沦为刑徒或惨遭杀害。例如，湖北云梦出土的秦律《徭律》规定：朝廷征发徭役，如果迟到三天到五天，主管官吏只给予"谇"的惩处。然而到了秦二世时，戍卒不能按期到达边地，无论有怎样的客观原因，也要一律处死。秦二世的"法令诛罚日益刻深"，由此可见一斑。

总之，二世胡亥在即位后一年中所推行的倒行逆施的暴政，使得天下百姓"欲为乱者，十室而五"，达到了"人与之为怨，家与之为仇"的地步，出现了"群盗满山"的局面。正如《史记》所概括的那样："二世然（赵）高之言，乃更为法律。……法令诛罚日益刻深，群臣人人自危，欲畔者众。又作阿房之宫，治直道、驰道，赋敛愈重，戍徭无已。于是楚戍卒陈肚、吴广等乃作乱，起于山东……"

普天下的百姓，啼饥号寒，再也无法忍耐了。

于是，有了著名的陈胜、吴广大泽乡起义。

陈胜，字涉，秦末阳城人。家里很穷，以替人佣耕为生。

他是一个血性汉子，有些头脑，不甘世代贫穷。对秦末山雨欲来风满楼的局势，想必有所感应。当然，他没料到会由他来首先发难。

秦二世元年（公元前209年）深秋的一天，地里的庄稼早已收尽，晴朗阳光照耀下的原野，显得格外广阔。村外的一棵大树下，站着一个身材魁梧的汉子，他望着大片沃土，想着心事：这么多土地，为什么都属于富人？难道这真是上天安排的？

能如此发问的人，显然不是一般人。

这就是陈胜，据说他读过几册书。"苟富贵，勿相忘""燕雀安知鸿鹄之志"，这些豪言壮语就出自他的口中。

和刘邦一样，陈胜在一群男人当中颇具威信，这是举事的先决条件。

第二年七月，一道圣旨颁到阳城，征调闾左贫民，出戍渔阳。按秦时的习俗，富人权贵居右，贫民百姓居左。富人输财可免役，穷人无钱只得冒死服役。

阳城县令派人四处征调，一时鸡飞狗跳，搅得百姓昼夜不宁。好不容易征得九百人，在这九百人中，陈胜和阳夏人吴广被县令命为屯长，他们由两名秦军将领督率着前往渔阳。

渔阳距阳城有数千里之遥。陈胜、吴广一行走了几日，方至大泽乡（今安徽宿州东南），忽遇大雨，道路泥泞，尤其是大泽乡这个地方，地势低洼，雨水一下，一片汪洋，行人根本无法通行。这批戍卒只得停下来，等待天晴，

汉代玉龙

方可启程。然而，大雨如注，丝毫没有天晴的意思。陈胜心急如焚。到渔阳是有期限的，如此等下去，非误期不可，而按照秦律，误期当斩。他找到吴广商议，吴广一听就跳了起来："与其送死，不如逃走！"

陈胜摇了摇头，逃走并非上策，因为逃到哪儿都可能被官府抓到，到头来仍是一死，倒不如另图大业，或许能死里逃生。

陈胜说出了自己的想法，这也是他多年来深藏于心中的念头。

吴广当即同意了。

但名目却是个问题。没有名目，就不会有人响应，单凭陈胜、吴广两人，显然寸步难行。陈胜思虑良久，然后对吴广说："天下苦秦已久。我听说秦二世乃秦始皇的小儿子，按照规定，不应该登基即位，应登基的是公子扶苏。扶苏因多次进谏，秦始皇将其派至长城监军。如今风闻扶苏并无罪行，秦二世却置之于死地。百姓只闻其贤，不知其已死；而项燕是楚的将军，多次立过战功，此人爱士卒，故楚人怀念他，有人以为他仍在世。如今我们将这支队伍诈称公子扶苏、项燕的队伍，以此号召天下，天下必多响应者。"

吴广认为陈胜讲得很对，便按照当时的习俗去向算卦先生占卜吉凶。算卦先生明白他们的意图，开口说道："你们的事能成，能立大功，然而你们还是应当向鬼神问卜啊！"

陈胜、吴广听算卦先生这么一讲，很高兴，想到了鬼神，说："这是教我们先借鬼神在众人中取得威望。"

接下来的几天当中，这支滞留大泽乡的戍卒队伍接连发生怪事。

一个戍卒奉陈胜之命，外出购鱼。戍卒购回数十尾大鱼，经由陈胜过目后，交给厨房处理。烹鱼的师傅见其中一条腹部甚膨胀，便感到奇怪，他用刀剖开鱼腹，不禁大吃一惊：里面竟有一封帛书。

帛书上写着三个大字：陈胜王。

厨师扔了刀，惊呼起来。

此事自然惊动了陈胜。陈胜听了，也露出惊恐的模样："不可胡说！鱼腹中哪来什么帛书？"

"这是真的！兄弟们正在观看。"

"果有此事？这倒怪了。"陈胜佯装不解。又沉吟着说，"快把那帛书烧了，不可叫将尉得知。让他们知道了，我非灭族不可。"

帛书烧掉了，这件奇事却在营中不胫而走。陈胜的头顶上罩上了一圈光环，他不再是一个普通的屯长了，他的身上负有神秘的使命。

当天夜里，在营帐之外不时传来狐狸的叫声，其中隐约夹杂着人语，所有的戍卒都竖起了耳朵。那声音开始模糊不清，后来渐渐分明，第一句是"大楚兴"，第二句是"陈胜王"，时断时续，一直重复到深夜。

戍卒们又议论开了。预兆一个接一个显现，陈胜称王，看来是上苍的旨意。

人心已动，举事的时机到了。

两个烂醉如泥的将尉被陈胜吴广刺死于血泊中，接着，他们召开戍卒大会，慷慨激昂："兄弟们！我们在此被大雨所阻已有多日，就是天晴后我们继续赶路，到达渔阳也已误期。秦律严酷，不问缘由误期当斩。即使不死，北方夏日炎热，冬天酷寒，再加上胡人犯边，古来戍者能有几人回？同样都是死，大丈夫不死便罢，死也要死得壮烈，如果举大义，也许还能寻一条生路。王侯将相，宁有种乎？"

众戍卒明知不能按期到达难免一死，见陈胜、吴广已把将尉杀死，联想昨日鱼腹中的帛书和夜间的篝火狐鸣，对秦王朝的一腔怒火，被陈胜慷慨激昂的声讨所激起，觉得不如跟着陈、吴二人造反，也许还能闯出一条生路；即使造反后战死，死的也值得。所以众戍卒们便异口同声地回答："甘愿恭听命令！"

于是，陈胜、吴广便顺应楚地人民的意愿，冒称是公子扶苏、项燕。戍卒们都裸露右臂宣誓，号称"大楚"。首倡反秦是件大事，为此还筑起了高坛，陈胜、吴广率众人盟誓，替天行道，铲除暴秦，生死与共，以二个将尉的人头祭祀天神。祭祀完毕，陈胜自立为将军，吴广为都尉，"斩木为兵，揭竿为旗"，攻占大泽乡，直指蕲县，沿途招收人马，并攻占蕲县县城。

攻占蕲县后，陈胜令符离人葛婴统兵攻占蕲县以东地区。起义军一路攻下诸多县城。行进沿途招收人马，扩大队伍，待到达陈县城下时，起义军已有兵车六七百乘，骑兵千余，步兵数万人。义军攻打陈县县城，郡守、县令都早已逃走，不敢留在城中，只留下郡丞在谯门中抵抗，不胜而死，义军攻占陈县。

陈于春秋时期为陈国的都城宛丘，公元前278年秦将白起攻下楚都鄢郢，楚迁都于陈；公元前241年，楚由陈迁都于寿春。陈胜所率领的义军在陈休整数日，号令在当地有声望的三老、豪杰全部前来议事，三老、豪杰们都说："将军身披坚固铠甲，手持锐利兵器，讨伐无道，诛灭暴秦，重立楚国社稷，论功应立为王。"于是陈胜自立为王，号称"张楚"，即张大楚国的意思。大泽乡起义点燃了一场反秦烈火。

自陈胜、吴广在大泽乡首倡反秦，于陈县自立为王，天下各郡县的百姓、豪杰苦于秦国地方官吏的横征暴敛，滥用刑罚，纷纷起来惩罚当地的郡县官吏，杀郡守县令，起兵响应陈胜。由于起义军势力的迅猛发展，为适应形势的需要，陈胜封吴广为"假王"，暂时授予他代行王权的职位，率领众将统兵西向攻击重镇荥阳。同时，陈胜又令陈县人武臣、张耳、陈余北上攻占原赵国的领地；令汝阴人邓宗攻占九江郡。当时，原楚国故地各支起义军，人数在千人以上的不可胜数。

张耳是魏国都城大梁人，年少时是魏公子无忌的门客。后逃亡于外

黄，当地一富豪把女儿嫁给他，女家以厚资使张耳得以招引来远方宾客。张耳出任外黄县县令，贤名由此远扬。陈余也是大梁人，喜好儒家学术，多次游学于赵国苦陉，当地一富豪把女儿嫁给他，知道他不是个平庸的人。陈余年少，在张耳面前以侍奉父辈的礼节对待他，二人结成生死与共的刎颈之交。

秦军灭魏时，张耳居于外黄县，刘邦曾游学于张耳，在那里客居数月。秦灭魏数年之后，闻知张、陈为魏国名士，悬赏千金、五百金捉拿张耳、陈余，二人变更姓名，一同逃往陈县。在陈县，二人充当里门的守门人以糊口。里中小吏因陈余有小过而鞭打他，陈余想起身反抗，张耳暗中踩他的脚，让他忍受鞭打。小吏离去后，张耳把陈余领到大桑树下批评他说："当初我怎么对你说的，今日为什么因受到一点小侮辱便忍受不住，想要与小吏拼命。"陈余觉得张耳的批评很对。有趣的是，秦悬赏捉拿张耳、陈余的诏书，便是他二人以里门看守的身份向里中居民传达的。

当陈胜率领数万起义军攻下陈县后，张耳、陈余前往陈胜军帐，送上自己的名片，请求被接见。陈胜及左右的人，早就闻听过张、陈的大名，只是未曾见过，因而十分高兴地接见了他们。

陈县的豪杰父老都劝说陈胜称王，陈胜就此事询问张耳、陈余，二人回答说："秦国无道，灭亡他人的国家，毁坏别人的社稷，断绝他人的后代，耗尽百姓的劳力，掠尽百姓的财产。今将军义愤扬威，不顾一死为天下人除害，现在到达陈县便称王，向天下人显示的是自己的私心。望将军不要称王，急速领兵西进，派人复立六国的后代，替自己树立党羽，给秦国多树敌人。树敌多则秦军兵力分散，党羽众则自己兵力强大。如此则原野上没有交战，郡县中也会无人替秦守城，诛灭暴秦，据有咸阳而号令诸侯。六国诸侯被秦灭亡后又复得立为王，以恩德使他们心服，如此称帝于天下，大业便可成。今日单单在陈县称王，恐怕天下诸侯会同您离心离德。"

陈胜没有听从二人的劝告，在陈县自立为王。

陈余在陈胜称王后又进言说："大王在魏、楚之地举兵向西，在于进入关中，顾不上派兵收复黄河以北赵国的地区。臣曾游学于赵国，了解那里的英雄豪杰及地理形势，愿请求拨给人马，出奇兵北上攻取赵地。"

于是，陈胜派过去同他要好的武臣为将军，邵骚为"护军"，负责调节各将领之间的关系；任命张耳、陈余为职位仅次于将军的左右校尉，拨给三千多步兵，北上攻取赵地。

武臣等人率兵从白马渡河，所至各县，首先向各县的豪杰声讨秦的暴政，鼓动各地豪杰杀郡守县令响应，并向百姓告知陈胜、吴广已率大军西向击秦，是豪杰成就"封侯之业"的大好时机。各地豪杰认为武臣讲得很对，武臣沿途招收人马，拥有数万名徒众，"号武臣为武信君"，攻下赵地十余座城池。其余的城池都坚持固守，未能攻下。

武臣领兵向东北攻击范阳，范阳的辩士蒯通向范阳令陈说诸侯叛秦，势不可当，如果立即派他面见武信君武臣，"可转祸为福"。范阳令果然派蒯通见武臣，蒯通向武臣献"不攻而降城，不战而略地，传檄而千里定"的妙计，指出各县城县令坚守城池，是由于前十余个县令皆被诛杀，不敢投降义军；如果赐给范阳令侯印，使他乘坐装饰得富丽堂皇的车辆驱驰燕、赵故地，各地郡守、县令见首先投降的范阳令受封为侯，定会争相投降。武臣采纳蒯通的计谋，赵地有三十余座城池不战而败。

葛婴东向攻城略地，到达东城时，立楚人襄强为楚王。后来葛婴闻知陈胜已自立为王，便杀死襄强并返回陈县报告此事。葛婴到达陈县后，因立襄强为楚王一事，被陈胜处死。

陈胜令部将魏人周市率兵北上攻占原魏国的故地。

吴广率兵围攻荥阳。荥阳是秦帝国三川郡治所，秦丞相李斯长子李由

任三川郡郡守。在李由的固守下，吴广未能攻下荥阳。陈胜征召国内的豪杰商讨对策，任命上蔡人房君为上柱国。上柱国在楚国是地位仅次于令尹的官职，是楚国的最高武官。

周文，又名周章，陈县人，是陈国的贤人，曾在楚国名将项燕的军中任"视日"官，掌管占候卜筮、观察天象以占卜吉凶，又称"日官"。他曾事奉过楚国春申君黄歇，是黄歇的门下客。此人自称熟习军事，陈胜授予他"将军"大印，令他率大军西向攻秦。周文沿途招收人马，待到达函谷关时，已拥有兵车千辆、步兵十万人。周文率领的大军抵达后，驻扎于此，准备向秦都咸阳发起总攻。这时，秦二世令少府章邯赦免骊山修墓刑徒和奴婢之子，率大军攻击周文，起义军被打得大败，东向逃出函谷关。章邯穷追不舍，于渑池大破义军，周文自杀，起义军不战而溃。

在陈胜派周文率大军西进时，以为天下已经大乱，有轻视秦帝国的意向，不再对秦军有所防备。投奔陈胜的秦博士孔鲋，是孔子的八世孙，他向陈胜进言说："臣听闻兵法上讲，不能依赖于敌军不向我军发起进攻，而是要依靠于我军不可被敌军攻破。今大王依赖于敌人的不来进攻而不依靠于我军的不可攻破，如果一旦一蹶不振，后悔也来不及了。"

陈胜说："军事方面的事，就不必劳烦先生操心了。"

周文的兵败，除了他本人的指挥无能之外，陈胜的轻敌也是导致失败的重要原因之一。

张耳、陈余兵至赵都邯郸，闻听周文于戏水被秦军打败而退却，又闻听为陈胜四出攻城占地的诸将领归还陈县时，多因受谗言被诛杀，因而怨恨陈胜不采纳他广立六国的后代并率大军西进的计策，对不任命他们二人为将军而担任校尉一事也深为不满。于是，张耳、陈余对武臣说："陈王起兵于蕲县，至陈县便称王，看来不一定会立六国的后代。今将军仅以三千人马攻下赵地十余座城池，单独被隔在黄河以北，不称王便无法镇守赵地。况且陈王听信谗言，如果回去汇报请示，恐怕会难免于祸，不如立自己的兄弟为王，要不然就立赵国的后代为王，请将军不要失去这一时机，时间紧迫，不容犹豫不决。"

武臣听从张、陈的计谋，自立为赵王，任命陈余为大将军，张耳为右丞相，邵骚为左丞相。

武臣派人向陈胜报告称王一事，陈胜大怒，想要把武臣留在陈县的家属全部诛杀，发兵攻击赵王。陈胜的相国房君劝谏说："秦尚未灭亡而诛杀武臣家属，这等于又增加一个敌人。不如因此向他祝贺，令他急速率大军西向击秦。"

陈胜采纳了房君的计谋，把武臣的家属软禁在宫中，封张耳的儿子张敖为成都君。

陈胜派出的使者到达邯郸，代表陈胜祝贺武臣称王，同时令他率大军西入函谷关击秦。张耳、陈余对赵王武臣说："大王称王于赵，并非是陈王本意，现在是出于权宜之计表示祝贺。一旦陈王灭秦，必定加兵于赵。愿大王不要西向出兵，而是北上攻占燕、代，向南攻占黄河以北地区以扩大领土。赵南据有河内，北有燕、代，如此即使楚兵灭秦，也不敢制服赵国。"

赵王认为二人讲得很对，便不发兵向西，而是派韩广北上攻占燕地，派李良出击常山，派张黡攻占上党。

陈胜、吴广自秦二世元年七月于大泽乡起义，至同年九月，在两个月之内，以陈胜为首的这支起义军势力迅速扩张。由陈胜向东、西、北三面所派出的各路义军，占领了秦帝国东土上的大片土地，有的还自称为王。除此之外，各地响应陈胜而起义的，还有项梁及项羽、刘邦、田儋、英布、郦商等人所率领的各路义军。

项梁是楚国名将项燕的儿子，项籍是项梁的侄儿，字羽，下相人。

项氏世代为楚国将领，受封于项，故称项氏。项羽少年时学习读书写字，没有成就，便去学习剑术，又半途而废。叔父项梁对他很生气。项羽对叔父说："读书写字，够写个姓名就好；剑术只能对抗一个人，也不值得学习；侄儿愿学对抗万人的本领。"

于是，项梁教他学习兵法，项羽很高兴，但也只是略知大意，不肯把兵法学完。这时，项梁因受他人牵连被栎阳官吏追捕，便请蕲县主管监狱的小吏曹咎写信给栎阳主管监狱的小吏司马欣，事情才算了结。后因项梁杀人，和项羽一同到吴中躲避仇人。吴中当地的贤士大夫，论才能都在项梁之下。所以，吴中每有大的徭役或丧事，项梁常常替他们主办，暗中用兵法部署来管束宾客子弟，借以了解他们的才能。秦始皇东游稽郡，渡过浙江，项梁与项羽一同观看皇帝出游时车驾和仪仗的盛况。在观看的人群中，项羽脱口而出："彼可取而代也。"

项梁听到侄儿口出大逆不道之言，赶快用手捂住项羽的嘴，小声说道："不要乱说，这是要祸灭全族的啊！"项梁因此知道侄儿是个奇才。长大后，项羽身高八尺，力能扛鼎，吴中子弟没有不怕项籍的。

陈胜于七月在大泽乡首倡起义，天下响应。九月，会稽郡郡守殷通召项梁到郡府大堂议事。在天下举兵反秦之际受到郡守的突然召见，项梁心中很是疑惑，便决定带领侄儿一同前往，以防不测。去郡府的途中，项梁对郡守为何召见自己，不时地做出多种设想。到达府门，项梁令侄儿在门外等候，自己步入府门内的大堂。

在堂上，郡守殷通请项梁就座，对他说道："大江以北都反了，这也是上天要灭亡秦朝的时候啊。我听说先发动可制服他人，后发动则被他人所制服。我想要兴兵反秦，令您和桓楚为将。"

桓楚是吴中的奇士，当时逃亡在沼泽之中。项梁不愿与殷通共举义旗，也不愿与桓楚一同为殷通部将。思索了片刻，项梁主意已定，便对郡

守殷通说："桓楚逃亡在外，没有人知道他的去处，唯有侄儿项羽知道此事，他今日与我同来，请允许我到门外看他是否还在等候。"

项梁借故来到府门外，近前小声对项羽如此这般地嘱咐一番，令他持剑在门外等候。项梁再次入堂，坐定后对郡守说："籍尚在门外，请召籍登堂，使令他受命召桓楚前来议事。"

殷通点头答应，项羽被召入府中。当项羽登堂后，项梁向他使了个眼色，说道："可以了！"项羽应声上前，拔剑砍下了殷通的头颅。于是，项梁手持郡守的人头，佩戴着郡守的印绶，郡守左右的人见此情景无不大惊，府中顿时乱作一团。项羽当场击杀数百人，府中的人都吓得伏在地上，谁也不敢抬起头来。

项梁召集平时所熟悉的豪吏，向他们讲明杀死郡守是为了起义反秦，于是调集吴中兵马，派人攻占郡内所属各县，得精兵八千人。项梁布置郡中豪杰担任校尉、侯、司马等官职。有一名豪杰未被任用，亲自向项梁询问何故，项梁回答说："前些时候某家丧事时，使令您主管某事，未能办成，因此这次没有任用您。"众人听项梁如此回答，无不佩服。于是，项梁自为会稽郡郡守，以项羽为副将，带兵巡行郡内各县。

广陵人召平受陈胜之命攻取广陵，未能攻下。召平闻知陈胜兵败退走，秦军又即将到来，便渡过长江，假托陈王的命令，拜项梁为楚王上柱国，并且说道："江南既已平定，应急速带兵西向击秦。"项梁于是率大军渡江到达江北，加入了秦末农民大起义的洪流之中。

狄县人田儋，原是齐国国王的宗族，他的弟弟田荣、田横，都是当地有威望的豪强大族，很得人心。陈胜起兵称王后，派周市北上攻占魏国故地，到达狄县时，县令固城坚守。田儋假装捆住自己的奴仆，让一伙青年人跟着来到县衙门口，说是要拜见县令并依法斩杀奴仆。待见到县令后，便趁机杀死县令，同时召集县中的豪杰、官吏和青年子弟，向众人说道：

"现今诸侯都已反秦，自立为王。齐是古国，儋是田氏宗族，应该做齐王。"于是，田儋自立为齐王，发兵攻击周市。周市率军退走，田儋趁此率兵东向，攻占齐国故地。

六县人英布，是秦帝国的一名平民百姓。进入壮年，英布犯法应受黥刑，在脸上刺字涂墨。他受刑时高兴地笑道："有人给我看过相，说是当受刑而称王；今天受刑，大概是快要称王了吧？"

在场的人有的听到他这句话，都讥笑他。因遭受黥刑，人们便称他为英布。定罪后，英布被押送到骊山为秦始皇帝修墓。他与刑徒中的头目很熟，便率领伙伴们逃到长江一带做了强盗。陈胜于大泽乡起兵后，英布与同伙见鄱阳县县令番君吴芮，与吴芮的部众举兵叛秦，聚兵数千人。番君还把女儿嫁给英布为妻。项梁起兵后，英布率兵投奔项梁，加入了秦末农民大起义的行列。

高阳人郦商，在陈胜大泽乡起兵后，于家乡聚集少年，四处扩大徒众，得数千人。后来，他投奔了刘邦的起义队伍。

众推沛公

就在农民起义在全国轰轰烈烈展开之时，沛县县令日夜担心有一天起义军会兵压至沛县县城，于是他找来萧何、曹参商量。

"眼看陈胜兵起，天下混乱，我准备献城投降，你们觉得怎样？"

萧何考虑片刻，说道："您身为秦吏，要叛秦投降的话，恐怕城中部

分将士不服。不如把那些四处逃亡的人召集在一起，这样，说不定还能成就一番事业呢！"

曹参听出萧何的言外之意，接着说道："可以派人去召刘邦。刘邦虽触犯刑律，但他一定有难言之隐。此人素有豪气，有胆有识，如果将他赦罪召回，他一定会感恩图报，辅君成就大事。"

沛令于是听从了他二人之言，但又不知刘邦隐于何处，该叫何人去找。

曹参说道："城中有一人叫樊哙，是刘邦的连襟。刘邦事发后，不知他逃往何处？近几日，我见他回来了。樊哙一定知道刘邦藏在何地，可以让他去找。"

沛令听后大喜，命人找来樊哙。樊哙得到命令后，即刻动身，前往芒砀山中。

樊哙，沛县人。生得虎背熊腰，力大无比。因家境贫寒，专靠屠狗为业，吕公见他为人忠厚，便把小女吕媭嫁他为妻。为此，便与刘邦有连襟之亲。刘邦逃亡后，因怕株连，他也隐于芒砀山中。这次回家探听风声，恰巧被曹参碰见，于是促成了这趟差事。

樊哙进入芒砀山，找到了刘邦，说："今沛县县令本欲举城投降陈胜，最后听了萧何、曹参二位兄弟的建议，召姐夫回去相佐，以前罪状全免，特意让我持书前来召你。"说着将一封书信交给刘邦。

刘邦看了来信，得意一笑，立即召来众人，宣布道："诸位，今沛令来书，说赦免前罪，叫我们回去助他起事。我们的出头之日到了，大家准备一下，随我回沛县。"

到此时，刘邦潜入芒砀山已半年之久，陆续收纳的兵士已有数百人。

刘邦率领众人走至半路，忽见萧何、曹参狼狈奔来，当即惊问原由。二人慌忙说道："前请沛令召公，原待公来起事。不料，樊哙走后，县令忽生悔念，怕公来对他不利，于是下令紧闭城门，并要抓我两人问罪。亏

我两人闻讯较早，越城才得以逃脱，可家眷都还在城中。"

刘邦听完，微微一愣，说："二位不必惊慌，以前多蒙照顾，现暂随我前往沛县，我定想方设法，救出二公家眷。"

众人来到城下，果见城门关闭，但守城者多为百姓。刘邦心生一计，转身对萧何说："你为我修一书，号召城内百姓，杀县令，开城门，迎我入城。我就不信，城中百姓会全听从县令的话！"

不久，书已修好，刘邦将书信绑在箭头上，弯弓搭箭，大喊一声："请看我书，不可为了沛令，白白送死！"嗖的一声，箭已射入城内。

这时，任敖恰在城上，见信射到，忙拾起展开一看，书中写道："天下苦秦已久，今父老兄弟，虽为沛令守城，然诸侯并起，必有一日屠城。为全沛百姓着想，不如共诛昏令，择能者立之，以应诸侯。如此，方可城好家全，否则，妻子父母将死无葬身之地。"

任敖拿着书信急找诸豪杰商议。大家都认为，信中所言，句句为实，且沛令素来不得民心，于是率众而起，冲进县廷，杀了县令，大开城门，将刘邦迎进城来。

刘邦进入沛城，约束部下不得扰民，召集会议，以商善后之事。众人都推刘邦为沛令，刘邦说："天下方乱，诸侯并起，今若荐主不善，就会一败涂地。我不敢自爱，恐能鲜德薄，难保全城父老兄弟。如此大事，望诸位择更贤者立之。"

刘邦不是自谦，他虽心怀大志，但这等事毕竟是头一次遇到，何必把自己推到风口浪尖，没有后退之路呢？然而，这又是一次机遇，他能推掉吗？

众人见刘邦有相让之意，有人提出萧何、曹参，两人更是万般推辞。他二人本是文吏，动笔、出谋还可，领兵征战却是外行。再者二人都已成家立业，恐将来无成，诛及宗族，为此，又力荐刘邦，自己相辅。刘邦仍是推辞。众人正束手无策，一父老说："我平生素闻刘邦奇异，日后必当

大贵，且我等已问过卜策，属刘邦最吉。大家想立你为主，乃人心所向，望勿再推辞！"

刘邦见推脱不掉，只好应允。于是，众人共推刘邦为沛公，择日就职。

吉日来临，刘邦就沛公职。因黄帝战于坂泉，遂定天下；蚩尤虽败，然好五兵，所以刘邦与众人在县廷之上，祠黄帝，祭蚩尤，杀牲衅鼓，以求福祥。因刘邦曾小径斩蛇，有老妪夜哭，又引出赤帝子杀白帝子之说，故立赤旗、赤帜，张挂城中，以示顺天灭秦之意。

礼仪后，众人散去。沛公（在后来一个时期，刘邦一直用这个称呼。）独坐厅中，心情难以平静，有兴奋，有惆怅，也有压力：自己被推为沛公，多年愿望已有开端，但这是一条叛秦之路、一条造反之路，这条路一头通往成功，一头通往失败。成功了就能身登尊位，荣华富贵；失败了就会家破人亡，诛连九族。现在已踏上了这条路，不能后退，只能往前走，但现下事多如麻：要扩军，要安民，要守城，还要外略……他沉思了整整一夜。

第二天，沛公召开了第一次有文吏武将参加的会议。"诸君，现陈王已遣四路兵马击秦，近闻项梁、项羽叔侄起兵于会稽，故齐裔田儋也自立为齐王，数千人为聚者，更不可胜数。今暴秦天数已尽，也正是我等创业之时。为尽快聚集力量，我现授：萧何为丞，曹参、周勃为中涓，周昌为舍人，夏侯婴为太仆，任敖、周苛、卢绾等以客从我。"

见众人没有异议，沛公又令："萧何、曹参，张榜安民，并征召沛子弟；樊哙、周勃、夏侯婴，编练现有人马，准备兵略胡陵（今山东金乡县东南）、方与（今山东金乡县北），其他人员，另有派遣。"

散后，众人各忙其事。其中，周勃、周苛、周昌又是什么人呢？

周勃，沛县人，以织蚕箔为业，又善吹箫，所以常以此技充役丧家。他又长得身高力大，自幼嗜武，拳脚弓马无一不通。刘邦下沛县，他只身往投，被授予中涓的官职。从此，在刘邦麾下，南征北战，屡立战功，刘

邦称帝后，他一度官至太尉之职。

周苛、周昌，是俩堂兄弟，也是沛县人。秦二世初的时候，为泗水狱卒吏。刘邦为沛公，令人击破泗水监，二人皆投奔了沛公。沛公授周昌为职志，周苛暂以客从的身份跟随了刘邦。楚汉战争中，周苛战死荥阳。刘邦称帝后，周昌官至赵相。

萧何、曹参奉命后，一面张榜安民，一面在沛城内设征兵站多处。周邻百姓闻沛公起兵自立，往投者无数，在几天时间内，便征得兵卒数千人。

樊哙、周勃、夏侯婴，统兵操练多日，待命进兵。

秦二世二年（公元前208年）十月，沛公令樊哙、周勃、夏侯婴统兵，东攻方与、胡陵。数日后，兵压城下。二城守令，见大兵压境，知出战必败，于是下令死守。樊哙等准备攻城器械，正想攻城的时候，忽然接到沛公的命令，命三人速领军退守丰邑。樊哙等不知出了何事，只得引兵返回。

原来，沛公之母刘氏因感风寒，突然去世。消息传来，众人颇感吃惊，沛公更为悲痛。萧何进言说："丧期不易进兵，请召樊哙回。"沛公也只好如此，遂下令退兵。

半月后，沛公葬母完毕，正欲商议进兵，忽有探卒来报：陈王西进兵马失败，周文被困；吴广被杀，且有一支秦军向丰邑挺进。沛公听后，速调集人马，准备迎敌。

彭城之约

沛公因居母丧，按兵未动。忽听秦军来攻丰邑，于是调集人马出城迎敌。秦军将领是秦泗水监平。沛公令樊哙出战，没几个回合便将秦将打败。沛公见状，在马上拔出宝剑挥军掩杀，秦军慌忙退走。为全歼这支秦军，沛公命雍齿留守丰城，自己率大军追击敌人。追至泗水城（今江苏沛县），再败秦军，泗水郡守壮及监平领败军逃往薛地（今山东滕州东南）。

十一月，沛公又率军追至薛，泗水郡守壮在往戚城逃亡中，恰遇沛公左司马曹无伤，被曹无伤一刀劈死，秦军于是四散而亡。

沛公听到秦军已败，就想引兵还驻亢父（今山东济宁市南），行至方与，突接探马来报：说陈王西进将领都战败身死，现章邯又得咸阳援兵，正率大军向东扑来。沛公听后，面带焦急神色一寻思：到亢父再议。正欲拔营进发，忽有丰邑来卒求见，沛公忙令传进。

"沛公，请速还军丰邑，雍齿已降魏。"

"你说什么？"沛公二目圆睁，忽地站起。

"雍齿已降魏将周市，城中父老皆望沛公还军诛叛。"来卒又重复了一遍。

沛公颓然坐下，丰邑乃我故土，城中百姓，皆已服我，他们为何不反，为何不反？

"我定诛叛贼雍齿！"几乎是喊出来的。

原来，沛公引兵外出，恰逢魏相周市兵略丰、沛。周市见丰城守将雍齿是个可引诱之人，遂以封侯劝降雍齿。雍齿虽和沛公同乡，但素与沛公有隙，于是便胁迫城中将士、百姓，举城降了魏。时已进入了十二月。

沛公下令兵还丰邑。

丰城经数月经营，比以前坚固了许多，沛公连攻数日，仍未拿下，而将士却损失了不少，遂自思道："近闻陈王已死，秦嘉又立景驹为楚王，现驻军于留（今江苏沛县东南）。我何不前往留县借兵，尔后再图丰邑。"主意已定，当即下令停止攻城，整顿兵马，准备东往留城。

一天，沛公在路上遇见一支百余人的队伍，为首一人，面目清秀，衣着儒雅，沛公派人前往问讯，才知是下邳（今江苏睢宁西北）张良。

张良，字子房，祖系韩人。祖父开地，父亲名平，皆为韩相，事韩五君。秦始皇灭韩后，张良一心想为韩复仇，遂散尽家财，觅得一力士。此人力大无比，秘密打造了一铁椎，日夜操练，准备见机刺杀秦始皇。秦始皇第二次东巡行至博浪沙（今河南原阳境内），二人早已潜伏路旁树丛中，见銮驾到来，力士遂将铁椎掷出，不幸打中副车。见一击不中，力士迈开大步逃得无影无踪，张良也只得藏身山野，数日未敢归家。待事件平息后，张良心想：此地不可留。他急忙还家，收拾了一些衣物钱财，逃往下邳，更名改姓隐居下来。

张良画像

下邳濒临东海，距博浪沙已有数百里之遥。但张良仍不敢抛头露面，几个月过后，方敢出游。下邳有一桥，

周围风景旖旎。传说一次张良登桥观景，借以排忧，忽然有一白发老翁，漫步上桥，走到张良身边，将一只鞋掉到了桥下。老翁回头对张良说："孺子，你可下桥将我鞋拾上来。"张良听后一惊，心想我和你素不相识，如何叫我拾鞋。但一看老翁，他偌大的年纪，已人老体衰，于是强忍怒气，下桥将鞋拾了上来。老翁见此情景，又坐在地上，将脚抬了起来："你可替我穿上？"张良真是又气又笑，但已把鞋拾上来，索性好人做到底，将鞋给他穿上，于是单腿跪在老翁面前，将鞋为他穿好。老翁站起身，望着张良，捋髯微笑，转身下桥而去。张良见老翁一不称谢，二不道歉，竟转身而走，不禁愣在桥上。正诧异间，忽见老翁去而又回，说："孺子可教矣。五天以后，天色微明，你可在此与我相会。"张良心知此老人非平常之人，于是跪而应之。

五天后，天刚刚亮，张良来到桥上，见老翁已在桥上等候。翁见良至，勃然大怒说："与老人相会，应该早至，为何来迟？你且回去，五日后再来会我！"张良不敢多言，只得返回。又迁五日，张良闻鸡而起，再到桥上，老翁又在桥上相候，仍责他晚至，张良只得扫兴而归。五日又到，这次张良半夜而往，在桥上静静相候。不久，老人策杖而来，见张良已等候在此，遂说："本应如此！"说着从袖中拿出一书，交给张良，并嘱咐道："你苦读此书，将来可为王者师。十年后，可佐王兴国。十三年后，如孺子要见我，可到济北谷城山（今山东平阴西南）下，见到一块黄石，那便是我。"张良心中大喜，忙跪行大礼，但老翁已隐身于夜色之中。此翁就是传说中的黄石公。

张良怀书返家。等到天明，忙打开书一看，书分三卷，卷首写着《太公兵法》四字，不禁喜出望外，忙朝谷城山方向跪倒，拱手而拜，说道："多蒙恩师赐教！"

自此，张良日夜苦读此书，数年之后，已能倒背如流。熟能生巧，张良对书中的阵法、谋略，不仅心领神会，而且运用自如。

秦二世二年（公元前208年）一月，张良见天下已乱，遂纠集下邳子弟百十人，欲往投秦嘉，恰路遇沛公刘邦。

沛公见报是张良，忙翻身下马，趋步向前，握住张良的手说道："素闻先生大名，不知今日却得以相会！"

张良也已知刘邦起兵之事，遂应道："闻公兴兵沛县，不知现在领兵到哪里去呢？"

沛公说出去处，原来两人虽异路而来，但同往一处，于是沛公令牵过一匹马来，与张良骑马并行。两人边行边谈，大有相见恨晚之势。沛公所谈运兵之法，张良对答如流；张良所论玄妙兵机，沛公体会也颇深刻，而他人则如听天书，不知所以。张良遂叹道："沛公智能，如由天授。"于是决心跟随沛公，而沛公也颇为赏识张良的才华，当即任命张良为厩将。

沛公、张良至留，拜见景驹，正想谈借兵之事，忽然听到章邯司马夷将兵北略楚地，已攻下相县（今安徽睢溪西北），兵至砀（今河南永城东北），沛公只得暂与秦嘉率兵西击秦军，与秦将夷战于萧城（今安徽北端）西，战败，撤军退守留。二月，又引兵攻取砀，三日而拔城，收砀兵六千，遂军威大振。三月，从砀挥兵向北，攻取下邑（今安徽砀山），再北攻丰邑，因雍齿死守，仍未攻下，只得屯兵城下，另谋良策。

四月，项梁引兵自下邳攻彭城。秦嘉因立景驹，领兵拒项梁军。项梁对众将士说："陈王首先发难，攻秦失利，未知生死，而秦嘉擅立景驹，此乃大逆不道，诸君与我共诛此贼。"一声号令，兵进如潮，秦嘉如何抵得住，退至胡陵，被项梁军追到，秦嘉回军再战，终因寡不敌众，兵败身亡。他所立景驹，逃到梁地，也被人所杀，项梁击败秦嘉，进驻胡陵，恰章邯军南下临沛，于是令别将朱鸡石、余樊君率军往击秦军。余樊君战死，朱鸡石败回。项梁怒杀朱鸡石，自引兵向东，攻占薛城。

沛公听说项梁军杀秦嘉，兵进薛城，当下与张良商议，张良率军马围城，自带数人往薛地，借兵以拔丰邑。

沛公至薛，项梁见沛公英姿飒爽，一谈话，又言语相投，格外相敬，于是慨然借兵五千，将吏十人，随沛公往攻丰邑。

沛公借兵成功后，立即调动人马，昼夜攻城，三天后，雍齿兵败城破，带了几个随从，逃往魏地。

沛公攻下丰邑，传来城中父老，狠训了一番，令他们加固城池，以便防守，又派人往薛城报捷，遣项梁军还薛。一个月后，忽接项梁来书，邀他赴薛议事。

六月，沛公、张良至薛，恰逢项羽屠襄城（今河南许昌西南）回来。二人虽初次相识，但有一见如故之感，于是便焚香设祭，结为异姓兄弟。

第二天清晨，项梁升帐议事，特邀沛公、张良参议。项梁说："我听说陈王已经死去，楚国不可一日无主，但究竟应选哪位继承呢？"众人听后，议论纷纷，有人乘机献媚，欲推项梁为楚王。项梁环顾众人，遂问沛公："沛公以为如何？"

刘邦没料到项梁会问自己，心里想："大权在你，问我何意？万万不能冒失！"当即答道："将军所言极是，全由将军做主！"

项梁见沛公又把问题推回来，正想讲话，忽有人入帐禀报，说有一居鄡（今安徽桐城南）人范增前来求见。项梁传他入帐。不久，一伛偻老人，年约七十，走进帐来，向项梁行礼。项梁请坐下，遂问："先生远来，必有要事，请明示！"

范增用目光环视了一下众人，说道："闻将军欲立楚王，特来拜见，敬献刍言。前陈胜本非望族，不立楚后，擅自为王，故而败亡。自秦灭六国，楚最无罪。昔怀王入秦不返，楚人怀念至今。隐士南公曾说过：'楚

虽三户，亡秦必楚。'今将军起自江东，楚地豪杰争相趋附，就是因为将军本楚将世家，定能立楚之后，以同心协力，恢复楚国。若如此，天下定矣！"

项梁听后大喜，说道："先生之言，正合我意。"

当即调派人手，四处访寻楚王后裔。众人也只好暂留项梁军内。

不久，在乡间找到一个牧童，为人牧羊，仔细查问，才知是楚怀王的孙子，名心。项梁立即派出使者，带着车马服饰，将其迎进城来，号为楚怀王，定都盱眙（今江苏省西部），封陈婴为上柱国，以奉怀王。

张良见楚王已立，入见项梁。"君已立楚后，现齐楚燕赵，俱已复国，独韩未立，君何不顺民意，而立韩后？"

项梁已知良的来意，问："不知韩裔还有人吗？"

"韩公子成，曾被封为横阳君，尚在韩地，且有贤名，可立为韩王，以为楚党。"

项梁见说，报知怀王，遂封成为韩王，良为相，拨兵马一千，令略韩地。

张良被封，去与沛公告别。现在两人已成知心，但张良潜伏十余年，志为复韩，眼见时机已到，怎可放过。沛公虽已起兵，但出身寒微，没有显赫家世可炫耀，且兵不过万人，将不过十，在乱世强秦面前，实难独立，只得暂从项梁，拥立怀王，日后再见机行事。为此，虽惺惺相惜，两人也只得分开，但不久，共同灭秦的志向，使他们又走到了一起。

秦将章邯听陈胜已死，引兵北攻魏国。魏王咎自知难以抵挡，令周市求援于楚、齐。项梁命项他领兵前往，齐王田儋亲自统兵救魏。联军与秦军战于临济，不分胜负。夜间，章邯率军偷营成功，败援军，杀田儋、周市，魏王咎闻败引火自焚，只有项它及咎弟豹逃回楚地。

章邯乘胜进军，略齐地，兵围田荣等于东阿城（今山东阳谷县东北）。城内兵少粮缺，情况十分危急。项梁闻讯，知营救东阿迫在眉睫，立即率沛公、项羽挥军北上。

时值七月，连天阴雨，然而救人如救火，项梁令沛公、项羽催动兵马，日夜迎雨兼程。这日，已临东阿，于是扎下大营，准备明日大战。项梁召来沛公、项羽，布置道："章邯自领军以来，少有败绩，今他破魏攻齐，士气正旺，明日一战，我们要力挫秦军；项羽打先锋，沛公为后援，我自统大军压住阵角。"

清晨，雨还在下，楚军急于解东阿之围，冒雨出战。章邯闻项梁军至，也列阵相迎。两军阵前，章邯战项羽，刀来戟去，杀得难解难分。自统军以来，章邯鲜逢对手，可今日项羽，越战越勇，几十回合下来，章邯双臂发麻，浑身汗水。章邯自思，再不退，自己定死于项羽戟下，想着打马便退。沛公见章邯已败，挥军混战。田荣也引兵自城内杀出。秦军受到两面夹击，死伤无数，遂向濮阳（今河南濮阳西南）方向逃去。

东阿之围已解，田荣领兵回城，欲立田儋子田市为齐王。

项梁打败章邯，遂分兵两路，命沛公、项羽往攻城阳（今山东鄄城县），自领军西追秦军。

城阳下，战事正酣。沛公、项羽身先士卒，冒箭雨、顶木石、攀云梯、登城墙，杀散守兵，打开城门，楚军攻入城内。项羽见城已拿下，翻身上马，率领属下，逢人便杀，见物就抢，一时城阳城内，尸横遍地，血流成河。沛公向来听说项羽嗜杀，今日目睹，果然如此，遂劝道："秦军可杀，百姓无罪，不可如此屠城。"项羽正杀得开心，怎能听得进去。几个时辰过后，城阳已成一座死城。

项梁引军西追章邯，于濮阳城外再破秦军，章邯败入濮阳，凭城池坚固，死守不出。项梁见一时难以攻下，便改攻定陶。定陶也有重兵防守，项梁遂兵围城池，寻机攻打。

八月，沛公、项羽又奉命自城阳西取雍邱（今河南杞县）。临近城池，遇秦三川郡守李由引兵来战。项羽一马当先冲入秦阵，没几回合便把李由挑死马下。李由战死沙场，可他至死不知其父李斯遭赵高陷害，正囚于咸阳狱中。

李斯，秦初名相，然而，秦始皇死后，他贪生怕死，留恋禄位，沙丘矫诏，扶二世登位，又迎合二世暴虐，严施酷律，咸阳市井，日有刑戮。赵高怕祸及己身，遂在胡亥面前进谗言，说李斯曾与他谋，矫诏之后，本望割地封王，久不得志，便与长子李由私下准备谋反。胡亥听后大怒，下令将李斯捉拿入狱，并派人前往三川调查李由。李由战死后，赵高便捏造李由通敌罪名，上呈胡亥。胡亥信以为真，当即下令将李斯斩首，并诛灭三族。

从此以后，赵高独揽大权，上瞒胡亥，下压群臣，把秦朝政权，进一步推向了风雨飘摇之中。

当时，沛公、项羽已定雍邱，又还攻外黄（今河南杞县东），因连日大雨，二人率军将外黄团团围住，准备天晴攻城。

项梁军也被大雨阻于定陶城下。时日一久，军纪渐散。项梁因屡胜秦军，也渐生麻痹情绪，每日与将士饮酒消遣，将敌情放到了一边。当时梁帐下有一谋士，名叫宋义。见到这种情况，宋义进帐见梁，谏道："将军屡胜秦军，常言说：打了胜仗，将易骄，军易惰，骄将惰卒战则必败。今各营将士，已见骄惰，而秦军虽败，闻已增兵，必寻机找我决战，如我军不作戒备，敌军袭到，我军如何迎敌？实为将军担忧！"

项梁听到后，不加理会，说道："你太多心了！想那章邯一败再败，即使增兵，自保濮阳还恐不足，怎敢再找我军决战。"

宋义想再劝，项梁抢先说："我想遣使往齐，征召齐师共同攻秦，不知你是否愿意去？"

　　宋义见再劝也无益，正好乘此机离去，也可避开楚军兵败，祸及自己。于是说："臣愿前往！"

　　宋义持项梁书信往齐，行至半路，途遇齐使高陵君显，遂问："你要往楚去见项梁吗？"

　　"正是。"

　　"我奉项梁之命，出使贵国。一为两国修好，二为自己避祸。"

　　显听到这话后，心中奇怪："你说避祸，不知是什么意思？"

　　"你不知道，项梁连胜秦军，已滋骄意，将士军纪懈怠，恐难再战。近来听说章邯增兵，志在报复，可项梁轻视秦军，又听不进劝谏，我料他不久必败。你可慢行，免受灾祸。"

　　显听后半信半疑，与宋义拱手告别，各行其路。

　　高陵君显行至楚营，项梁果已败亡。原来，宋义走后，楚营仍不加防备。一日夜间，秋雨淋漓，四周一片漆黑，楚军将士都已进入梦乡，忽然营外杀声连天，秦兵犹如天降，从四面八方涌杀过来。不少楚兵还在梦中便被砍死。项梁惊醒，知秦军偷营，忙起身持剑奔出帐外，只见处处火光，到处尸骸，这时才记起宋义的话，但为时已晚，只得仗剑迎敌，恰遇秦军一将，挥刀劈来，项梁躲闪不及，被拦腰斩为两截。此将正是秦军之首——章邯。章邯探知楚军松懈，遂乘夜冒雨袭击项梁，项梁不备，遂全军覆没。

　　项梁军败被杀的消息传到外黄，沛公落泪，项羽痛哭。哀痛稍缓，沛公找到项羽，说："项将军刚死，军心难免动摇，我军不可再驻扎在外，应东返护都，不知贤弟认为怎么样？"项羽也只得这样。于是引军东还，道经陈县，邀吕臣率军同往江左。众军返回盱眙，因怕秦军来犯，便将楚都迁至彭城，吕臣驻军城东，项羽驻军城西，沛公驻军砀郡，彼此犄角相依，专等秦军来攻。

哪知章邯认为项梁已死，楚军已不可惧，不攻彭城，反而北上伐赵。

自武臣被李良所杀后，张耳、陈余又拥赵歇为王，而李良战败盾，往投秦廷。

秦军入赵，其势锐不可当，连败赵将陈余，攻陷邯郸。赵王、张耳退守巨鹿。秦将王离追至，兵围巨鹿城，昼夜攻打。城内兵员越打越小，粮草也日益困难，张耳焦急万分，只得派出人去向楚、燕、代齐求救。

再说齐使高陵君显，听项梁败亡，于是转而奔赴彭城，见到楚怀王，大赞宋义知晓兵法，料事如神。恰宋义从齐返楚，楚怀王立即召见，问明使齐情况，谈及项梁败因。"你怎么知道梁军必败？"

"兵法云：骄兵必败。项将军连败秦军，渐生傲意，臣劝谏又听不进去，致使章邯有机可乘，因致败亡。"

楚怀王见宋义果然知晓用兵之法，又问及目前攻秦之策："梁军已败，秦军猖獗，依君之意，将如何运兵？"

"今章邯大兵在赵，可派一将乘虚略魏，再遣一有勇有谋良将，攻抚兼施，西进攻秦，直捣咸阳，如此秦可灭矣！"

楚怀王听后大喜，将宋义留在身边，以便随时与他商议，并封魏豹为魏王，给兵三千，令西往略魏。时已九月中。

闰九月，楚怀王运筹已毕，在彭城召开了军事会议。沛公、项羽、吕臣、陈婴、宋义、范增等文臣武将，都出席相议。楚怀王首先开口道："秦始皇暴虐，二世更甚，陈王首起发难，诸侯争相叛秦。前将军项梁西进伐秦，不幸中道失利，军败身亡。现拟再遣一将，率兵西进，不知哪位将军愿往？"

众将听后，都知章邯骁勇，秦军正盛，独自领军西进，胜负难以预料，为此，都面面相觑，默不作声。

此时的沛公，与众人所思大有不同，自起事以来，虽被立为沛公，但自己不是什么名门望族之后，难以得到豪门显贵的支持、百姓的拥护，难以汇集千军万马，独树一帜，为此，暂投项梁麾下，寻机再起。二则自己本为一农夫，虽任过泗水亭长，但对统兵打仗却没一点经历。兴兵后，有了一支人马，但兵微将寡，难挑灭秦重担，也不得不暂寄他人篱下。现在不同了，若奉楚怀王之命出征，自己可打起王师名号，出师有说，名正言顺了。再说，自己用兵已有数月之久，拔丰邑，援东阿，攻雍邱，围外黄……经历大小战役十几次，对攻伐之术已不再生疏。而且在和众人交往中，结识了一些有识之士，树立了一定的威望。为此，我现在不走，还待何时？他刚要站起来，准备表示愿引兵西进击秦，楚怀王见大家无一应命，又大声说道："诸将听令，无论何人应命，如能领兵西向，率先进关，便立他为关中王。"

楚怀王语音未落，沛公忽地站起，双目有神，左手握住剑柄，向前跨进几步，来到厅中，面对楚怀王拱手一礼，朗声应道："末将愿往！"

楚怀王见沛公应命，面露满意之色，正想颁令，突然项羽来到沛公身旁，两眼闪出凌厉之芒，面部短须横起，声色俱厉地说道："我也愿往！叔父战死定陶，此仇不报，实难为人。就是刘邦前往，我也愿同行，誓灭秦廷，报仇雪耻！"

两人同时应命，到底派谁西往，楚怀王一时难以确定。于是说："两人同心灭秦，其志可嘉，但只需一将西向，你二人究竟谁将前往，容后再议。"

会议散后，沛公、项羽退去。有数位老将未走，遂向楚怀王进言说："项羽为人，一向骁悍残忍，前攻襄城，纵兵屠戮，全城百姓，几乎杀尽。他所过之处，无不人烟灭绝。如此之人，怎可统军西进？而且自楚起兵，陈王、项梁先后失败，这和他们治军不严，滥杀无辜，有直接关连。现需派一位忠义长者，领兵西行，沿路约束将士，不准侵扰百姓。秦地人民，苦秦已久，如有义师前往除暴安良，必受欢迎。所以，项羽不可遣，而沛公素有忠厚之名，可担西进重任。"

楚怀王听后，心中有数，于是安慰众老将说："多蒙指教，我定会认真思索。"

次日升帐再议，楚怀王命沛公领兵西进，而将项羽留于彭城。项羽听后，面有怒意，正欲与楚怀王争吵，忽有两使者闯入禀报：一个是魏豹遣使报喜，说领兵略魏，已下二十几城；一个是齐使前来求援，说章邯已围巨鹿，攻城甚急，如无救兵，赵国灭亡则指日可待。

齐使所报，引得项羽雄心顿起，大声叫道："我愿领兵援赵，诛杀章邯，为叔父雪耻！"

楚怀王见项羽如此说，心中大喜，立刻颁布军令："命沛公率人马二万，择日西进！命宋义为上将，加号卿子冠军，项羽为次将，范增为末将，统本部人马，前往救赵。"

沛公、宋义、项羽、范增得令后，各自整顿人马，准备择日进军。

入关灭秦 第三章

巨鹿之战

　　事实上，项梁死后，从楚怀王对待项羽和刘邦的态度上看，一直是压制项羽而支持刘邦。他先剥夺了项羽的兵权，却保留了刘邦的军队，继而又任命宋义为北上救赵军队的首帅，而让项羽屈居其次。项羽对这个任命不满，要求参加西征，又被否决了。为什么楚怀王要压制项羽呢？因为楚怀王是项梁所立，这支军队的主要将领也都是项梁的部下，项梁虽死，他们与项羽的关系密切，楚怀王要在这支军队中树立威望，掌握实权，就必须抑制项羽的权力和影响。而刘邦的这支军队，虽然在这一阶段也依附于项梁，但毕竟不是项梁从江东带来的部下，他与项梁仍保持着一定的距离，有相当的独立性。所以楚怀王有意提高刘邦的地位和权力，正是为了压制项羽的力量。

　　楚怀王为了鼓励各个将领能尽快入关，推翻秦的统治，他还在各路军队出发前，与诸将相约："先入关中者王之。"刘邦的任务是直接西征入关，宋义、项羽的任务则是北上救赵，救赵后的下一步行动是什么，当时并不明确。所以楚怀王的这一相约，明显是偏袒刘邦的。

　　楚怀王在项梁战死后所采取的一些措施，虽然含有很大的个人争权的成分，但从他的一些军事战略部署上看，这个牧羊人出身的贵族，在战略战术上还是相当有水平的，也可能这是他身边的谋士如范增、陈婴等人出的主意，但他能择其善者而从之，也说明他有一定的决断能力。

项梁定陶战败后，楚怀王马上迁都彭城，以避敌人的锋芒，随后又对彭城的防守做出了正确的部署，当章邯率主力北上攻赵，解除了对自己的威胁后，他没有把主要力量放在巩固和扩充现有的地盘上，而是在困难的条件下，决定组建北援和西征两支大军，从战略上主动打击敌人。如果没有高瞻远瞩的政治和军事斗争眼光，是做不出这样既正确而又有远见的决定的。这说明楚怀王是一个相当有才干的领导人。

至于两支军队统帅的选择，任命宋义这样没有实战经验的人做北援军的首帅，显然不当；但随后项羽就主动纠正了这一错误，所以没有造成大的影响。而让刘邦统率西征军，没有让项羽去西征的决定，当时虽然不无个人的偏见，但从战斗的任务上来看，这样的安排也是正确的。因为当时北援是首要任务，它是去与秦军的主力决战，而且时间又很紧迫，完成这样的战斗任务当然项羽比刘邦要合适。西征的任务虽然前途也不乐观，但时间的要求上相对来说并不那么严格，而且政治上的争取比军事上的强攻更适合于这次军事行动，刘邦在政治上的斗争经验要比项羽丰富得多，所以由刘邦统率西征显然比项羽要合适。因此楚怀王对统帅的选择基本上是正确的。

北上救赵的军队号卿子冠军（意思是战无不克的常胜军），军队行至安阳（今河南安阳市），在那里逗留了四十六天不再前进。项羽对此很不满，他找到宋义说："听说秦军把赵王围困在巨鹿（今河北平乡县西），形势十分危急。我们应该马上渡过漳河，从外线攻击秦军，赵军从内响应，里外夹攻，必然会大破秦军。"

宋义自认为很懂兵法，根本看不起项羽，他给项羽讲道理说："你的看法是不对的。要说到冲锋陷阵，我不如你，可在组织和指挥战斗上，我还比你强。现在秦兵正攻赵，如果秦攻下了赵，军队损失也会很大，这时我们再乘机攻秦，必然会取得胜利；如果秦攻不下赵来，说明他已筋疲

力尽，我们以逸待劳，再乘机攻秦，也必然会获得胜利。我之所以按兵不动，就是先让秦赵争斗，等到他们两败俱伤时，就可以不用大的力量，消灭秦军。"

项羽当然不同意宋义这种坐山观虎斗，以牺牲朋友而获取胜利的战法。既然是来救赵，就应当在别人未失败前援救，等到人家已经失败了再出兵，还谈得上什么援救朋友呢？宋义知道项羽不同意他的看法，他怕项羽不听指挥，自己采取行动，就对军中下命令说："猛如虎，狠如羊，贪如狼。如果有人胆敢像这些动物那样，自行其是，不听从命令的话，都要斩首。"

宋义认为用这一道军令，就会把项羽的不同看法压制下去，所以他并没有再理会项羽。这时他的儿子宋襄要出使齐国，他借机大吃大喝，设宴送行，饮酒作乐。为了表示对自己儿子的关怀，他置大军于不顾，亲自远送到无盐（今山东东平）。

这时已经进入初冬，天气渐渐寒冷起来，又赶上下大雨，士兵没有带冬装，粮食供应也很困难，大家都在挨冻受饿，所以对宋义的这些做法都很不满。

项羽很同情士兵的处境，他向一些将领发泄对宋义的不满说："本来应该集中力量攻秦，可是却久停这里不动。今年的收成本来不好，百姓都很贫困，士兵只能吃个半饱，军队也没有存粮，可是宋义还摆宴席，饮酒作乐。不赶快带兵渡河，与赵军合力进攻秦军，反而在这里按兵不动，还美其名曰'等待其疲惫'。秦军现在还很强大，赵国刚刚建立，以强秦攻弱赵，当然很快就会拿下赵国。消灭赵国，并不会削弱秦的力量，有什么'等待其疲惫'可言呢？而且章邯刚刚打败了项梁，楚怀王为此坐立不安，为了攻秦救赵，把所有的力量都集中起来交给宋义，国家的安危，就决定在这场战争上了。可是宋义却不关心士兵的艰难，反而为送儿子出使

齐国大摆酒宴，这样的人怎么能托付国家的大事呢？"

项羽这番话，讲得很有道理，当然会得到一批将领的支持。可怎么解决这个问题呢？项羽已经当面劝说过宋义，宋义不接受。他当然还可以派人向楚怀王反映情况，提出意见，但这样做不仅在路上往返会延误时间，而且根据当时楚怀王对项羽的看法，也不一定就会同意项羽的意见。那么剩下的，项羽只有采取极端的办法解决了。从当时将领和士兵中对宋义的不满情绪看，项羽认为采取极端的办法，不会引起内部的混乱。

项羽在做了充分的安排部署后，一天早晨面见宋义，趁宋义毫无防备之机，突然将宋义杀了。由于宋义在军中不得人心，也由于项羽在军中的威望，部署严密，宋义的亲信也未能反抗，项羽一下子就收拾了全军的主帅。

项羽杀宋义后，就向军中发布命令说："宋义派他的儿子去齐国，密谋与齐国联合起来反对楚怀王。我接到楚怀王的秘密命令，让我杀了宋义。"宋义的这个罪名，当然是无中生有的。项羽也不会接到什么楚怀王的密令，之所以杀宋义，完全是项羽个人的预谋，但为了名正言顺，项羽就假造了这道命令，以稳定军心。

北上救赵的这支军队中的许多将领都是项梁原来的部下，他们支持项羽，而不支持宋义。这批将领很早就佩服项羽的骁勇善战，听到他杀了宋义，这支军队由项羽当主帅，当然都很服气，没有人提出异议。于是，大家也都附和着项羽说："是你们项家拥立的楚怀王。今天你杀了宋义，是为楚国镇压了叛乱，也是为了楚怀王，我们支持你的行动。"

各个将领商量后认为，军不可一日没有主帅，大家就共同拥立项羽代理上将军的职务。项羽怕宋义的儿子宋襄到齐国后帮助齐国反楚，就派人到齐国将他追杀了。

项羽派自己的好朋友桓楚，去楚怀王那里报告他杀宋义的经过，楚怀

王只得承认既成事实，认可了项羽杀宋义，并正式任命项羽为上将军。

项羽杀宋义，从手段上说过于残忍，从政治斗争上说也不够光明正大，但是在当时的紧急情况下，如果不杀宋义，军队还会滞留不前，秦军可能很快就攻陷赵国。到那时候再与秦军交战，是否能取得胜利，就是个大问题。如果那样，也可能就会延长秦统治被灭亡的时间，给反秦斗争带来更多的困难。

但是从宋义预见到项梁的失败看，他毕竟是一个比较高明的政治家和军事家，他的被杀对起义军是一个损失。如果追究宋义被杀的责任，首要的不是项羽而是楚怀王，是楚怀王任命将领不公正，导致了宋义被杀。因为不管是从战争实践上看还是从勇敢善战上说，项羽都比宋义强，不能单从宋义对一件军事问题认识和判断的正确，就做出他比项羽强的结论。如果当时楚怀王考虑得公正和全面一点，让项羽做上将，宋义做他的助手，不但不会发生项羽杀宋义的悲剧，也可能还会充分发挥宋义在军事认识上的能力，成为项羽的得力助手。

陈胜起义后，曾派他的朋友武臣为将军，邵骚、张耳、陈余为助手，率兵三千人，北上去原来赵国的地方，发动反秦斗争。武臣等人到了赵池后，得到当地百姓的支持，很快就占领了三十余座城市，张耳、张余、邵骚拥立武臣为赵王。

武臣命部将李良攻常山（今河北石家庄）。李良攻占常山后，在进军太原（今山西太原）的途中，被秦朝统治者收买。他借返回邯郸（今河北邯郸）向武臣请求增派援兵的机会，乘其不备，突然进攻邯郸，武臣、邵骚被杀。张耳、陈余侥幸逃出邯郸，收得余兵数万人，寻找原赵王家族的后人赵歇，立为赵王，改以信都（今河北邢台）为首府。

章邯率领秦军主力到达邯郸时，因为痛恨邯郸百姓对赵国的支持，就将其百姓全部强迫迁至河内郡（今河南焦作一带），城郭夷为平地。张耳

和陈余见秦军来势凶猛，就放弃信都，张耳和赵王退守巨鹿（今河北鸡泽北），陈余去常山征集数万兵力，在巨鹿城扎营，以为外援，并派使者去各地，请急速派兵援救。

当时围攻赵国的秦军，除章邯所部外，还有从北方边防线上调回的王离、涉间的军队，总数不下三十万人。王离、涉间军为围攻巨鹿的第一线部队，章邯军驻在巨鹿南的棘原，沿着河道构筑了从棘原通巨鹿城下的工事，源源不断地供应王离、涉间军的粮草。王离、涉间的军队，兵多粮足，不断地对巨鹿发动强攻。

当时张耳在巨鹿城中的守军不过数万人，粮食又将食尽，处境十分危险。张耳几次派人到陈余的军营，请他出兵援救，陈余觉得兵力太少，敌不过秦军，所以不敢出兵。张耳认为陈余见死不救，十分愤怒，就派张口、陈泽去指责陈余说："我和你是生死之交的朋友，现在我和赵王抵挡不住秦军的进攻，很快就将战死。你带兵数万人，不肯出兵相救，还谈什么共生死呢？如果你还讲点信义，为什么不与秦军决一死战，或许还会有生路！"

陈余对张耳的指责，觉得并无道理。他向张耳的使者解释说："我之所以一直未出兵援救，是不愿做无谓的牺牲。我不愿现在去送死，是准备以后为赵王和张耳报仇。今天如果大家都去送死，如同以肉喂饿虎，会有什么好处呢？"

张耳和陈泽对陈余的解释，虽然觉得也有道理，但他们知道巨鹿难以坚守，如果现在不出兵相救，张耳和赵王也就完了，因而回答陈余说："事情已经很危急，现在是要共同去与秦军决一死战，以表信义，哪里还能再考虑以后的事呢？"

陈余见张耳的这两位使者下了以死报国的决心，他已无法再改变他们的信念，因而对他们说："我现在去送死，觉得毫无意义。你们既然愿意以死去表示信义，我也不好再反对。"于是，陈余拨给张耳、陈泽五千人马，让他们去攻秦军，结果全军覆没。

在秦军围攻巨鹿时，除巨鹿北有陈余的数万人扎营外，燕国和齐国的救兵也陆续赶到。还有张耳的儿子张敖从代郡（今山西代县一带）招集的万余军队。他们这时都在陈余军营的旁边安营扎寨，坚壁据守，迫于秦军的威力，不敢出兵与秦军作战。在巨鹿城外虽然驻扎着不少援军，可是对巨鹿的守军并未采取援救的军事行动，张耳实际上是等于孤军据守，所以他才那样急于希望陈余能出兵救援。

张耳和陈余都是大梁（今河南开封）人，两人都是魏国的名士，秦灭魏以后，由于他们有反秦的活动，都被秦悬赏缉拿。他们为了逃避秦的追捕，更名改姓，到陈县当了守门人。陈胜起义占领陈县后，他们都参加了陈胜的起义军。

张耳比陈余年长，陈余以父辈尊敬张耳，由于他俩有相同的遭遇和抱负，所以成为生死之交的好朋友，在当时尽人皆知。现在张耳被围困在巨鹿，陈余带数万军队不敢出兵相救，其他来救赵的诸侯兵看到这种形势，都不敢出兵救赵，也就可想而知了。所以当项羽率领的救赵军队，一到前线就很快投入战斗时，这对其他救赵援军无疑是一个很大的震动。

项羽杀了宋义，自己率领这支军队，做了战斗的动员后，军队的士气大振。项羽派英布和蒲将军率两万人为前锋，先渡过漳水，切断章邯供应王离、涉间军的通道，使围困巨鹿的秦军失去支援。英布、蒲将军率领的前锋力挫秦军的锐气，取得了一点胜利后，陈余看到形势有所好转，就请项羽再增兵击秦。

项羽在这次战斗中，有比较周密的部署。他先派英布、蒲将军做前锋过河的目的，一是在河对岸占领有利地形，以掩护主力部队的随后渡河；二是切断章邯与王离、涉间军间的通道，孤立王离、涉间军后，再

集中主力加以消灭。英布和蒲将军的前锋部队渡河后，胜利地完成了这两个任务。

项羽接着率领全军渡漳水。项羽知道这是一场以少胜多的恶战，如果不充分发挥每一个将士勇往直前的战斗力，是很难取胜的。为此，他在渡河前，叫全军做了三日的干粮，然后全部砸碎烧饭用的锅盘瓦罐，烧掉营房，每人只带着三天的干粮，渡过河以后，又把全部渡船击沉，以示只有胜利，毫无退路的决心。这就是历史上著名的"破釜沉舟"的故事。

项羽的主力渡过漳水后，就集中兵力包围了王离军。项羽的将士都非常勇敢地投入了战斗，经过九次反复的争夺战，终于击败秦军。秦将苏角战死，王离被俘，涉间自杀，解了巨鹿之围。

这场战斗，因为英布、蒲将军已切断章邯支援王离、涉间军的通道，所以实际上是一场围歼王离、涉间军的斗争。从参加战斗的人数上看，王离、涉间的军队约有十万人，他们都是久经训练的边防军，战斗力很强，项羽的军队估计不足十万人，但"破釜沉舟"之后，个个勇敢向前，有必胜的决心。从总体上看，虽然王离、涉间军比项羽军要多，但他们的军队对巨鹿采取包围的形势，军队分散在巨鹿城的四周，而项羽却集中兵力攻王离、涉间军的某一部分，这就在局部上造成项羽兵力的优势，虽然王离、涉间九次从其他防区调兵支援这局部地区的战斗，都无法改变项羽在战术上的这种优势，所以项羽才取得了以少胜多的胜利。

在项羽与王离、涉间的军队激烈战斗的时候，除了陈余派出一部分兵力加以支援外，其他各路诸侯的援军，在巨鹿城外扎寨的有十余个军营，他们根本不相信项羽能击败秦军，所以都不敢出兵支援，只是站在军营的壁上观战。他们看到项羽的士兵个个都勇敢善战，无不以一当十。战斗中，项羽士兵惊天动地的杀喊声和秦军战败被杀的惨叫声，交织在一起，把在壁上观战的诸侯军都吓呆了，这些旁观者，吓得连一口大气也不敢出，胆小的还吓得直哆嗦。

项羽击败王离、涉间军，解了巨鹿之围后，就在自己的大营中召见各路诸侯援军的将领。他们都目睹了这场以少胜多的激烈战斗，对项羽的勇敢善战，佩服得五体投地。所以他们进入项羽大营的辕门后，既敬佩又很惭愧，纷纷膝行至项羽前，向他祝贺反秦斗争的胜利，又低头对自己的没有出兵支援，表示懊悔。

项羽现在是胜利者，是反秦斗争的英雄，他的威望已经震撼天下，当然不会再计较各路诸侯不出兵支援，反而作壁上观的旁观态度。项羽和各路诸侯的将领，总结了巨鹿之战的经验，研究了下一步进击章邯军的问题。大家认为，巨鹿之战中，各路诸侯兵各自为战，互不统属，没有主帅，这是未能采取统一的反秦斗争行动的大问题。大家一致推举项羽为各路诸侯军的上将军，统率各路诸侯军的反秦军事行动。项羽当然义不容辞。从此各路诸侯军，在反秦的军事斗争中，开始有了名副其实的最高军事统帅，他就是项羽。

项羽解了巨鹿之围后，赵王和张耳出城向项羽感谢救援之恩。张耳见到陈余后，指责他见死不救，太不够朋友，并责问张口、陈泽两位将领的下落。陈余回答："张口、陈泽要我决一死战，我未同意，他们坚决不答应。我就分给他们五千人马，由他们率领去攻秦军，结果全军覆没。"张耳不信陈余的话，以为是陈余把他们杀了，所以一再追问陈余。陈余对张耳这么不信任自己感到十分愤怒，就对张耳说："想不到你竟对我有这么大的怨气，这么不信任我，我还怎么再领兵打仗呢？"陈余一怒之下，就把他的印绶解下来，交给张耳，表示不再领兵了，张耳怕引起冲突，没有敢接受。

过了一会儿，陈余去厕所，张耳的一个部下趁陈余不在场，赶紧劝张耳说："现在陈余既然退回印绶，不愿再接受领兵的将权，你现在不收回来，以后要想收也收不回来。这是再好不过的时机了，否则以后反而会受其祸。"张耳于是收回了陈余交出的印绶，这就等于解除了陈余的带兵权。

陈余从厕所回来后，见张耳收回了印绶，真的解除了他的带兵权，一气之下，就从张耳那里跑出来，只带领数百名亲信，到河泽中渔猎去了。

张耳和陈余这一对生死之交的朋友，因为误会，从此分手了；不但分手，后来还变成了仇人，进行你死我活的军事斗争。

巨鹿之战是历史上有名的一场以少胜多的激战。这场战斗消灭了秦军的主力，是反秦起义中具有决定意义的战斗。从此以后，秦的统治被推翻已经是个时间问题。它从主动出击镇压，变成步步防守了。

巨鹿之战，项羽之所以能取得以少胜多的巨大胜利，其原因除了项羽进行的是反抗秦暴政的正义战争外，项羽在战术上成功地采用了我国兵法上传统的"置之死地而后生"的战法，也是一个重要原因。

从战斗力上来说，项羽的军队无论是组织和训练都远不如秦军，而且项羽的军队由南方行军到北方，长途奔波劳累，当时已进入初冬，军队不适应北方的气候，衣服和粮食的供应又很缺少，因此在总体上处于劣势。项羽认识到了这一点，所以他才采取"破釜沉舟"的战术，使军队处于退无后路的险境。秦朝军队对战败的敌军经常采取屠杀的政策，战败投降也没有生路，所以项羽的军队都知道要想求得生路，只有全力以赴，不怕任何牺牲和困难，战胜敌人。这是项羽士兵个个勇敢杀敌、以一当十的原因。

从秦军来说，他们各方面都处于优势。如果能充分利用和发挥自己的优势，项羽即使采取"破釜沉舟"的战术，也未必能取得胜利。但秦军在部署上，因为采取的是包围城市的阵势，而在项羽的军队渡漳水前，又没有相应地加以调整，所以失去了局部地区兵力上的优势。项羽渡河以后，集中兵力攻秦军的一部分，造成在局部地区兵力上的绝对优势。秦军虽然在战斗中采取紧急措施，一再从其他部分调兵支援被攻地方，但已来不及补救这一缺陷。因而项羽才能集中优势兵力，击败局部地区的敌人后，乘胜扩展战果，不断击溃前来援救的敌人，最终取得胜利。

在巨鹿之战中，章邯的二十多万军队没有出兵支援巨鹿的秦军，这也是项羽取得胜利的一个重要原因。为什么章邯没有派兵支援？项羽最怕的是章邯出兵支援，使自己腹背受敌，难于集中兵力攻击秦军。所以他渡漳水前，就先派英布和蒲将军作为先头部队，首先切断了章邯支援巨鹿秦军的通道。问题是英布和蒲将军的先锋部队只有两万人，他们切断通道之后，章邯如果想打通并不困难。可章邯为什么没有集中力量打通通道，去支援巨鹿的秦军呢？从时间上来说，因为项羽采取的是速战速决的战术，也可能章邯还没有反应过来，去采取打通通道的行动时，巨鹿之战已经结束了。章邯是一个有军事斗争经验的将领，看来他不会这么反应迟钝。很可能是章邯与王离、涉间的军队之间有矛盾，王离、涉间统率的是正规的边防军，而章邯率领的是临时组建起来的杂牌军，王离、涉间看不起章邯的军队，所以章邯才见死不救，想借起义军的力量给王离、涉间教训后，他再出来援救王离和涉间的军队，借此来压一下王离、涉间的傲气。可是他没有预料到，王离和涉间的军队会一战而全军覆没，使他处于孤立无援的地位，可见项羽取得胜利，与秦军内部的矛盾也有一定的关系。

项羽在巨鹿之战中，主要击败的是王离、涉间率领的一支边防军，章邯的军队基本上未受到损失。王离、涉间的军队战败后，章邯迫于项羽军队的威力，没有敢出兵反击，他坚壁据守棘原，以观动向。

项羽的军队虽然击败了王离、涉间军，可自己也受到很大的损失，需要进行休整，所以暂时也没有对章邯的军队采取行动，而是撤退到漳水以南，与章邯军隔河对峙。

巨鹿之战中秦军的失败，加深了秦统治者内部的矛盾，特别是王离、涉间军的全军溃败，而章邯军却基本未受到损失，这就引起了秦最高统治者对章邯的猜疑，怀疑他是否对秦统治者忠心。

秦二世听到巨鹿战败的消息后，就派人指责章邯指挥的失利，按照秦的苛法，指挥军事失利的将领，可以判杀头之罪。章邯受到秦二世的指责，心里很害怕，不知会给自己什么处分。他派自己的主要助手、长吏司马欣，去咸阳借汇报军情为名，刺探秦二世对自己的态度。司马欣到了咸阳后，在宫廷门外等了三天求见，宰相赵高都不理会，这说明赵高对章邯等人已不信任。

司马欣感到情况严重，他怕被赵高扣留在咸阳，不能把情况告诉章邯，就不敢再等赵高的接见，连夜改道赶回章邯军中，赵高听到司马欣不辞而别的消息后，怕司马欣赶回章邯军中，向章邯泄露情况，引起章邯的不安，就赶忙派人追回司马欣，因为司马欣已经改了道路，所以没有被追上。

司马欣跑回来后，就把他了解到的情况向章邯做了汇报。他认为："现在赵高专权，下边的人谁也主不了事，我们处境很困难，假如打了胜仗，赵高会嫉妒我们的功劳，我们不会有好下场；如果战败了，赵高把全部责任推给我们，必定被处死。到底该怎么办？请你好好考虑一下。"

章邯当时的处境，确实进退两难。他已看到反秦斗争的力量在逐步发展壮大，即使暂时能击败项羽，以后的胜败也很难说。如果万一失败了，在赵高专权的情况下，必然会成为替罪羊。

陈余确实不失为一个有政治斗争眼光的人。他已经看出了章邯在秦统治集团中的不利处境，了解到章邯的矛盾心情，因而不失时机地向章邯展开了政治攻势。他给章邯写了一封长信，向他指明了利害和出路，劝他认清形势，参加反秦斗争，为时并不算晚，否则将会成为秦统治者的牺牲品。

这封信主要向章邯说明了以下几点。

第一，秦统治者的一贯做法，是对战功显赫的武将，不但不以功封侯，反而怕他们功高权重，危及秦的统治，总是想方设法加以杀害。如白起是秦的大将，南边率军攻占了楚国的重镇鄢、郢（在今湖北宣城一带），北面击败了赵将马服，为秦国攻占过很多地方，但后来竟被赐死；蒙恬也是秦的大将，率军北边打败戎人，给国家在榆中（今陕西榆林一带）扩地千里，也被赐死阳周（今陕西子长县西北）。

陈余在这里讲了秦的历史。白起和蒙恬的事，章邯不会不知道，但借用秦的历史给章邯讲道理，更具有说服力。

第二，章邯已率秦军镇压反秦起义三年，损失了几十万人的兵力，不但没有将反秦的起义镇压下去，各地的反秦斗争反而更加发展和壮大。现在赵高专权，他一贯欺上瞒下，眼看全国的反秦斗争这样蓬勃发展，他很怕秦二世知道后对自己不利，必然要设法把罪责推到你身上，让你做他的替死鬼，再找别人来统率这支军队。

陈余对赵高专权的情况看来比较了解。他这里正是利用了赵高与章邯的矛盾，指出了章邯处境的危险。而这一点，也正是章邯心中的一块心病，陈余的信正好击中了章邯的这一心病。

第三，你在外领兵打仗时间已久，对秦的最高统治者，你既无法当面提出建议和解释，又得不到他们的支持和理解，反而受到了很多指责和猜疑。你处在这种孤立无援、内外夹攻的地位，有功无功都是死路一条，应该感到自己地位的可悲了。

陈余在这里指明了章邯长期在外领兵打仗，他离开最高统治集团已久，朝廷中没有人为他说话，他自己又无法向上反映见解和情况，所以他

处在人家想怎么处置他就怎么处置的可悲地位。

第四，推翻秦的统治，现在只是一个时间问题了，这点你不会不清楚。在这种形势下，你唯一可以选择的出路，是与反秦起义军联合起来，共同去推翻秦的统治。这样做，为时还不晚，还有富贵可享。如果继续执迷不悟，与反秦的起义军为敌，最后只能落得个自己被杀、妻子被戮的可耻下场！

陈余这封信的最后一部分，是给章邯指明出路的。如果他现在投降，在反秦的斗争中还可以立功，不乏荣华富贵；如果他继续反抗到底，不管他是否能取得一些暂时的胜利，最终的结果都是被杀。即使不被起义军所杀，也会被秦统治者所杀。

章邯看了陈余这封有理有据的信，又面对赵高开始对自己不信任的现实，他开始动摇了，但又不知道起义军对自己的真实态度。他偷偷派了一个叫始成的亲信，去会见项羽，表示愿意与起义军进行谈判。可是章邯这时自认为还拥有二十多万的兵力，与项羽军也还未进行过大规模的接触，还想借此向起义军讨价还价，而不肯放下架子向起义军无条件的投降，所以谈判未取得成功。

项羽已经看出，不给章邯在军事上一点教训，他是不会老老实实向起义军投降的。在谈判失败后，项羽不给章邯以拖延的时机，就令蒲将军带领一支军队，从三户（漳水上的一个渡口）渡过漳水，进击秦军，取得了胜利。项羽又自己率领主力军，在漳水的支流汙水上，大败章邯军。

章邯的军队本来在巨鹿之战后，士气就很低落，现在又吃了两次败仗，士气更加不振。章邯已经看出，这支军队已经无法再战，再也难以抵抗起义军的进攻，因而再次派使者去见项羽，表示愿意继续谈判。

项羽与诸将进行了研究，大家认为经过对章邯的教训后，他的投降条件肯定会降低。项羽提出："现在军队缺粮，战争再拖延下去对我们也无利，准备争取谈判能成功。"大家都很同意项羽的意见。

上次是一种秘密的谈判，这次谈判却是在洹水南的殷虚（今河南安阳）公开进行的。章邯受到打击后，深知军队无法再战，再也不敢提过高的条件，因而很快就谈妥并签订了章邯投降的盟约，章邯率全军向起义军投降。

章邯率秦军主力，镇压反秦起义斗争三年多。他击败了陈胜，杀害了项梁，欠下起义军一大笔血债。现在他被迫向起义军投降，如何处置他，不但他自己心里无数，在起义军中也有不同的意见。

项羽虽然有时处理事情太残暴，但在对待章邯的问题上，却表现出一个政治家的宽大风度。章邯投降的盟约签订后，章邯来拜见项羽，因为他心中有愧，所以一见项羽就痛哭流涕，对过去的所作所为表示悔过。他还向项羽诉说了赵高的专权，秦朝的腐败和自己的困难处境。项羽对他表示谅解，并鼓励他在今后的反秦斗争中，要立功补过，以取得起义军对他的信任。

项羽为了争取和分化瓦解秦军，不但没有处置章邯，反而立章邯为雍王，把他放在自己的身边，不让他再回到投降的秦军中去，以监视他的行动，切断他对秦降军的联系和影响。为了稳定和考验投降的秦军，他又任命章邯的助手司马欣为上将，率领投降的秦军为先锋，西下向关中进发。

项羽在巨鹿之战中，先消灭了王离、涉间率领的边防军十余万人，接着又迫使章邯率领的二十多万秦军投降，这样就全部消灭了秦军的主力，使秦统治者再也无法组织起一支镇压反秦起义的军队了。所以巨鹿之战，实际上已经宣判了秦朝的死刑，秦朝的最后被推翻，只是一个时间和过程问题了。即使没有刘邦的西征军，项羽在巨鹿之战后，接着西下入关，很快也会打到咸阳，推翻秦的统治。

巨鹿之战是秦末反秦斗争包括以后的刘邦与项羽之战中，投入兵力

最多，战斗最为激烈，也是影响最大、打得最漂亮的一场战斗。项羽是这场战斗中涌现出来的一位英雄，他得到全体反秦战士的敬佩和赞扬，成为叱咤风云的人物。在巨鹿之战中，项羽确实也表现出非凡的政治和军事才干，如果没有项羽个人的作用，很难说能取得那么大的战绩。

从巨鹿之战后项羽争取章邯的投降上看，他不但是一个勇敢善战的军事家，也是一个很有才干的政治家。巨鹿之战项羽虽然取得了巨大的胜利，但自己的损失也很大，而作为秦主力军的章邯，却基本未受到损失。这时从起义军方面来说，在胜利的面前军队的士气虽然很高涨，项羽又在诸侯军中取得了主帅的地位，起义军可以统一指挥和作战了；可士兵已经很疲劳，在没有经过充分的休整前，很难再进行大规模的军事行动。章邯的军队在巨鹿之战后，虽然士气低落，但如果作困兽斗，仍不可低估其战斗力。所以如果在巨鹿之战后，项羽仍想用军事的手段解决章邯军的问题，一时的胜败还很难说。项羽认识到了这种形势，所以在对待章邯的问题上，他力争用政治的攻势来解决。陈余给章邯的信，就是这种政治攻势的第一步。

章邯还拥有二十多万的大军，他虽然处境困难，但也不会轻易就放下手中的武器投降，他还想要争取政治解决的最好条件，所以第一次谈判失败了。谈判的失败，证明章邯还不肯轻易投降。于是项羽决定在军事上教训他一下，使他感到再在军事上较量，也没有出路。项羽再次迫使章邯降低了投降的条件，又回到谈判上来。第二次谈判是公开进行的，这就断绝了章邯对秦统治者的最后幻想，迫使他不得不接受谈判投降的条件。

项羽在谈判中，外表上虽然对章邯一再施加军事压力，但他内心知道起义军粮草短缺，士兵疲惫，不宜再战，所以力争不用武力，在政治上迫使章邯投降。他的策略是正确的，结果也是成功的。章邯终于被迫停止反抗而投降了。

　　章邯投降后如何处置，这也是一个政治性很强的问题。如果处置不当，还可能激发章邯的叛乱。项羽在处置章邯的问题上，也表现出了一个政治家的远见。他封章邯为雍王，首先从政治上稳住了章邯。但又不让他回到秦降军中去，留在起义军中，切断他与秦军的联系。可是投降的二十多万秦军也不能无首，派起义军将领去率领，秦降卒不会服气，易于激化矛盾。项羽任命地位比较低的司马欣为秦降军的首领，既解决了秦降军的统帅问题，又避免了起义军可能与秦降军的矛盾，这样的处置办法无疑是很有远见的。

　　汉王元年（公元前206年），项羽在取得巨鹿之战的巨大胜利后，率领包括秦降卒在内的六十余万大军，浩浩荡荡地向关中进发，渡过黄河之后，到了新安（今河南渑池东）。

　　秦统一全国后，曾在全国各地征调百姓去关中（今陕西西安一带）服徭役，修筑宫殿和秦始皇的陵墓，还征发百姓修长城和驰道，轮流屯戍边境。这些人在经过关中一带时，一些秦国的百姓以胜利者自居，曾对他们傲慢无礼，甚至进行侮辱。当时这些服徭役的人，处在被欺压的地位，表面上对这些秦人的侮辱无可奈何，但内心里很不服气。现在章邯被迫率领二十万秦军投降了，他们大部分是关中一带的秦人，一直被迫参与镇压农民起义。本来这些秦的百姓，也是在被迫的情况下，或者是在被欺骗的情况下，才做一些欺压服徭役人的事，参加了镇压农民起义。他们远离家乡，去做一些自己不愿干的事，他们自己本身也是受害者。可是一些起义军将士并不理解这种情况，他们对这些投降者仍怀有敌对情绪，所以经常借机向他们出气，指使他们干这干那，甚至当众侮辱谩骂他们，对他们进行各种各样的报复。

　　这些秦朝投降的将士，因为是失败者，虽然在表面上不敢公开反抗胜利者对自己的各种欺侮，但内心都十分不满。他们常常在背后偷偷地议论

说："章邯欺骗了我们。投降后他被封为王，我们却让人欺负。以后如果起义军能入关推翻秦的统治，我们的日子可能还好过，如果推不翻秦的统治，我们就要被迫随着起义军东撤，秦朝为了报复，会将我们留在关中的父母妻子全杀了。"这些投降的秦军将士，纷纷私下议论自己的前途，发泄自己的不满，散布对起义的动摇情绪。

项羽的部下听到了秦降卒中的这种不满的议论，将它报告给项羽。项羽把英布和蒲将军叫来商量，以防不测。他们觉得这二十万秦降卒，如果发生意外，很难对付。这些人心里还不服气，思想情绪很动荡，如果进入关中地区后，万一又反叛回去，会给推翻秦的统治带来困难。他们最后秘密决定，只留下章邯和他的助手司马欣和董翳，以利用他们在秦统治中的影响，其他投降的秦将士，一个不留，找机会把他们全部干掉。

一个漆黑的夜里，在秦投降士卒的兵营里，静悄悄地大家全睡了，而在项羽的兵营里，将士们都全副武装，英布和蒲将军在秘密地给他们布置任务。到了半夜，当人们都熟睡的时候，英布和蒲将军带领这批起义军将士，突然袭击秦降卒的军营，趁他们毫无准备，将他们杀的杀，缚的缚，全部在新安的城南活埋了。这就是历史上有名的"新安坑降卒二十万"事件。

秦的二十万降卒有不满和动荡的迹象，这是投降者常见的情形。项羽本来可以采取更好的办法处理这个问题，而不应该用活埋这种残酷的手段。这批降卒，大部分也是秦统治的受害者，只要教育起义将士正确对待他们，再给他们进行一些反秦斗争意义的宣传，组织上还可以采取一些分散治理的办法，本来可以将这批降卒的大部分，教育为反秦斗争的将士。如果措施得当，是不会发生大规模倒戈问题的，因为当时秦的统治已经摇摇欲坠，这是大部分人都看清楚的，秦的降卒中大部分人也会很快认清这个形势，走在反秦斗争的第一线。可是项羽没有这样做，他似乎还没有完全认识到反秦起义的威力，结果采取了这种处理问题的下策。这是巨鹿之战后，他所犯下的第一个大错误。

杀降者，而且是杀二十万降者，这是一件很不得人心的事。

在任何战争中，杀降者只会孤立自己，促使未降之敌采取更加顽强的反抗态度。活埋了这二十万秦降卒，就等于把他们的父母妻儿以及亲戚朋友，都推向了反秦斗争的对立面，增加了关中百姓对起义军的对抗情绪。项羽的军队入关之后，之所以遭到了关中百姓的抵制，有人讽刺他是"沐猴而冠"，这与他这次活埋降卒有很大的关系。

刘邦西征

楚怀王把主要兵力集中在北上救赵的援军上，因为秦军的主力在那里，无疑将会在那里有一场决战，这样的兵力部署是正确的。但因为定陶之战项梁失利后，楚军受到很大的损失，所以项羽率领的北上救赵部队，最多也不超过十万人。

相比之下，刘邦的西征军要少得多。他从砀县出发西征时，兵力不足万人。以不足万人的军队进行西征，当然是困难重重，但刘邦在西征中，充分认识到了自己的不足，采取避实攻虚的战略，以扇形的攻势，逐步向西推进。为了扩充兵力，他沿途注意收集陈胜、项梁战败后散落在各地的士兵，以滚雪球的方式，逐步壮大了自己的队伍。

刘邦首先进攻的目标，是砀县北面的城阳（今山东甄城东）和杠里

（今山东范县西），这里有两座秦的军营。本来一开始就打攻坚战，不易从速取胜，但因为这一带是项梁与章邯决战的地方，项梁失败战死后，仍有不少部下在这一带进行反秦的活动，环境条件比较好；更重要的是秦军营中存有不少粮食，这对于缺少粮食供应的刘邦军队来说，至关重要。所以他一开始西征，首先是向北行动，攻破了这两个地方的秦军壁垒后，取得了军需和物资，才好准备下一步的军事行动。

刘邦的军队攻破城阳和杠里后，接着又向南转移。这里属于秦东群管辖，又离巨鹿不远，秦的东郡尉请来围攻巨鹿的王离军队的一支援军，在成武（今山东成武）与刘邦的军队进行战斗，刘邦又大破秦军，取得了胜利。

刘邦在成武击败秦军后，在昌邑附近遇到了彭越率领的一支千余人的反秦起义军。彭越是昌邑（今山东金乡西）人，在巨野泽（今山东巨野一带）捕鱼为生。陈胜起义后，他在当地组织千余渔民响应起义。刘邦占领成武后，彭越与刘邦联合进攻昌邑，未能攻下。彭越不愿离开家乡参加刘邦的西征军，所以这支起义军又退回巨野泽中。

刘邦的军队从昌邑返回砀县。途经栗县时，遇到魏将刚武侯率领的一支四千人的军队，刘邦用计谋将他的军队夺过来。这时魏将皇欣和司徒武蒲率领的一支魏军也在这一带活动，他们主动与刘邦联合再次进攻昌邑，仍未攻下。

刘邦这一带的活动，严格地说来还不能算是西征，因为他主要活动的地方在砀县以北，是围绕着两次进攻昌邑而进行的。这一段活动虽然没有西进，但却扩充了兵员，解决了粮食供应，为下一步的西征做好了准备。

昌邑并不在刘邦西进的路上，他两次攻昌邑不下，就解昌邑之围，率兵向西推进。到了高阳（今河南杞县西），他遇见了谋士郦食其和他的弟弟郦商。

　　郦食其是高阳的一个穷儒生，为里监门吏（看门人）。他虽然穷，可读了不少书，有计谋，很狂妄。陈胜起义后，有数十支起义军先后路过高阳，他打听到这些起义军的将领多狂妄自大，没有大的抱负，听不进别人的意见，所以都避而不见。当刘邦的军队到了高阳时，刘邦有一个卫士过去是郦食其的邻居，郦食其向他打听刘邦的为人，这个卫士对郦食其说，刘邦常常向他问起家乡的贤士豪杰。郦食其对这个卫士说："我听说刘邦平易近人，胸中多大略，我很佩服这样的人，很想跟随他参加反秦的斗争，可惜就是没有人给我做介绍。你见到刘邦的时候，就对他说：'我的同乡中有个叫郦食其的，年纪六十多岁，身高八尺，大家都叫他狂生。'但是你要对他说，我并不是狂生。"这个卫士回答："刘邦不喜欢儒生。有客人戴儒生帽子来见他，刘邦就把人家的帽子拿下来，在帽子里撒尿；和儒生说话的时候，也常常大骂他们。你可千万不要说自己是儒生。"郦食其说："没有关系，你就照我的话说。"

　　这位卫士如实地把郦食其的话对刘邦说了，刘邦当时就在高阳的旅舍，派人把郦食其请来。郦食其来见刘邦的时候，刘邦正坐在床上，让两个侍女给他洗脚。郦食其看到这个情况，知道刘邦并不看重自己，就只作了个揖，并没有跪而拜见，责问刘邦："你是在帮助秦消灭起义军，还是帮助起义军灭秦呢？"刘邦听了十分生气，就大骂郦食其："你真是一个糊涂的儒生！天下百姓苦于秦的统治已经很久了，大家才相继起义反对秦的统治，怎么能说我是帮助秦来消灭起义军呢？"郦食其回答："你既然是把大家号召组织起来，反对秦的残暴统治，就不应该坐在床上洗脚时会见长者。"刘邦听了，觉得他说得有理，就停止洗脚，穿好衣服，向郦食其道歉，然后请他上坐。

　　刘邦向郦食其请教灭秦的高见，郦食其给刘邦分析了天下的形势，刘邦听后很佩服郦食其的见解，就留请郦食其一同用餐，并进一步问他：

"你有什么好的计策？"郦食其说："你虽然沿途招兵买马，收集各地散乱的起义士兵，到现在也只有不满万人的军队，而且这支军队又没有经过什么训练，还是乌合之众。你如果想用这点力量，西征入关，去攻击还很强大的秦，无疑是虎口探食，凶多吉少。"刘邦听了他的话，很着急，问他有什么好的办法。郦食其不慌不忙地说："陈留（今河南开封南）是天下交通的要道，军事重镇，秦在那里存放着大量的粮食，但城坚兵多，强攻下来不易。陈留县令是我的好朋友，请你派我去见他，劝他投降。如果劝说无效，你在外面进攻，我在里边做内应，也容易拿下。只要占领了陈留，以陈留的大量粮食为兵食，再四处招兵买马，扩大兵力。那时再西征入关，横行天下，不怕推不翻秦的统治。"刘邦听了郦食其的计谋后，觉得很高明，就决定按他的计划行事。

郦食其按计划连夜去见陈留令。老朋友见面，郦食其开门见山地对他说："秦的残暴统治，已经引起天下的叛乱，秦的统治不会延续多久了。看在我们是老朋友的面子上，我劝你起来参加反秦的队伍，可以立大功，今后得封诸侯王。如果你现在还认不清天下的形势，继续为秦统治者守城卖命，我很为你的前途和命运担忧！"

陈留令是一个死心塌地为秦的统治者卖命的官僚，他根本听不进郦食其的劝告，反而警告他说："秦的法律苛重，胡言乱语扰乱军心的要处极刑，到时我也保护不了你。你刚才说的话，就算没有说过，我也没有听见。这些话你不要再讲了，我们还是谈点别的吧。"郦食其见陈留令还很顽固，一时难以劝他回心转意，可是时间又不能拖延，他就考虑其他的办法。还好，陈留令对他还很信任，因为是老朋友，就请他和自己同卧，以便作长夜之谈。郦食其觉得这是个好机会，在半夜趁他熟睡时，就顾不得朋友的交情了，突然将他杀死。他没有惊动别人，带着陈留令的头，连夜从城墙上偷偷爬出去，把经过报告了刘邦。刘邦听到郦食其已杀陈留令的

消息，认为攻城的时机已到，马上带兵攻城。他为了动摇守城秦军的士气，就把陈留令的头绑在长竿上，向守城的秦军将士宣传说："我们已经杀了陈留令，这就是他的头。你们赶快投降吧，如果现在还不投降，也会落得陈留令这样的下场！"陈留令的守军，见县令已被杀，失去了首领，乱作一团，都争先恐后地下城向刘邦投降。刘邦不费吹灰之力就占领了陈留，郦食其的计谋得到实现。

陈留果然如郦食其所说，储粮很多。刘邦利用陈留的粮食，在这里停留了三个月，扩充兵力一万多人，并对军队进行了整顿和训练，为下一步的西征，做了进一步的准备。

攻下陈留，这是刘邦西征中取得的第一个比较大的胜利。它从组织、军事和后勤供应等各个方面，为刘邦的下一步西征创造了条件，也积累了经验。特别是这次胜利的取得，主要靠的是计谋，是政治攻势，而不是军事力量，这个经验对刘邦后来的西征，具有重大的价值。因为从军事上来说，刘邦的军队还很弱小，秦的力量还很强大，西征如果主要靠军事的强攻，很难取得进展，两次进攻昌邑而不下，就证明了这一点。但是从政治上来说，秦的残暴统治已接近瓦解，全国的反秦斗争已成燎原之势而不可阻挡。在这一总的政治形势下，对秦的局部统治区加强政治攻势，再配合军事的压力，往往可以取得军事上所达不到的胜利。如果刘邦在军事上强攻陈留，一时肯定很难拿下；可是利用计谋又配合政治的攻势后，在军事上并没有费多大的力量，就拿下了陈留。这个经验对刘邦来说，肯定是很有启发的。所以后来刘邦在西征中，一直避免用军事的强攻向前推进，而是更多地采用了政治攻势和计谋，避实就虚，利用矛盾，再配以军事的压力，因而才得以顺利西进。

刘邦读书很少，很讨厌读书人，对郦食其这样的儒生，虽然予以召见，但并不看重。所以郦食其进见的时候，他只以接见一般百姓的礼仪相待，显得有点怠慢。

郦食其是一个很自负的读书人，对刘邦的这种怠慢，当然很不服气，所以用刺激的语言使刘邦发火后，以引起他的注意，然后再向他陈述自己的建议。刘邦在这里充分显示了知过能改的长处，他一听郦食其的语气不凡，马上改变态度，以礼相待，取得了郦食其的信任。

从郦食其对刘邦的建议看，并没有什么高明之处，只不过是想利用自己与陈留令的朋友关系，给刘邦去当说客。结果陈留令不听他的劝告，他只得背叛朋友，杀了陈留令去向刘邦复命。不管郦食其的手段有多么不可取，但他毕竟帮助刘邦拿下了陈留，这是刘邦西征中的第一个重要胜利，对以后的西征关系重大。这对刘邦轻视儒生，也应该是一个教训。

刘邦占领陈留后，因为郦食其献计有功，封他为广野君。郦食其的弟弟郦商，在陈胜起义之后，也在当地聚众四千人响应起义，这时也在陈留参加了刘邦的起义军。刘邦在陈留经过一段时间休整后，就继续开始西征。

陈留西边的一个重要城市是开封（今河南开封），刘邦进攻开封，未能攻克。这时郦商率领一支军队进攻开封西的长社（今河南长葛东），取得胜利，被封为信成君。

刘邦西进在开封受阻，就向北移动，在黄河边上的白马（今河南滑县东）与杨熊率领的秦军相遇，经过激战，杨熊军败走曲遇（今河南中牟）。刘邦追至曲遇东，又大败杨熊军，杨熊退守荥阳（今河南荥阳）。秦二世认为杨熊军一败再败，有失军职，就派使者在荥阳将他处死。

荥阳是秦在函谷关外设的军事重镇，有重兵把守。刘邦没有再追击退守荥阳的秦军，而是绕开这一带秦军主力，突然南下进攻颍阳（今河南襄城北），这一带因为有张良活动的基础，所以很快就将它占领了。刘邦攻占颍阳的目的,看来主要是想与在这里进行游击战的张良会合。

刘邦与张良在颍阳研究了下一步作战的方案。张良向刘邦建议,绕过敌军重兵据守的荥阳,移军西北,攻占战略要地轘辕关(今河南偃师南),然后再从那里西进入关。刘邦接受了张良的意见,移兵攻占了轘辕关。

这时赵国的将领司马卬,正率领一支军队准备渡过黄河,西进入关。刘邦怕他先入关抢了自己的功劳,就占领了黄河的渡口平阴(今河南孟津),以阻击赵军渡河。

从轘辕关西进的一个主要敌军据点是洛阳(今河南洛阳东),刘邦在洛阳东郊与秦军接战,刘邦军队失利。刘邦如果再绕过洛阳西进,那么他的后方就有占据荥阳、洛阳的敌军,易受前后夹攻,处于被动。如果强攻洛阳后再西进,又会延误西进的时间。刘邦和张良研究后决定,改变入函谷关的打算,而改由敌军防守比较薄弱的武关(今河南西峡西)进入关中。刘邦及时地改变西进的路线,看来是完全正确的。

刘邦决定改变西进的路线后,就由洛阳东郊向南进至阳城(今河南方城)。这里是韩国的故地,他趁机和张良攻占了十余城后,就让韩王成留守阳翟(今河南禹州),以牵制这一带的秦军,帮助自己稳定后方,然后请张良与自己一起,参加西征的战斗。刘邦的部下,善战的武将多,而缺乏懂兵法的高级参谋人员,张良对兵法很有研究。他提出的一些战略战术思想,也很符合刘邦的心意,刘邦这次请张良跟着自己西征,是很有远见的。张良在西征中,也给刘邦出了很多高明的主意,对刘邦很快进入关中,推翻秦朝的统治,起了很好的作用。

秦朝的时候,从当时的关东(今河南、山东一带)进入关中平原,主要有两条道路:一条经过函谷关,另一条经过武关。从函谷关进入关中,路途较短,路也比较好走,是当时的主要通道,所以秦统治者在关内外都

设有重兵把守。陈胜起义之后，先派吴广率主力西征，结果在荥阳城下受阻，未能进入函谷关；随后陈胜又派周文率第二支西征军，他绕过荥阳等秦军的据点，很快就进入了函谷关，可惜孤军深入，后来被迫退出关中。这两支西征军都在函谷关附近被敌人消灭了。

从武关进入关中，虽然路远难走，可秦军的防守较弱。陈胜曾派宋留率一支西征军想从武关进入关中，军事进展很顺利，很快就叩开武关的大门，可惜宋留中途动摇降秦，也未能进入武关。刘邦一开始也想从函谷关入关，可当他遇到在那里防守的秦兵抵御后，很快改变了入函谷关的决定，而准备由武关入关中。刘邦在兵力有限而时间又很紧迫的情况下，避开敌人重兵防守的地方，改攻其薄弱地方的决定是正确的。

阳城属秦南阳郡管辖。刘邦在阳城对军队进行了一些休整后，为了加强军队的机动力量，能尽快地进入关中，就把军中的骑兵集中起来，与秦南阳郡守吕齮，在犨县（今河南平顶山南）东郊进行了激战，吕齮战败退守宛县（今河南南阳）。刘邦认为吕齮已是战败之军，怕再进攻宛县会延误进关的时间，就放下宛县不攻，率军继续西进。

张良认为刘邦这种把敌人留在后方，自己冒险前进的战术很危险，万一前面遇到强敌，暂时失利，很可能陷入腹背受敌的局面。张良就对刘邦说：“你虽然急于西进入关，但要考虑到现在秦兵还很多，到处都在依险据守，抵抗起义军前进。现在我们没有攻下宛城就西进，前面有秦的强大队伍在抗击我们，如果守宛城的秦军再从后面袭击，我们的处境可就危险了！”

刘邦是一个很善于接受别人正确意见的人。他觉得张良的话很对，就马上改正，连夜率军从另一条路返回宛城，并更换了旗帜，黎明的时候，在宛城守军未发现的情况下，把宛城又包围起来。宛城的守军误认为这是另一支起义军，吕齮感到宛城的再次被包围，起义军不拿下来决不会再撤走了，觉得守城无望，就想自杀。

　　吕齮的部下陈恢，见郡守对守城失望了，想自杀殉职，就劝他说："你不要忙于自杀。我再想一想解救的办法，如果无效，你再自杀也不晚。"

　　陈恢有什么高招呢？他只不过想借反秦起义军急于入关的机会，为吕齮的投降讨价还价。陈恢逾城到了城外，找到了刘邦，向刘邦建议说："我听说你在西征时，楚怀王有约在先，先入咸阳者封为王。宛县是南阳郡的都城，南阳是个大郡，下属有县城数十座，人口众多，积存的粮食也很多。现在郡守自认为投降起义军，必然会被处死，所以不投降，要坚决死守宛城。在这样的情况下，你如果强攻宛城，必然会受到很大的损失，一时也难以攻下，如果你不攻下宛城继续西征，宛城郡守必然会率军在后边进攻你。在此形势下，你如果强攻宛城，就延误了先进入关中占领咸阳的机会，如果放弃宛城不攻而西进，又有强敌在后，随时有前后被夹攻的危险。为了解脱你现在进退两难的处境，我向你建议，最好的办法是劝宛城的守军投降，封其郡守为起义军的官吏，让他为起义军驻守这里，还可以征调他的兵马，为起义军西征出力。你如果在宛城这么办了，秦在其他地方的守城将领，听到起义军来了，就都会争着开城门欢迎你，你不用费一兵一卒之力，在西征的路上就会畅通无阻，很快到达咸阳。"

　　陈恢看来既了解刘邦的处境，又很熟悉当时秦朝地方官吏的思想和心理状况。秦的一些地方官吏，已经看到秦统治即将瓦解的形势，他们之所以还拼死反抗起义军，是因为过去为秦统治者卖命，作恶多端，怕得不到起义军的谅解，对他们进行报复。陈恢的话，再一次提醒刘邦，在西征中要加强政治攻势，不能光依靠武力解决问题。所以刘邦很高兴地接受了陈恢的意见，接受宛城的投降，封吕齮为殷侯，还封陈恢为千户。这样做不

但没有因为攻宛城损失兵力和耗费时间，反而从宛城得到了军事和物资上的支援。

刘邦在宛城的这一封秦的投降官吏为侯的做法，很快就传到其他秦的地方官吏中，对秦的统治起了政治上的瓦解作用。本来秦的一些地方官吏在强大的反秦起义浪潮中，正感到走投无路时，刘邦的这一做法，给他们指明了政治前途和出路。从这以后，刘邦的西征就很顺利，西征军所到之处，秦的地方官吏纷纷不战而降。

刘邦的西征军接着又攻丹水（今河南淅川西），秦守将高武侯戚鳃、襄侯王陵投降。丹水已经靠近武关，但刘邦没有从这里马上进攻武关。他为了解除后方可能的威胁，又向东南进攻胡阳（今河南唐河南），在这里遇到参加反秦起义的秦番阳令吴芮派来进行反秦活动的部将梅绢。梅绢和刘邦的军队采取联合行动，迫使析县（今河南淅川北）、郦县（今河南南召南）的秦守军投降。这样，刘邦就基本上清除了在南阳郡的秦朝力量，为西入武关扫清了后方障碍。

刘邦在进入武关前，一方面派魏人宁昌为使者，去劝说秦二世投降，但使者被秦二世扣留，未起作用；另一方面，为了争取进入关中后，得到秦百姓的支持，减少进军的阻力，刘邦在这时整顿了军队的纪律，约束部下不得烧杀抢掠。这些都为刘邦入关后的胜利进军，创造了条件。

刘邦从砀县出发西征之后，占领宛县是继占领陈留之后，取得的第二次大的胜利。这两次胜利都是依靠计谋和政治攻势取得的，因为刘邦当时的兵力有限，如果单纯依靠军事行动，肯定不会取得那么大的战果。这说明由于秦统治者的残暴和不得人心，也由于全国反秦斗争的高涨，秦的统治实际上已临近瓦解。

宛县是南阳郡的郡治所在，它是刘邦西征中继颖川郡的阳翟外，占领的第二个郡的首府。但颖川郡是个小郡，地位远不如南阳郡重要。所以刘邦占领宛县，不但打开了进入武关的门户，在政治上也有十分重要的意义和价值。

约法三章

武关在河南和陕西的交界处。刘邦占领了南阳郡以后，武关就完全暴露在刘邦的军队面前。

刘邦正准备进攻武关的时候，章邯的大军向项羽投降了。这两件事都促进和加剧了秦最高统治集团内部的矛盾和斗争。秦的丞相赵高为了控制秦二世，达到他专权的目的，一直不把秦军在前线失利的情况告诉秦二世。章邯的投降，对秦统治者震动很大，赵高怕再也瞒不住秦二世，就制造了一次宫廷政变，先发制人，杀了秦二世，立他哥哥的儿子子婴为秦王。赵高为了求得缓兵之计，就派使者到刘邦处，表示愿意和他分王关中。

刘邦研究了秦使者的意见，认为赵高在耍花招，并不是真心想投降，决定不予理睬，继续进攻武关。

在研究进攻武关的战术时，张良认为，武关地形险要，一夫当关，万夫难攻，不宜采取强攻的办法。他建议让郦食其和陆贾带着大量财宝，去贿赂守武关的秦将，松懈其斗志后，趁其不备，再突然进攻，可能比较省力。刘邦采用了张良的办法，果然一举攻下了武关，打开了进入关中平原的南部大门。

新立的秦王子婴，听说赵高与刘邦相约，要消灭秦宗室子孙，与刘邦分王关中，就设计诱杀了赵高，并纠集最后的一点兵力，在峣关（今陕西蓝田东南）设防，企图作阻止刘邦西进的最后挣扎，但是为时已晚。

峣关前据峣岭，后枕蒉山，关卡设在山口的险要处。刘邦破武关以后，一路没有遇到秦军的抵抗，进展很顺利，见到峣关有秦军把守，就想派两万人马，立即强攻。

张良认为峣关很险要，秦又派重兵把守，他们必然会做殊死战，不同意立即派兵强攻。张良先派人做了一些侦察以后，就对刘邦说："秦的守军作战力很强，不可轻视敌人，强攻会使我们受到损失。我了解到峣关的守将是个屠夫的儿子，商人都很看重利。你最好留在大营中坚守，派出少量的先锋部队，让他们带五万人的食具，以为疑兵；再在周围的山上，张旗鼓噪，做出要大举进攻的样子；然后再派郦食其带上重金，去见秦的守将，以利引诱他投降。"

张良的计谋果然高明。秦将是个贪财之徒，他得了郦食其送来的大量财宝，又看到刘邦军队咄咄逼人的进攻之势，觉得坚守不如投降对自己有利，就表示愿意投降，与刘邦合军西击咸阳。

刘邦听到不费兵力，峣关的秦军就投降了，很是高兴，准备举办投降的仪式。但是张良觉得其守将虽然被收买而叛秦，可他的部下不一定服从。如果部下继续抵抗，打起来就要拖延时间。于是他又向刘帮建议说："不如趁秦将欲投降，军事上松懈无戒备的时候，突然发动进攻，必然可以很快击败秦军，拿下峣关。"

刘邦认为张良说得有理，就一方面与秦将继续谈判有关投降的事宜，一方面偷偷派兵从小路绕过峣关，爬上峣关后的蒉山，然后突然前后夹攻峣关的秦军，这样一来很快就占领了峣关。

峣关败退的秦军，又匆匆在蓝田（今陕西蓝田）设防，准备再作垂死的挣扎。刘邦的军队追到蓝田北，再次击败秦军。刘邦消灭了秦朝的最后一支防卫军队后，进军咸阳的路就全部打开了。

刘邦拿下武关和峣关，都是按照张良的意见，用重金贿赂了守将后，趁其松懈而不备，突然发动进攻，在军事上取得胜利的。武关和峣关对秦朝统治者来说，是至关紧要的军事要地，其守将一定也是经过严格挑选的，可是他们在大敌当前时，都置秦统治者于不顾，接受了敌方的贿赂。按秦律，守将接受敌人送的东西是要处死刑的，可是他们在金钱的诱惑下，都敢犯这条法律，这说明秦统治集团已经非常腐败了。看来张良对秦统治集团中的这一腐败情况是非常清楚的，所以才一而再地建议刘邦采取这个办法，而且都收到了效果。

刘邦在西征中，遇到的都是秦的地方守军，所以没有像项羽率领的北援军那样，与秦军的主力进行大规模的决战。刘邦的军队直到进入咸阳的时候也只有十万余人，他之所以能用这点兵力就长驱直入，一路上没有遇到大的抵抗就打到秦的首都咸阳，正是因为项羽在巨鹿击败和歼灭了秦军的主力，才给他创造了这样的有利条件。项羽不服气他首先进入咸阳也就是这个原因。

汉元年（公元前206年）十月，刘邦的军队进至霸上（今陕西西安东）。刘邦派人命令秦王子婴投降，子婴走投无路，只得答应投降了。他当秦王，前后总共才四十六天。

子婴的投降仪式，是在咸阳东南约三十里的轵道旁进行的。秦王子婴坐着白马拉的不带彩色华盖的素车，表示丧国，自己是罪人，用皇帝玉玺上的绶带系在颈上，以示罪该万死，痛不欲生，将皇帝的玉玺、发兵的符、派使考的节，都封好献给刘邦，象征国家权力的转让。

刘邦接受了子婴的投降后，樊哙认为，他是秦暴政的罪魁祸首，应该将他杀了。刘邦却有比樊哙更高的政治远见，不同意把他杀了。刘邦的理由是："楚怀王派我西征的时候，就是因为我有能宽容人的胸怀，秦王子婴已经投降，杀了降者，对我们并没有好处。"刘邦不但没有杀子婴，还仍然让他带着自己的属吏，和刘邦一起进入咸阳。

刘邦对降者的这种宽宏态度，显然比项羽那种坑杀降者的办法，更具有政治远见。因为秦朝被推翻以后，如何处理好为秦朝统治者服务过的大批官吏，这是能不能争取到秦国百姓的支持，减少秦朝残余势力的反抗，把政治局面稳定下来的大问题。刘邦对降者的宽容态度，就减少了秦朝官吏的反抗，得到了秦国百姓的支持，而项羽采取的残酷镇压的办法，却加深了和秦国百姓的矛盾，把一大批原来秦朝的官吏推向刘邦的阵营。这也是他后来失败的一个重要原因。

秦王子婴的投降，宣布了秦朝的灭亡。从秦始皇统一全国后，就想建立传之万世的秦朝，但仅仅存在了十五年的工夫，勉强传了二世，就在全国人民的反秦斗争打击下，土崩瓦解了。这说明，貌似强大的统治，如果失去了百姓的支持，与千百万百姓为敌，只要愤怒的百姓群起而造反，再强大的统治机构也是不可能持续很久的。秦朝统治的瓦解，就是我国历史上最著名的一个例子。

刘邦接受了秦王子婴的投降后，就以胜利者的姿态，率领浩浩荡荡的起义大军，进入秦的首都咸阳。刘邦进入秦皇宫，见到雄伟壮丽的宫殿，摆满了各种珍宝玉器，还有数以千计打扮妖娆的宫女，供皇帝享乐。刘邦作为一个乡间无赖，一下子被这样豪华的场面所吸引了。他迫不及待地想住在秦宫中，享受这一切。

樊哙见刘邦迷恋秦宫的豪华生活，舍不得离开，认为是一个危险的迹象。他觉得如果刘邦住进秦宫中，不但会脱离起义的将士，影响整个反秦起义队伍的斗志，还可能断送即将取得胜利的反秦斗争。

樊哙质问刘邦："你是想据有天下，还是想当一个富翁？"刘邦回答："当然是想据有天下。"樊哙说："我今天跟你去了秦宫，宫中珍奇宝物确实不计其数，后宫美女数以千计。这些都是造成秦朝灭亡的原因。你如果想据有天下，就要接受秦朝灭亡的教训，远离这些东西，回到霸上的军营中居住。你如果只想成为富翁，把这些东西抢到就够了，但天下就不一定是你的了。"

刘邦被秦宫迷住了，舍不得离开那里。他听不进樊哙的劝告，执意还是要住进秦宫中享受一番。樊哙一看急了，就把张良请来一起劝说刘邦。

张良很了解刘邦当时的心情。打了几年仗很艰苦，现在秦朝被推翻了，想尽情地享乐一下。但是刘邦还不知道现在不是享乐的时候，因为秦朝被推翻之后，今后到底是谁的天下，还很难说定。如果这时候处理不好，失去民心，刘邦还有失败的可能。

张良把樊哙的道理，对刘邦讲得更为婉转和深刻一点，提醒他说："由于秦朝的统治残暴无道，百姓都反对它，所以我们才能把它打败，占领了秦的宫室。现在我们把残暴的秦统治推翻了，就应该和它的做法不同，要简朴而不奢华。今天我们刚推翻秦的统治，占领了秦宫室，你就想像秦统治者那样享乐，这不和秦统治者一样吗？樊哙的意见很对，有些话说得可能太刺耳，所以你听了不舒服。但'忠言逆耳利于行，良药苦口利于病'，希望你还是听樊哙的忠告，不要住进秦宫。"

张良的一席话，说得刘邦哑口无言。他心里虽然很不乐意，舍不得秦宫中的豪华生活，但嘴里又说不出要留下的理由，只得怀着恋恋不舍的心情，回到霸上的军营中。

刘邦听了张良和樊哙的话，没有住进秦宫中，这是完全正确的。如果他住进秦宫，那么他的一大批起义将领肯定也会在咸阳城里四处寻找秦朝各级官吏的豪华住宅，作为自己的居住地，把秦朝官吏的那些腐败、奢侈的作风原封不动地接受下来，结果是这支军队很快就会失去革

命的锐气，成为一支脱离百姓的军队，在以后刘邦与项羽的斗争中成为不堪一击的失败者。所以这件事虽然看起来是小事，却可能影响到后来的政治斗争格局。

刘邦虽然勉强回到霸上的军营中，避免了一部分高级将领进入咸阳后可能出现的腐败堕落现象，但这支军队毕竟是在反秦斗争中逐步发展和壮大的，内部的人员和成分很复杂，一部分起义将士进入咸阳后，仍然免不得产生了享乐腐化的思想，纷纷到藏有金帛财物的地方去抢掠，引起咸阳的一阵混乱。为了制止这种抢掠，稳定咸阳的秩序，刘邦立即派人封存了秦宫室和各种政府的府库，把国家的财产保护起来；萧何更具有政治眼光，他把秦丞相御史府的律令图书等国家档案封藏起来，为以后刘邦统一全国后的政治法律建设，保存了重要的参考资料。

刘邦推翻秦朝的统治后，首先遇到的一个问题，是如何争取关中一带秦百姓的支持，向他们宣传推翻秦统治的意义。为此，刘邦召开了有各县的豪杰和代表人物参加的会议，向他们宣传了反秦斗争的意义，征求了他们的意见后，刘邦在会上向他们宣布了几项决定。

第一，秦的苛法规定，诽谤朝廷者要全家处死，两个人在一起发点牢骚，也要杀头。各位父老兄弟受这种秦苛法的残害，已经很久了。现在宣布废除这些秦苛法，只约法三章，除杀人者要处死刑，伤人及偷盗要抵罪外，其他的行为不再从法律上加以追究。

第二，起义军在入关前已经有约在先，先入关中者王之。我首先进入关中，推翻了秦的统治。今后我就是关中的王，是治理你们的人，你们要服从我的命令。

第三，我率起义军进入关中，是为百姓除害，不会侵扰百姓，你们不要害怕。不管是秦的官吏还是百姓，都要各安其业，各守其位，不可放弃自己的职责。

第四，我现在驻军霸上，等待各路起义军到达后，再共同商定今后国家的大事。

刘邦为了把他在会议上宣布的这些决定，尽快地让关中的百姓都知道，以稳定关中的秩序，会后派起义军将士和秦的地方官吏一起，分别到各地的县、乡、邑等基层组织，向百姓宣传和讲授，从而解除了秦百姓的疑虑，得到了他们的支持和欢迎。各地的百姓纷纷宰牛杀羊，送到霸上来慰劳起义军。刘邦知道百姓经过连年的战争，生活还很困难，就通知起义军，不要接受百姓送来的酒食，并向送来慰问品的百姓解释说："仓库里存的粮食很多，军队供应暂时还不困难，不愿再给百姓增加负担。请大家把慰劳品拿回去，不要再送东西来了。"秦的百姓听了，心里更加高兴，觉得刘邦处处为百姓着想，唯恐刘邦不能称王关中。

刘邦进入关中后所采取的这些措施，应该说都是临时性的，但却为刘邦在政治上争得了关中百姓的了解和支持。后来刘邦在与项羽的斗争中，关中一直是他稳定的后方。关中百姓不但从经济上支援了他与项羽的斗争，而且不断地把自己的子弟送往前方，成为刘邦军队的主要兵源。这虽然和后来萧何的经营关中有关，可更重要的是刘邦在进入关中后，能抓紧短暂的时机，采取了一些很得民心的政策，因而争得了关中百姓的支持。如果没有早期的这种政治上的播种，没有项羽进入关中后不得人心的烧杀政策，刘邦在以后与项羽的艰苦斗争中，是很难取得关中人民那么大力的支持。

约法三章是刘邦推翻秦朝统治以后宣布的一项重要政策，它对于取得关中人民的支持有很大的意义。约法三章其实只是一个临时性的措施，它的内容过于简单，只规定了杀人、伤人和偷盗的惩罚办法，对其他的犯罪行为并未涉及。作为一种法律，它的内容当然太简单了，但在当时的特殊情况下，它却有不可低估的作用。

秦法繁苛，百姓稍有违犯，就会受到严处，所以国家有大批的囚犯。刘邦进入关中，没有释放囚犯的记载，但是约法三章的宣布就等于宣布大批囚犯无罪，这对于被秦苛法困扰的百姓来说，无疑是一大解放。大批囚犯和家人团聚，百姓再也不用担心犯法而处处谨小慎微。所以约法三章受到百姓的拥护，就可想而知了。

秦末的反秦斗争中，陈胜起义后没有留下立法性的文件和规定，项梁和项羽也没有留下，只有刘邦留下了这约法三章。秦苛法是反秦起义集中反对的秦暴政之一，各地反秦起义爆发之后，为什么没有留下废除秦苛法的记载，这可能是起义在政治上还不成熟的原因。大家认为起义之后推翻了秦的地方统治，秦苛法理所当然已被废除，因而没有再明确宣布废除的必要，只有刘邦进入关中地区以后，因为暂时各地还保留了秦的地方官吏，刘邦怕他们继续推行秦苛法，所以才明确宣布了约法三章。不管出于什么原因，刘邦的这一做法显然比其他起义军显得高明和成熟，这也是刘邦最终能取得胜利的一个重要原因。

蓄势汉中

第四章

鸿门惊宴

汉王刘邦元年（公元前206年）十一月，项羽率大军抵达函谷关，探马回报说城门紧闭，已有士兵把守，不能进入，又闻听沛公在关中约法三章，关中已被平定。项羽顿时勃然大怒，下令黥布等人率兵攻关。黥布是项羽部下最为得力的一员猛将，所向披靡，攻无不克。守关的士卒哪里经受得住黥布的猛攻，函谷关霎时被攻破。攻陷函谷关后，项羽大军长驱直入，一路并没有遇到什么抵抗。

同年十二月，项羽大军抵达戏西。沛公驻军于霸上，即灞水西面的白鹿原，在今陕西西安东南，未能与项羽相见。这时，沛公部下的左司马曹无伤派人向项羽说：沛公想要称王于关中，并且无中生有地说沛公令秦王子婴为相，秦宫中的珍宝尽被沛公掠为己有。其实，子婴投降后已被监视，并未为相。曹无伤所言，纯系挑拨离间之词。项羽闻听曹无伤的报告，勃然大怒，下令军中说："明日早晨以酒肉犒赏士卒，饱餐后出兵替我打垮沛公的部队！"

当时，项羽有兵四十万，号称百万，驻扎在新丰（今陕西临潼东北），沛公有兵十万，号称二十万，驻扎在霸上。

项羽的军师范增见项羽下令明日清晨发兵出击沛公，很是满意，对项羽说："沛公在山东时贪于财宝，喜好美女。今日入关后，于财宝一无所取，也不接近美女，可见他志向不小。我派望气者观察他那边的天象，回

报都说显现出龙虎形状，五彩缤纷，这可是天子气啊。应急速发兵进攻，切勿坐失良机。"范增以此激励项羽。

项羽、范增决定明日袭击沛公，消息传至项羽的小叔父项伯的耳中，他不禁为之一惊。此人原在楚国任左尹（令尹的副职）职务，平素与张良很要好。他知道张良跟随在沛公的帐下，便连夜急驰沛公军营，私下与张良相见，把项羽决定明日出兵袭击一事，原原本本地向张良概述一遍，想要叫张良同自己一道立即离去，并说道："不要同沛公一同死。"

"我替韩王伴送沛公，今沛公事有急难，我私自逃走不合于道义，不可不告诉他一声。"

张良回答项伯后，请他在帐中暂且稍事休息，自己急忙进入沛公大帐，把项羽决定发兵袭击一事全部向沛公禀告，沛公闻言大惊，说："这可怎么办才好？"

"是谁给大王出的派兵守关的主意？"张良问。

"有个小子对我说：'派兵守关，不接纳诸侯，可尽有秦地，称王关中'，我听从了他的话。"沛公向张良解释。

"大王估计一下，您的兵力足以抵挡项王吗？"

对于张良所提出的这个问题，沛公默然无对。过了一会儿，沛公说道："我们的兵力确实比不上项王，那可怎么办才好？"

"请让我去告诉项伯，就说沛公是不敢背叛项王的。"

"那您与项伯是有旧交？"沛公问。

"秦朝的时候，项伯与我交游。他曾杀过人，我救过他的命。所以，今日有急难的事情，他亲自来告知我。"张良答。

"您同他比谁年长些？"沛公问。

"他年龄比我大。"张良答。

"您把项伯召唤进来，我将把他当兄长对待。"

张良出去请项伯，项伯进来与沛公相见。沛公捧着酒杯，向项伯献酒祝寿，又定下了儿女婚姻。沛公说："我进驻函谷关以后，连秋毫那样细小的东西都没敢动，登记了官民的户口，查封了各类仓库，只等着项将军到来。我所以派将守关，是为了防备其他盗贼窜入和意外的变故。我们日夜盼着项将军到来，哪里敢谋反啊？希望您详细转告项将军，我是绝不敢忘恩负义的。"

项伯答应沛公，并对他说道："明日清晨您可早些亲自来向项王赔礼道歉。"

沛公点头答应，项伯也连夜赶回军营，把沛公说过的话向项羽汇报，同时趁机向项羽说道："如不是沛公首先攻下关中，您怎能这样地长驱直入？如今人家有大功却又要攻击他，这不合乎道义，不如因此好好地款待他。"项羽表示同意。

第二天清晨，沛公带百余名骑兵来会见项羽。到达后，随从的骑兵被留在项羽军门之外，沛公由张良陪同步入项羽大帐之内。面见项羽，沛公向前施礼道歉，说道："我与将军协力攻秦，将军在河北作战，我在河南作战，然而没有料到能够首先入关破秦，得以于此地同将军再度相见。今日有人散布流言，使将军与我产生隔阂。"

"这都是您的左司马曹无伤，不然的话，我项籍何至于这样。"项羽答道。

项羽当日留沛公饮酒，入席后，项羽、项伯向东而坐，军师亚父范增向南坐，沛公向北而坐，张良向西而坐。宾主各自落座后，范增多次向项羽使眼色，再三地举起所佩戴的玉玦向项羽暗示。这是范增预先同项羽约定的动手暗号，但项羽却总是装作没有看见，不予回应。

项羽是一位乐于公开在战场上通过交战来决定胜负的英雄，亚父范增教他在酒宴上暗中下手杀死沛公，这使项羽心中颇有几分厌恶，同他素来

的禀性有些格格不入。然而，项羽也觉得军师是为自己着想，不得不表示答应。但是，在项羽的心中，自昨夜项伯从沛公那里回来后的一番劝谏，对如何处置沛公已是犹豫不决。善于言辞的沛公，见面后以赔礼道歉的形式与项羽重温当年并肩同秦军作战的友谊和分手后的离别之情，使项羽不由得颇有缅怀往事的感慨。沛公在道歉时点出了有小人挑拨离间，这反而使对朋友向来坦诚的项羽觉得有几分对不住刘邦，赶忙向沛公做出解释。在这种心情之下，项羽又怎能对范增的暗示做出反应并动手杀害沛公？

范增见项羽对暗示拒不做出反应，便起身走出帐外，召唤项羽的堂弟项庄并对项庄说："君王为人心不狠，你进去向前祝寿，祝寿后请求舞剑助兴，趁势将沛公刺杀在座席上。否则，你我都将成为他的俘虏。"

敬完酒后，项庄说："君王与沛公欢饮，军中没有什么娱乐，请让我舞剑助兴。"项羽认为这个主意倒是不错，说："好。"项庄于是拔剑起舞。张良见情势不对，目视项伯，于是项伯随即也拔剑起舞。两人舞剑的时候，项伯经常用自己的身体掩蔽刘邦，使项庄一时得不到刺杀的机会。在座诸人，除了项羽外，都很紧张，刘邦的额头开始冒冷汗，场面非常富有戏剧性。

张良目睹项庄舞剑，意在加害沛公，感到情况紧急，便起身到达军门去见樊哙。樊哙见张良出来，便急切地问："今日事情怎样？"

"很危急，现时项庄正在席间舞剑，他的意图是针对沛公一人。"

"这就太紧迫了，让我进去同他拼命。"说完，樊哙便带剑提盾闯入军门，两旁持戟交叉的卫士想要阻止，不让他进去，只见樊哙侧盾一撞，持戟的卫士就都倒在了地上，樊哙进入营门，直奔大帐走来。

入门后，樊哙掀开帷帐，向西站立，瞪着眼睛看项羽，头发竖立，两边眼角都裂开了。项羽见闯进来这么一个持剑执盾的不速之客，两眼瞪着自己，便下意识地手按宝剑起身，说道："来客是干什么的？"

"他是沛公的参乘卫士樊哙。"张良代刘邦向项羽报告说。

"好一位壮士，赐给他一杯酒。"项羽吩咐说。

左右的人赐给一杯酒，樊哙拜谢，起身站立着一饮而尽。

"赐给他猪腿。"项羽又吩咐。

左右的人赐给他一条生猪腿，樊哙把盾牌扣在地上，放上猪腿，拔剑切肉而食。

"好样的壮士，还能再喝酒吗？"项羽问樊哙。

樊哙回答："臣连死都不躲避，一杯酒有什么值得推辞的？那秦王怀有虎狼的心肠，杀人唯恐不尽，用刑唯恐不够，所以天下人都起来叛秦。楚怀王与诸将领本有约定：'先破秦攻入咸阳者称王关中。'今沛公先破秦攻入咸阳，秋毫不敢有所侵犯，封闭宫室，还军霸上，以此等待大王的到来。所以派将守关的原因，是为着防备盗贼的出入和出现意外情况。沛公如此劳苦功高，未有封侯的赏赐，而大王却听信谗言，想要诛杀有功的人，这不过是步已亡秦朝的后尘而已，我私下以为大王不会采取这种做法。"

樊哙本是杀狗出身的一介武夫，竟能如此慷慨陈辞地讲出这样一番大道理来。也正因此言是出于壮士之口，更使得自感理亏的项羽一时无言答对，只是连声说道："请坐。"于是，樊哙在张良的身边坐下。樊哙坐下不久，沛公为逃出虎口，便借口说是上厕所，趁机召唤樊哙出来。

沛公出来后准备逃走，向樊哙说道："刚才出来时，没有告辞，怎么办才好？"

樊哙说："大行不顾细谨，大礼不辞小让。如今人为刀俎，我为鱼肉，趁项王还没改变主意，早走为妙，哪里还顾得上那些形式！"

樊哙说完，拥着沛公便走。沛公回身令张良留下来答谢主人。张良问："大王来时带有什么礼物？"

"我带来白璧一双，准备献给项王，那一双玉斗，是准备献给亚父的。"

"遵命照办。"张良回答。

当时，项羽的军队驻扎在垓下，沛公的军队驻扎在霸上，相距四十里。因情况紧急，沛公为隐蔽目标，置车骑于军门而不用，独自单骑脱身，随同他的只有樊哙、夏侯婴、靳强、纪信，四人都是持剑提盾，步行护卫沛公，从骊山直下，抄芷阳走小路。分手前，沛公嘱托张良："从这条小道前行，到达我们的军营，不过二十里路而已。估计我已回到军营的时候，您再入帐答谢。"

沛公离去后，抄小路回到军营。张良这才进去向主人致谢说："沛公不胜酒量，不能当面告辞，特派良奉上白璧一双，敬献给大王足下；玉斗一双，奉献给大将军足下。"

"沛公现在何处？"项羽问。

"闻知大王有责怪他过错的意思，独自脱身离去，现已回到军营了。"张良回答。

项羽接受玉璧放置在座上。亚父范增接过玉斗，放在地上，拔剑将玉斗击碎，指桑骂槐地说道："唉！不足以与这小子共谋大事。夺项王天下的必定是沛公，我们这些人都将要成为他的俘虏了。"

沛公回到军营后，立即将曹无伤诛杀。

项羽分封

一场惊心动魄的鸿门宴，因沛公等人的机智和胆略终于化险为夷，项羽和沛公的矛盾也因此暂时缓解。

项羽率四十万大军一路西来，他怎能无所作为？他对暴秦怀着满腔的仇恨，其中包括叔父项梁被秦军所杀的怒火，因而在咸阳大肆发泄。

项羽只停留数日，便率大军西进，屠杀咸阳城中的官吏和百姓，将已经向义军投降的秦王子婴杀死，放火焚烧秦王朝的宫殿群。这片宫殿群包括渭水南岸的阿房宫宫殿群、渭水北岸以咸阳为中心的宫殿群以及北接咸阳宫殿群的北阪区宫殿群。绵延数十里的宫殿群，在大火中熊熊燃烧，"火三月不灭"。同时，项羽夺取秦朝的财宝和美女，率兵东归。

当时有人劝说项羽："关中有山河险阻，四面都是要塞，土地肥沃，可以定都于此。建立霸业。"项羽见秦宫室都已被大火烧得残破不全，一片瓦砾，心中怀念着东归，说道："富贵不回故乡，犹如衣锦绣而行走于夜间，有谁能看到！"建议项羽定都关中的说客闻听此言，感慨地说道："人们常说楚国人是猴子戴人帽，办不成人事，果真如此。"这句话传至项羽耳中，那个说客惨遭被烹死的命运。

项羽派人向楚怀王请示，楚怀王回答："按原来的约定办。"这显然是使沛公称王关中。对于楚怀王的指示，项羽大怒道："怀王这个人，不过是我们项家所立而已，没有讨伐暴秦的战功，凭什么得以主管约规！那

是天下刚刚发难的时候，借着立诸侯的后代为旗号来讨伐秦朝。然而，身披坚甲而手执利兵发难，暴露于野外三年，最终灭秦而平定天下的，都是各位将相与我项籍的力量啊！怀王虽无战功，当然也理当分地称王。"

项羽这番话的意思，是想要自己首先称王，然后由他来分封诸将为王。诸将明白项羽的意图，都一致称赞他讲得好。

汉王刘邦元年（公元前206年）正月，项羽尊奉楚怀王为义帝，说道："古时的帝王，地方千里，必须居于江河的上游。"于是以此为理由，将义帝由彭城迁徙到长江以南，都于郴（今湖南郴县）。

同年二月，项羽分封天下诸侯。首先，项羽自立为西楚霸王，称王于原魏、楚故地的九个郡，都于彭城（今江苏徐州）。

汉王刘邦，项羽立沛公为汉王，称王于巴、蜀、汉中三郡，都于南郑（今陕西汉中市西南郑县）。

项羽三分关中土地，以三名秦军降将为王，来抵拒堵塞汉王北上的通道。

雍王章邯，项羽立章邯为雍王，称王于咸阳以西，都于废丘（今陕西兴平东南）。

塞王司马欣，长史司马欣原为秦栎阳县狱吏，曾有恩德于项梁，所以立司马欣为塞王，称王于咸阳以东，抵达黄河都于栎阳（今陕西临潼北）。

翟王董翳，都尉董翳劝章邯投降有功，所以立董翳为翟王，称王于上郡，都于高奴（今陕西延安东北）。

西魏王魏豹，为项羽取得魏国的故地，封魏王魏豹为西魏王，称王于河东郡，都于平阳（今山西临汾西南）。

河南王申阳，项羽立申阳为河南王。申阳是瑕丘（今山东兖州东北）人，原是张耳的近臣。他首先从秦军手中攻下河南郡，在黄河边迎接楚

军，所以被立为河南王，称王于河南（原秦朝三川郡），都于洛阳（今河南洛阳东北）。

韩王韩成，韩王韩成仍称王于韩国故地，都于故都阳翟（今河南禹县）。

殷王司马卬，赵将司马卬平定河内，数次立有战功，所以立司马卬为殷王，称王于河内郡，都于朝歌（今河南淇县东北）。

代王赵歇，项羽改封赵王赵歇为代王，称王于代郡，都于代（今河北蔚县）。

常山王张耳，张耳是赵王歇的丞相，向来有贤能的名声，又随从项羽入关，所以项羽立他为常山王，称王于赵国故地，都于襄国（今河北邢台西南）。

九江王黥布，当阳君黥布身为楚将，勇冠全军，战功卓著，所以项羽立他为九江王，称王于九江郡，都于六（今安徽六县北）。

衡山王吴芮，番君吴芮曾率领百越族的部队佐助诸侯伐秦，又随从项羽入关，所以项羽立他为衡山王，称王于湖南省及湖北省东部和安徽省西部，都于邾（今湖北黄冈西北）。

临江王共敖，共敖是义帝的柱国，因率兵攻打秦南郡，立功颇多，所以项羽立他为临江王，称王于南郡，都于江陵（今湖北江陵）。

辽东王韩广，韩广原为燕王，项羽徙封他为辽东王，称王于辽东郡，都于无终。

燕王臧荼，臧荼原为燕将，随从楚军救赵，又随从项羽入关，被立为燕王，称王于燕国故地，都于蓟（今天津市蓟县）。

胶东王田市，原齐王田市被项羽徙为胶东王，都于即墨（今山东平度东南）。

齐王田都，齐将田都随从楚军救趁，并随从项羽入关，所以项羽立他

为齐王，都于临淄（今山东淄博东北）。

济北王田安，当初项羽渡河救赵日寸，田安攻下济北数城，率部队投降项羽，所以项羽立他为济北王，都于博阳（今山东茌平西北的博平镇）。

其他将领如田荣，因多次背弃项羽，又不肯率兵随从项羽击秦，所以未得受封。成安君陈余因受张耳责备，一怒之下，将印交给张耳，带领数百人走往河上泽中鱼猎，又不肯随从项羽入关，然而向来有贤能之名，有功于赵同，闻知他在南皮（今河北南皮东北），所以把南皮附近三个县封给他。

同年四月，项羽于分封诸侯后，下令从关中撤军，受封诸王各自率兵前往自己的封国就任。

项羽分封诸侯的根据，是诸将领在反秦战争中的功劳和作用，同时也与这些将领的个人亲疏关系有关。因此，分封诸侯之后，便发生了一些不大不小的变动和战乱。

项羽因张良随从汉王刘邦，韩王韩成又无军功，所以项羽没有派遣他到封国就任，而是令他与自己一同回到彭城，废除韩王封号，以为穰侯。不久，又将韩成杀死。

田荣闻知项羽将齐王田市徙为胶东王，以田都为齐王，自己没有受到封赏，因而大怒。同年五月，田荣不让齐王赴胶东，在齐地造反，发兵抵拒并攻打田都，田都逃亡至楚。齐王田市畏惧项羽，私下偷偷地到胶东就国，田荣大怒。同年六月，田荣追杀田市于即墨，自立为齐王。当时，彭越在巨野泽，有部众万余人，无所归属。田荣授予彭越将军大印，使令他出击济北王。同年七月，彭越击杀济北王田安。于是，田荣重新兼有项羽所分割的"三齐"（中为齐，东为胶东，西北为济北）之地，又派彭越击楚。项羽命萧公角率兵攻彭越，彭越大败楚军。

　　张耳受封为常山王，并到襄国就国，陈余越发大怒，说道："张耳与我陈余功劳相等，今张耳受封为王，唯独我陈余为侯，这是项羽主事不公平。"

　　与此同时，陈余派张同、夏说向齐王田荣游说道："项羽主宰天下，太不公平。如今把原有的诸王都封在坏地方，把他的群臣诸将都封在好地方，把原来的赵王赶走，令他北居代地，我陈余以为不可这样。闻知大王已经起兵，并且不听从项羽的不合于道义的命令，请大王资助我一些兵力，请以此攻击常山王，恢复赵王原有的领地，请以赵国作为齐国的屏障。"

　　齐王田荣答应陈余的请求，派兵前往赵国。陈余征调他所受封的三县全部兵员，与齐军合力攻击常山王，大破常山王的军队，张耳逃往汉王那里去了。陈余把赵王赵歇从代地迎接回来，返归赵国故地。赵王赵歇因此立陈余为代王。

受封汉王

　　按照楚怀王与众将领的约定，先入关中者称王于关中。刘邦率先入关，理应为关中王。然而他的十万部下，与项羽的四十万大军相比，实力悬殊。他不得不封存秦王朝的府库，还军霸上，等待项羽大军的到来。项羽驻军于坟下，刘邦得知项羽要发兵攻击他，便不得不冒着生命危险去赴宴，以此缓解同项羽的矛盾。为了保存实力，日后与项羽争夺天下，刘邦

接连吞下这一个个苦果，这也是由于他谋士与将领的劝谏，多少是有些勉为其难的。

出乎刘邦意料的，是项羽分封诸侯时封他为汉王。

项羽虽然在鸿门宴席之上没有刺杀刘邦，但他与范增怀疑刘邦有争夺天下之心，则是没有异议的。但是，刘邦与项羽既已和解，在秦朝已灭、分封诸侯的前夕，项羽为显示他这位霸主是出于公心，对违背与刘邦和解的约定有所顾忌，不愿在分封诸侯之前引起诸侯的叛乱，便没有对刘邦动手，而暗中策划：巴、蜀二郡地处偏僻，道路又很艰险，秦朝被流放的人都是迁往蜀地。于是项羽等人便扬言："巴、蜀也是关中的土地"，因而立刘邦为汉王，领有巴、蜀、汉中三郡，都于南郑。巴、蜀地处偏远，汉中盆地又甚狭小，三郡都是在崇山峻岭的环抱之中，对外交通受山险阻隔，道路艰险，极不便利。

更令刘邦不能容忍的是，项羽在封他为汉王的同时，把本应封给他的关中这块宝地一分为三，封给秦朝的三位降将章邯、司马欣、董翳，三人分别称王于关中。项羽把关中封给秦朝的三位降将，其用意显而易见。他是使令三名降将监视刘邦，使刘邦的势力不得越过秦岭这道天然屏障进入关中，把刘邦的势力遏止在汉中一隅。很显然，如果刘邦不能越过秦岭据有关中，以汉中这块小小的盆地，是不会有力量东向同项羽争夺天下的。这样一来，项羽自然可以放心地在东方稳坐"西楚霸王"的交椅，从此号令天下了。

项羽、范增封刘邦为汉王、以三位秦将称王于关中的设想和决策，其目的是把刘邦困于汉中。这对于项羽来说，当然是一步好棋；而对于刘邦来说，则是一种困境。为此，刘邦大怒，忍无可忍，想要率兵攻击项羽。然而率兵攻击项羽，其后果将会是什么？

刘邦的部将们由于所处的地位不同，他们比刘邦要冷静得多。当刘邦一时激怒想要率兵攻击项羽时，周勃、灌婴、樊哙都进前劝解，认为万万不可如此。其中，萧何的劝谏起到了至关重要的作用。萧何劝谏说："虽说称王于汉中是件坏事，总还是比一死要强些吧？"

"何至于一死？"刘邦反问道。

"如今我们的兵力远不如项王，如果交战必将是百战百败，怎么会不死？那种能屈于一人之下而伸于万乘大国之上的，正是汤王、武王这样的人。愿大王称王于关中，长养人民，招纳贤士，收用巴、蜀地区的物力和人力，还兵平定三秦，如此便可以图谋天下了。"

萧何精辟地分析了天下形势。指出在敌我力量悬殊的情况下，攻击项羽只能是死路一条。为此，萧何举出历史上汤、武二位圣王如何在困境中暂时"屈于一人之下"而后来又"伸于万乘之上"的事例来宽慰和提醒刘邦，使刘邦的一时激愤顿时化为乌有，在此基础上，又为刘邦提出了一条"养其民以致贤人，收用巴、蜀，还定三秦，天下可图"的十九字正确路线。这十九字箴言，拨亮了刘邦心中的明灯，刘邦终于高兴地说："讲得太好了！"

刘邦决定接受项王的封号，并赐给张良黄金百镒，珠二斗。张良把刘邦的赏赐全部转献给项伯，刘邦也因此令张良向项伯多赠送厚重的礼物，使得项伯在项王面前美言，把汉中全郡都封给刘邦，项王答应了项伯为刘邦所提出的请求。

当项王下令各受封诸王前往自己的封国时，拨给刘邦三万兵卒（刘邦原有十万兵卒，现在只给他三万），随同他前往汉中。在秦末起义军的众将领中，刘邦刘邦毕竟是一位声望甚高、宽厚仁慈、有长者之风的人。当他前往汉中就国时，楚与各路诸侯中因仰慕而甘愿随从他前往汉中的，竟有数万人之多。这对于刘邦来说，无疑是精神上的一大安慰。

刘邦率所部人马前往汉中就国，所经由的路线是从杜县（今陕西西

安东南）南，进入蚀中（谷道名，在今陕西西安市西南）。一是可走直南通往汉中的重要谷道即子午谷，南端的谷口是汉中的南康县；一是可以向西到达眉县西南，走斜谷，再入褒谷（斜谷与褒谷为关中通往汉中的同一条谷道的北、南二段）。从《史记·留侯世家》"良送至褒中"的记载来看，刘邦是从杜南，经蚀中，然后西行到达眉县，由眉县西入斜谷，经斜谷由关中到达汉中。

在进入斜谷之前，刘邦所率领的将士们一路西行。途中，这些来自东土的士卒，仰望南面那横亘东西的秦岭，远方那层峦叠翠、耸入云端的高山，听说山峦的那边便是汉中，心中顿生迷茫之感，真不知自己所要奔往的去处，会是怎样的一个世界。不必说，在这一段西行的路上，将士们的心情是低沉的，人人少言寡语。

到达眉县西南，大军进入斜谷。斜谷道路狭窄，几万大军一字穿行于峡谷之中，蜿蜒有十余里之长。自进入斜谷，穿越秦岭，又是一番景象。脚踏谷底的碎石，两侧是令人望而生畏的悬崖峭壁飞鸟哀鸣，猿猴啼叫，亦是一片凄凉的气氛。唯有头顶上的那一线天空，它既给士卒们希望，又有几分令人恐惧，但归终还是觉得自己的生路只能系在这一线天空的前方。途中，有时要行进在峭岩陡壁的栈道（又称阁道）之上。这种栈道是在峭岩陡壁上的险绝之处，傍山岩凿出洞孔，施架横木，铺上木板，以通行人马，而栈道下面则是万丈深渊。第一次走上这种栈道的士兵，他们一般不敢往栈道下边观看。即便如此，也难免胆战心惊。

至于刘邦，一路上也是感慨万千。他总是用萧何的劝谏，来驱散时时袭来的无名烦恼；又幸亏有张良等人一路陪同，或指指点点，谈笑风声；或倾听张良讲述兵法，谈古论今。在部下将士们看来，他们的汉王如此神态自若，真是他们的安危和希望所系。

张良一路陪伴刘邦到达褒中（今陕西勉县东北），人马已将要走出褒

谷。此时张良以沉重的心情向刘邦告辞，因为张良原是韩王的丞相，自从离开韩王辅佐刘邦入关，至此已整整一年。刘邦让张良返回韩国，张良对刘邦说："大王为何不将所经过的栈道烧毁断绝，向天下表示没有返还关中东向山东的意图，以此来稳定项王的心。"

张良辞别后，刘邦一边前行，一边派人将经过的栈道烧断。

从褒中南行数日，刘邦终于从秦岭中间的谷道中走出，呈现在他们眼前的汉中盆地，汉山、汉水是那样的碧绿清澈，绿树和小溪所环绕着的农家田舍，一块块的水田之上，早已插种上了水稻的秧苗。这时，刘邦和他的将士们才个个喜笑颜开。他们好奇地观看汉中的景物，与家乡确实是有些不大相同；但同从关中到汉中的一路行军比较起来，将士对汉中却是倍感亲切，感到自己确实是又回到了人间。

任命将相

据《史记·萧相国世家》记载："及尚祖起为沛公，何常为丞督事。"按楚国制度，县宰称"公"，故刘邦起兵占据沛县，称"沛公"，而"丞"则是各级官吏的主要助手，如郡丞、县丞等。萧何自跟随刘邦起兵后，"常为丞督事"，是说他在沛公南征北战直至兵入关中这段期间，萧何一直是作为沛公的主要助手，负责掌管沛公这支起义军的一切政务，其工作是相当繁杂而艰巨的。由于当时主要是行军作战，萧何所掌管的政务亦是为作战服务，因而他在这一期间的活动和功绩，史书没留下具体的

记载。

萧何以他卓越的才华赢得刘邦的信赖，以至于刘邦到汉中第一件事便是任命萧何为相。在南郑的汉王府，刘邦步出府门，环顾四周远方的高山，这时他才对汉中这块盆地有所体会。几万大军进入汉中，然而这狭小的汉中盆地却不可能成为将士们的用武之地。此时他佩服萧何在关中为他所制定的"养其民以致贤人，收用巴蜀"的路线是何等的英明而准确。这时，刘邦认识到目前的首要任务是安定秩序，发展生产，招纳贤才，制定各项制度，征收赋税，总之，是积蓄力量，养精蓄锐，准备"还定三秦"。而这个中心任务，主要落在萧何的肩上。

萧何在秦时任沛县主吏，早已显示出不平凡的才华，因而当时泗水郡的郡监想要把他推荐到朝廷做官，但被萧何推辞。经过几年的战争风雨，特别是在咸阳收缴了秦王朝的档案文书之后，对于如何治理好汉中，"养其民以致贤人，收用巴蜀"，萧何早已有所考虑，成竹在胸。至于萧何到汉中后在丞相职务上都制定了哪些制度，做了哪些工作，史书没有留下具体的记载，但不外乎他在关中时所谈到的三个方面。

一是"养其民"，在关中及巴蜀地区安定秩序，发展生产，积蓄力量。

二是"收用巴蜀"，派官员到巴、蜀二群安定秩序，发展生产，征收巴蜀二郡的赋税作为军资，从巴蜀征召士卒以补充兵员。

三是"致贤人"，为汉王发现和推荐人才。在这方面，萧何所做出的巨大贡献是向汉王推荐韩信为统兵大将。

韩信是刘邦夺取天下所依靠的三位"人杰"之一，在楚汉战争中起到了举足轻重的特殊作用。因而有关韩信的身世以及萧何荐举韩信为统兵大将的许多生动故事，一直广泛地流传于民间。

据《史记·淮阴侯列传》及《汉书·韩信传》的记载：韩信是淮阴

（今江苏淮阴西南）人，出身于平民家庭，品行又不怎么好，未能被推选到官府去充当官吏，又不肯务农或经商，因而经常是投靠他人吃闲饭。韩信的母亲病死，没有钱安葬，他便找一块四周广阔的高地为坟，使令坟地的周围可以安置万家。韩信的这一举动，表明他青年穷困时期便胸怀大志，自信将来能显贵，受封王侯，因而预先为死去的母亲选择了这样一处四周可供万家守冢人居住的高大坟地。

韩信这种吃他人闲饭的日子并不好过，很多人都讨厌他。韩信寄食时间较长的是淮阴下乡的南昌亭长家。南昌亭长见韩信虽然没有正当职业谋生，但举止又不与一般青年人相同，整日少言寡语，若有所思，也就听任韩信寄食。几个月过后，亭长的妻子开始讨厌韩信，便清晨提前吃饭，待韩信按往常开饭时间到达时，人家已吃完，不再为韩信准备饭食。韩信明白了女主人的用意，一怒之下，他再也不到这位亭长家去寄食了。

韩信失去吃闲饭的去处，便到城下河边钓鱼。河边有很多老大娘在那里冲洗丝棉，其中一位老大娘见韩信饿成那个样子怪可怜的，便把带去的饭食分给他吃。就这样，韩信一连"数十日"都是吃老大娘分给他的饭食，便感激地说道："日后我必定重重报答您老人家。"

老大娘却怒气冲冲地训斥了韩信一通："男子汉不能自食其力，还不知道羞耻，我哪里稀罕你的报答？"

韩信平时常带剑行走在街上，屠户中有个少年无赖见韩信经常大模大样地佩剑在街上走来走去，瞧着不顺眼，便存心想侮辱韩信。一日，少年见韩信迎面走来，便故意拦住去路，油腔滑调地向韩信说："你看看你，虽然长个大高个子，又爱佩戴着刀剑走来走去，可心里却是个胆小鬼。"

少年无赖在闹市上向韩信无理取闹，顿时有很多行人围上来观看。少年见围观的人多了，更是增添了几分精神，便当众扯开衣襟，露出胸膛，用手比画着对韩信说："来，你若是不怕死，刺我；若是怕死，就从我的

胯下爬过去。"

韩信用鄙视的眼光直盯着这个无理取闹的无赖，觉得可笑可怒。他本可以抬脚把这个无赖踢出几丈之外，转念间想起《孟子》书上说过的"匹夫之勇敌一人""武王一怒而安天下""视不胜犹胜也"。韩信觉得这正是修身养性的机会，再次用目光打量一下眼前这个少年，便弯下身子，趴在地上，从少年的胯下爬了过去。市街上围观的人见此情景，无不嘲笑韩信，都以为他是个胆小怕事的人。

待到项梁在吴中起兵反秦，大军渡过淮河，韩信认为施展抱负的时机已经到来，便手持宝剑投奔于项梁的部下，可是，没有等到显露出什么名声，项梁就战死了，后来隶属于项羽，项羽让他做"郎中"，负责警卫工作。由于职务上的方便，韩信多次就军务大事向项羽献策，高傲自大的项羽根本没瞧起这位小小的郎中，怎能听得进他的献策？

韩信随从项羽的大军到达关中，在项羽分封诸侯、各诸侯王分别就国时，韩信因不得项羽重用，便在刘邦入汉中时偷偷离开楚军大营，投奔到刘邦的部将夏侯婴的部下。夏侯婴做过滕县县令，因而人们称他为滕公。在滕公部下，韩信一时也未能显露名声，只是担任"连敖"职务，不过是个负责接待官吏的小官而已。一次，因触犯军法而被判处斩刑，同案的十三人均已行刑问斩。依次轮到韩信，韩信抬头仰视，正好看见滕公，便大声说道："汉王不是想成就夺取天下的大业吗，为什么斩杀壮士？"

滕公闻听韩信出言不凡，又见他相貌威武，便释放韩信免他一死。滕公与韩信交谈，十分高兴，并把这一情况向刘邦汇报，刘邦任命韩信为治粟都尉，负责管理全军的粮饷，但汉王并没有看重他。

韩信出任治粟都尉后，有机会多次和萧何促膝长谈，萧何认为韩信是不可多得的人才，虽然萧何也多次向刘邦推荐韩信，但仍然没有被重用。于是韩信又选择了在一天夜晚不辞而别！

萧何得知韩信逃亡，感到事情重大而紧急，来不及向刘邦汇报，立即乘马按照人们所指示的方向连夜追去。丞相府的人找不到自己的长官，不得不向刘邦禀报，说丞相逃亡，不知去向。刘邦听说丞相萧何逃亡，如同失去了左右手，又急又怒。第二天的傍晚，马不停蹄地追赶韩信的萧何，终于在路旁的小酒店门前发现了韩信的坐骑。在小店内饮酒的韩信，发现丞相闯了进来，身边没带一名随从。看丞相风尘仆仆的样子，眼睛布满了血丝，心里便明白了大半。韩信急忙起身施礼，并机警地步出店门向四周张望，发现丞相的坐骑汗如水洗，四蹄颤抖，周围空无一人，一片寂静。此刻，韩信一切都明白了。他为丞相不顾疲劳地连夜追赶自己而深受感动。两人并没有说什么。韩信请丞相坐下休息用餐过后，两人携手步出酒店。二骑并行，一路回奔南郑。路上，两人也没有更多的话语，也许是在一天一夜的紧张和劳累过后，他们都已经很疲倦了。

第三天，萧何在回到南郑后，立即到汉王府拜见刘邦。刘邦见萧何不待寻找而自行回来又喜又怒，骂道：“你深夜逃走，是何缘故？”

“臣不敢逃亡，臣是去追赶逃亡的人。”

“你是去追赶何人？”

“韩信啊。”

刘邦听丞相说所追赶的是韩信，大感不解，以为丞相在骗他，因为不久前也有诸将逃亡过，所以刘邦开口骂道：“诸将领逃亡的有十多人，您都不去追赶；说什么追赶韩信，这是扯谎。”

萧何说：“大王，那逃亡的诸将，都是容易得到的人，而韩信则不同，他这么杰出的将才，普天下找不出第二个啊！大王如果想称王汉中，韩信派不上用场，可大王如果是想争夺天下，非韩信不可与您共商国事，就看您怎么决策了！”

刘邦这才想起丞相曾多次谈到韩信的才能，自己总是没有当回事，这

次见丞相不待禀报连夜把韩信追赶回来，感到韩信如不是真的有些本事，丞相怎会如此器重他。想到这里，刘邦便心平气和地回答丞相的发问："我当然是想要向东发展，不想总是闷闷不乐地待在这里。"

"大王如果是决计东征，能重用韩信，韩信会留下来；如不能重用韩信，他迟早还是要逃亡的。"

"我要任命他为将。"汉王说。

"虽任命为将，也不一定留得住韩信。"萧何答。

"那我就任命他为大将。"

"这可再好不过了！"

于是，刘邦便要派人召见韩信，拜他为大将。这时，萧何赶忙阻拦说："大王向来对部下傲慢无礼，今日任命大将像召唤小孩子一般，这正是韩信离去的原因啊。大王如果决心任命韩信为大将，要选择个良辰吉日，事先斋戒，设立拜将的高坛和广场，拜将的礼仪要隆重而完备，如此方才可以。"

于是刘邦采纳了萧何的建议，向全军宣布了此命令。此项命令宣布后，全军一片欢腾。且不说那些士卒们想要知道谁会被拜为大将，光是观看从未见过的拜将典礼究竟是个怎样的场面，也算开开眼界了；而那些跟随刘邦转战南北、屡建战功的将领们，更是抑制不住内心的喜悦。有不少将领都认为自己的战功最高，盼望着届时被刘邦任命为大将。

直到举行拜将典礼的前夕，究竟谁会被任命为大将，这对全军将士们来说仍然是个谜。

六月的一天上午，南郑城中的练兵场上，四周的无数面赤色军旗迎风招展，手持长戟的卫士笔直地站在校场的四周。校场的北面是新建筑的拜将高坛，坛下有持戟卫士把守。清晨，参加典礼的兵卒列队入场；不久，众将领也都陆续来到坛场，依次立于高坛之下，面坛而立。

时辰一到，鼓乐齐鸣。此刻，刘邦已坐于高坛的正席之上，面南而坐；丞相萧何坐于西侧，面东而坐。鼓乐过后，传令官在坛上高声宣读刘邦命令："汉王有令，拜韩信为全军统兵大将，召韩信登坛受拜为大将。"

校场上的众将领听说拜韩信为大将，无不感到惊讶。他们都怀疑自己的耳朵是不是听错了，有的将领甚至不知道或没有见过这位毫无军功、并未曾统兵作战的治粟都尉。

韩信应声从行列中走出，威风凛凛地迈步登坛。这时坛场内顿时又鼓乐齐鸣，校场上的士卒们也都呼声如潮。至于韩信在坛上如何受拜为大将，坛下的众将领大多是没有兴趣。确切地说，是不屑抬头观看。韩信有什么本事能被刘邦拜为大将，显然各位将领心存疑虑。无可奈何之下，众将领们也只好摇头退场，准备着看看这位大将日后怎样指挥全军。

平定三秦

拜将典礼完毕，众将士列队退出坛场。刘邦落坐，大将韩信在东侧面西而坐，与西侧的丞相面面相对。韩信就座后，刘邦向韩信说道："丞相曾多次谈到将军，将军想以什么计策见教于寡人？"

韩信谦让一番，趁势向汉王问道："如今向东争夺天下，难道对手不是项王吗？"

"是。"

　　"大王自己估计一下，在勇猛、强悍和兵力方面，您同项王比谁强？"

　　"不如项王。"刘邦沉默了半天，回答。

　　韩信起身再拜，赞同地说："我韩信也以为大王不如项王。然而，臣曾侍奉过项王，请允许臣谈一下项王的为人吧。项王厉声怒喝，成百上千的人都会被吓得不敢动弹，然而他不能任用有才能的将领，只不过是逞匹夫之勇而已。项王为人表面上谦恭慈爱，说话时显得很温和的样子。将士们有病，他泣涕着把自己饮食分给患者，但派出的将领一旦立功应当封爵时，他却把已经刻好的印信握在手中，直到印在手中被磨去了棱角，仍然舍不得赐给有功的人，这就是所说的'妇人之仁'啊。项王虽称霸于天下，以诸侯为臣，却不居于关中而以彭城为都。又违背义帝先入关者称王于关中的约定，封那些与自己亲近、被自己所喜爱的人称王关中，被诸侯认为不公平。诸侯见项王把义帝从彭城赶出来，迁往江南，自己以彭城为都，便都效法项王，回去后驱逐自己的国君，占据好的地方自立称王。项王大军的所过之处，无不遭到摧残毁灭，天下人都很怨恨他，百姓不愿意归附，只是在威势的逼迫之下，不得不服从而已。项王名为霸主，实际上已失去天下人心。所以说，项王的势力很容易就会由强转弱。

　　"如今大王果真能一反项王之道而行，任用天下的英武勇敢人才，有什么不可诛灭的！用天下的城邑来封赏给有功之臣，有谁会不心悦诚服！顺从士兵思乡东归的愿望，指挥义军东征，有什么敌人不可击溃！况且关中的三王都是秦军的降将，他们统率关中秦地的子弟在山东作战数年，死伤者不计其数。他们又欺骗士卒，向诸侯投降；但西进抵达新安时，二十万秦军将士都被项王坑杀，唯独邯、欣、翳三人得以脱身。秦地的父老兄弟怨恨这三个人，可以说是恨入骨髓，不共戴天，如今项王依仗威势，强行封这三个人为王，秦地人民并不爱戴他们。

"大王自武关进入关中，对秦地人民秋毫无犯，废除秦朝苛法，与秦地人民立约，颁布了三条法令，秦民无不希望王称王关中。按照义帝与诸侯的约定，大王应当立为关中王，关中人民无不知晓。大王失去关中王而入汉中为王，秦民没有不怨恨的。如今大王发兵东征，只要向三秦地区发出一道声讨三王的公文，便可以平定。"

韩信与刘邦的长篇谈话，对当时的局势做出了精辟的分析：既承认项羽的一时强大，又揭示他的致命弱点，结论是"其强易弱"。对于关中的形势，又揭示了项羽的致命弱点，以及刘邦的优势，最后得出结论，刘邦是可以夺取天下的。

刘邦听了韩信对局势的分析，十分高兴，深感韩信太迟了。于是，刘邦听从韩信的计谋，着手向诸将布置各自的出击目标和任务。还定三秦的作战方案，是由韩信制订的。这一作战方案的要点，是对敌军实行出其不意的袭击，因而进军路线选择的确定性，便成了关键所在。

汉王刘邦元年八月，一切布置就绪，刘邦命丞相萧何留守汉中，收巴蜀田租，安抚巴、蜀、汉中三郡百姓，为大军提供粮饷。《华阳国志·蜀志》记载："汉祖自汉中出三秦伐楚，萧何发蜀、汉米万船而给助军粮，收其精锐以补伤疾。"于是，刘邦与韩信率大军北上出击，而韩信为汉军所选定的进军路线是从故道县（今陕西凤县东北，西接甘肃省的两当县）出兵袭击雍王章邯。章邯意想不到汉军从这条谷道北上，急忙率军迎击，双方交战于陈仓（今陕西宝鸡东），章邯兵败退还。章邯的军队在好畤（今陕西乾县东）停下来，与汉军再战，又被汉军打败，逃往都城废丘（今陕西兴平东南），刘邦于是平定雍王的领地。刘邦率军东至咸阳，领兵把雍王章邯围困在废丘城中；同时派诸将四出攻城略地，塞王司马欣、翟王董翳向汉军投降。刘邦以其领地设渭南郡、河上郡、上郡。除废丘城之外，关中地区大部分已被汉军所占有，"还定三秦"的战略目标迅速地

得以实现。

与此同时，刘邦还派将军薛欧、王吸出兵武关，并借助王陵的部队去迎接父亲、妻子来关中。项羽得知这一消息后，发兵于阳夏（今河南太康）抵拒汉军，汉军不得向东挺进。项羽立郑昌为韩王，用来抵御刘邦东进。

王陵也是沛县人，后来继萧何、曹参为汉帝国的第三任丞相。此时，他聚众数千人，居于南阳（今河南南阳），至此王陵率众归属汉王。

项羽分封诸侯东归，田荣击走齐王田都，击杀胶东王田横，又派彭越击杀济北王田安，并有三齐之地，自立为齐王；派彭越击楚，大败楚军。张耳又借齐兵击走常山王张耳，复赵王赵歇故地。这一切，使得项羽不得不忙于派兵击齐，无暇西顾。还有，张良离开刘邦回到韩国，韩王成不被项羽派遣就国，与张良一道东归彭城。张良在彭城对项羽说："汉王烧绝栈道，没有东还的意向了。"张良逃离彭城后又把齐王造反的消息写信告诉项羽，使项羽不再担心西方的刘邦而发兵击齐。因此，刘邦在还定三秦的时候，没有受到来自东方项羽的威胁。直到刘邦平定三秦，张良还是写信给项羽说："汉王失去在关中应得的王位，所以想要得到关中；他只是想按照规约称王于关中，是不敢东进的。"齐、魏造反后，张良写信给刘邦说，齐与赵想要合力灭楚。因此，项羽不再留意西方，而是专心北击田荣。同年九月，刘邦催促义帝从彭城启程，前往江南就国。

枭逐天下

第五章

彭城之战

刘邦还定三秦，不过是实现他东向争夺天下的第一个战略目标。三秦平定后，刘邦抓紧时间安定关中，把关中作为他同项羽争夺天下的可靠后方，将关中建设成为击败项羽的坚固根据地。为此，刘邦、丞相萧何做了大量的工作。

汉王二年（公元前205年）十月（汉王也是以十月为岁首），项羽秘密派九江王黥布、衡山王吴芮、临江王共敖击杀义帝，将义帝杀死于大江之中。

陈余征发所属三县兵力，借齐兵合力袭击常山王，常山王张耳败走，在废丘城下拜见刘邦，刘邦给他以优厚的待遇。陈余将赵王从代地迎回，复立为赵王；赵王为感谢陈余的恩德，立陈余为代王。陈余没有前往代地，留下来任赵王承相。

张良逃离彭城后回到韩地，又从韩地抄小路回到刘邦那里。刘邦再次见到张良，十分高兴，封他为成信侯。张良体弱多病，未曾单独领兵作战。作为谋士，时时随从刘邦，为刘邦运筹帷幄之中，事实上是汉王的军师。

汉王二年年初的形势是，由于还定三秦和四出略地在军事上所取得的一系列胜利，塞王司马欣、翟王董翳、河南王申阳皆已降汉；韩王郑昌不听从刘邦，刘邦派韩信率兵击溃他的部队，在攻占的土地上重新设置了隶属于汉王的陇西郡、北地郡、上郡、渭南郡、河上郡、中地郡以及在函

谷关外设置的河南郡。更立韩太尉韩信为韩王，是为韩王信。刘邦发布命令：各诸侯王的部将凡率众一万人或献地一郡前来投降的，封为万户侯。下令修筑河上郡的要塞，原秦朝的苑囿园池，听任无地或少地的百姓耕种，恢复生产，长养人民。

同年正月，俘虏雍王章邯的弟弟章平，发布大赦罪人的大赦令。

刘邦出函谷关到达陕县（今河南三门峡西），慰问关外的父老，安定秩序，争取民心。

同年二月，下令废除代表秦王朝国家的秦社稷。社与稷，分别是古代君主祭祀土神和谷神的场所，常用来作为国家的代称。刘邦入关中以及还定三秦后的一段时间，不仅秦帝国的社稷被暂时保存下来，而且秦王朝的地方政权及其官员也暂时被保存下来，照常履行公务，隶属于刘邦。这种权宜之计，对于安定秩序无疑是很有必要的。当关中及邻近各郡已被汉军平定，刘邦在这一地区站稳脚跟时，刘邦便不失时机地下令"除秦社稷，更立汉社稷。"都于栎阳（今陕西临潼北）。

"除秦社稷，更立汉社稷"，它标志着刘邦的中央政权及地方政权，在陇西、北地、上郡、渭南、河上、中地以及河南等七郡已经正式建立起来。刘邦正是凭借着汉政权的力量，东向同项羽展开了争夺全国政权的军事斗争。

在汉政权的建设中，丞相萧何无疑做出了巨大的贡献。

同年三月，刘邦率大军从临晋东渡黄河。临晋是关隘名，在今陕西省大荔县东的黄河西岸，因关下有蒲津渡，又称蒲津关，是古代秦晋间的重要通道。刘邦这次率大军东渡黄河，并非是执行一般的作战任务，而是他在安定关中、正式建立汉政权的基础上，为实现东向与项羽争夺天下这一重大战略目标，所采取的第一步战略行动。

刘邦率大军决定从临晋渡过黄河，是因为齐、赵、魏的反楚势力，此刻正在与项羽进行军事上的较量。显然，刘邦是想在临晋东渡黄河之后，通过上党进入河北及河南地区，联合河北及河南各路反楚军事力量，向项羽发起总攻击。刘邦这一进军路线的选择和战略决策的制定，无疑是十分正确的。因此，汉军在临晋东渡黄河之后，旗开得胜，势如破竹，各路诸侯的联合反楚力量得到了迅速的发展，一举而攻下楚都彭城。

汉王二年三月，刘邦率大军于临晋东渡黄河之日，标志着历时四年的楚汉战争已正式拉开帷幕。

在历时四年的楚汉战争中，刘邦依赖于部下的文臣武将和士卒们的浴血奋战，终于由弱转强。其中，萧何、张良、韩信三人的辅佐起了至关重要的作用，因而被刘邦称为"三杰"。

诚然，刘邦称萧信、张良、韩信三人为"人杰"，是在消灭项羽之后，根据他们在楚汉战争中的杰出表现，这是楚汉战争获得胜利的后话，现提前介绍如下。

汉高帝五年五月，高帝在洛阳南宫设盛大酒会，招待文臣武将，庆祝楚汉战争的最后胜利。会上，刘邦踌躇满志，向群臣说道："各位列侯、将军，请诸位对我不必有所隐讳，都说一说心里的话。我之所以能得到天下是什么缘故？项羽之所以失去天下又是什么缘故？"

只见王陵起身答对说："项羽性情傲慢，喜欢侮辱他人；陛下性情仁慈宽厚，注意爱护他人。然而陛下派人攻城略地，攻下的城邑便分封给他们，与大家同享利益；项羽妒贤嫉能，有功劳的人予以伤害，有贤能的人加以怀疑，作战获胜而不论功行赏，夺得土地而不与大家共享利益，这就是项羽之所以失去天下的缘故。"

王陵"少文任气，好直言"，他所说的是人所共知的事实，未能尽合刘邦之意。于是，刘邦乘着酒兴，趁着王陵所言，发表了一通高论。现将《史记·高祖本纪》所载原句，照录如下："公知其一，未知其二。夫运

筹帷帐之中，决胜于千里之外，吾不如子房；镇国家，抚百姓，给馈饷，不绝粮道，吾不如萧何；连百万之军，战必胜，攻必取，吾不如韩信。此三者，皆人杰也，吾能用之，此吾所以取天下也。项羽有一范增而不能用，此所以为我擒也。"

张良、萧何、韩信在楚汉战争关键时刻的突出贡献表明，汉高帝的这段高论确实不失为千古名言。

刘邦率大军于临晋东渡黄河之后，魏王魏豹率部下向刘邦投降。魏豹是魏国王族的后裔，其兄魏咎被陈胜立为魏王，因兵败于秦将章邯而自杀。魏豹再起为魏王。项羽分封诸侯时想占有魏国土地，将魏豹迁为西魏王。魏豹对此不满，故刘邦东征大军至此，他背叛项羽，率部队投降汉王，随同刘邦一道东征。接着，东征军又攻下河内郡（治所在今河南省武陟县西南，河内泛指今黄河以北地区），俘虏殷王司马卬，设置汉政权属下的河内郡。

此时，项羽属下的都尉陈平因惧怕项羽诛杀而投奔刘邦。陈平后来继萧相国、曹相国之后，与王陵同为汉帝国的左、右丞相，这里对他的身世简介如下。

陈平是阳武（今河南省原阳县东南）户牖乡（今河南省兰考县东北）人，少年时家贫，好读书。长大后身材魁梧，仪表堂堂，但不肯从事产业。闾里祭祀社神时，请陈平主持分配祭肉，他把祭肉分得很均匀。父老们称赞他说："太好了，陈家这小子分得真均匀！"陈平感叹地说："唉，如果让我陈平管理天下，我也一定能像分祭肉这样公平。"

陈胜起义后，立魏咎为魏王。此前，陈平曾事奉过魏咎，这时被魏咎任命为太仆。陈平向魏咎献计，魏咎不听，又有人诽谤他，陈平因此而逃离魏王。

项羽略地到达黄河边上，陈平投奔项羽，并随从项羽入关，被赐予卿一级的爵位。项羽东归彭城称王，刘邦还定三秦而后东进，殷王反对楚国，项羽封陈平为武信君，率魏咎留在楚国的部下，击败投降刘邦的殷王而回。项羽派项悍任命陈平为都尉，赐黄金二十镒。不久，刘邦攻占殷地，项羽大怒，想要杀掉前次平定殷地的将领。陈平因害怕被杀而派人将官印送还项羽，只身抄小路逃走。渡过黄河时，船夫怀疑他身上藏有金玉宝器，不时地注视他，想把他杀死在江上。陈平机智地解开衣服，祖露上身，协助船夫撑船。船夫见陈平一无所有，便没有向他动手。

陈平到达修武（今河南获嘉）投降刘邦，刘邦召见他，赐予酒食。饭后，刘邦对客人说：“饭已用过，到馆舍休息去吧。”

“我为要事而来，所谈的事不可挨过今日。”陈平说。

于是，刘邦将陈平留下，同他交谈，谈后很喜欢陈平，因而向陈平问道：“您在楚担任什么官职？”

“担任都尉。”

当日，刘邦任命陈平为都尉，为刘邦参乘，成了刘邦的卫士长，又主管监督和协调各将领，众将领为此而哗然，说道：“大王当天得到一个楚国的逃亡士卒，不知他的本事高下，便让他陪乘大王，反而使令他监督我们这些老将！”

刘邦闻知有些老将对重用陈平不服，反而对陈平更加亲近，带他一同东进讨伐项羽。

刘邦南下从平阴津（古渡口名，在今河南孟津东北）渡过黄河，到达洛阳。行军途中，新城（今河南伊川西南）某乡的一位姓董的“三老”，人称董公，他在路旁拦住刘邦的马头，向刘邦诉说项羽杀害义帝的经过，并说道：“我听说‘顺德者昌，逆德者亡’‘兵出无名，事故不成’，所以说：‘明其为贼，敌乃可服。’如今项羽行为无道，放逐并杀害他的君主，是天下的乱臣贼子。已有仁，则天下归之，可不用勇而天下自然归

服；已有义，则天下奉之，可不用力而天下自定。大王应下令三军将士为义帝身穿孝服，遍告天下诸侯，举兵共同伐楚。如此，则四海之内没有不仰望你的大德，这就是汤、文、武三王当年所奉行的取天下之道。"

刘邦认为董公讲得很对，袒臂大哭，下令全军为义帝发丧，为义帝举哀三日，分派使者通告各路诸侯："天下共同拥立义帝，都甘愿向他北面称臣。如今项羽放逐义帝，指使九江王黥布、衡山王吴芮，临江王共敖把义帝杀死于东南，这是大逆不道。寡人亲自为义帝发丧，诸侯也应身穿孝服。我将调动关中全部兵马，征集河南、河东、河内三郡的士兵，沿长江、汉水南下，愿随同诸侯去江南讨伐楚国杀害义帝的那些人。"

刘邦派出的使者到达赵国，赵相陈余对使者说："汉杀死张耳，方能发兵随从伐楚。"于是，刘邦寻找一个相貌同张耳类似的人，斩首后将人头送给陈余，陈余派兵助汉伐楚。

此时，项羽正在北击齐国，与田荣交战于城阳，田荣兵败，逃至平原（今山东平原南），被平原百姓杀死。三齐全部向楚军投降。项羽乘胜焚烧齐地的城郭，掳走齐地的子女。齐人因楚军的暴行而叛楚，田荣的弟弟田横立田荣的儿子田广为齐王，齐王田广于城阳（今山东鄄城）起兵反楚。

项羽因田广起兵反楚，率兵攻城阳，未能攻下，此时，项羽已得知刘邦率兵东进，然而既然已与齐兵交战，想要击溃齐兵之后再攻击汉军，而这时刘邦已率领常山王张耳、河南王申阳、韩王郑昌、魏王魏豹、殷王司马卬等五路诸侯共五十六万大军，向楚都彭城进发。到达外黄（今河南民权西北），彭越又率三万余士兵归属汉王。刘邦对彭越说："彭将军收复魏地十余座城池，想急于立魏国的后代为王。今西魏王魏豹，确实是魏国王室的后代。"于是任命彭越为魏王的相国，率领其部下的士兵攻占魏国的故地。

同年四月，在彭城空虚的情况下，刘邦所统率的五路诸侯共六十万大军攻入彭城。刘邦从未统率过这么庞大的军队，也从未取得这么令他高兴的重大胜利。在彭城，刘邦没收了项羽的珠宝、美人，与五路诸侯整日大摆宴会，饮酒作乐，沉浸在胜利后的狂喜之中。

当时项羽率主力军正在东部与齐国的军队作战，后方彭城一带很空虚。当他听到刘邦率大军东进的消息，思想上轻敌麻痹，认为刘邦一时攻不到彭城，想速战速决击败齐国后，再回击刘邦。可是由于他在齐国的残暴政策，引起齐国人民的坚决反抗，在城阳久攻田横不下，结果刘邦乘虚一举攻占了彭城。

刘邦占领彭城后，为自己取得的巨大胜利而陶醉。他没有想到，攻占彭城并没有消灭项羽的主力，对项羽失去了警惕。各路诸侯纷纷在彭城抢掠财宝和美女，将领们也整天饮酒宴会，庆祝自己的胜利。他们被已经取得的胜利冲昏了头脑，认为占领了彭城就等于击败项羽，根本没有再把身在齐国的项羽放在眼里。

可是项羽的头脑还是清醒的。当他在齐国的前线听到刘邦攻占彭城的消息后，并没有惊慌失措。他让部将继续围攻困守城阳的齐军，自己亲率三万精兵，经鲁县（今山东曲阜）、胡陵至萧县（今安徽萧县），切断刘邦军的西退之路，然后趁刘邦军队的松懈无备，突然发动进攻，刘邦军大败。

刘邦攻占彭城之后，他的主要谋士除萧何留守关中外，张良、韩信、陈平等人都跟随他到了彭城。他们为什么没有像刘邦进入咸阳时那样，劝他约束士兵的纪律，提高对敌人的警惕，避免将士的抢掠和腐败呢？也可能他们劝说了，未引起刘邦的重视；也可能是刘邦虽然重视并进行了努力，但却无效果。

因为这近六十万大军，是临时拼凑起来的。五诸侯虽然都带兵参加

了刘邦攻占彭城的战斗，但他们都是被迫参加的。他们投降刘邦，本来就是被迫的，参加彭城之战，当然更不是他们的心愿了。可是迫于刘邦的威力，他们毕竟参加了攻占彭城的战斗，而且想象不到仗又打得这么顺利，很快就攻占了彭城。他们当然要趁机捞一把，刘邦想要约束他们，当然也就无能为力了。

可是话又说回来，刘邦虽然约束不了五诸侯的兵，但他起码还能管住自己的的军队，在攻占彭城之后，将他们驻扎在彭城外围的一些军事要地，以阻击项羽的军队。刘邦连这一点也没有做到，说明他和其主要的部下也被胜利冲昏了头脑，对项羽失去了起码应有的警惕，所以才导致一场惨败！

项羽的军队到了萧县，看到刘邦并不知道，因为他没有相应地采取防范措施。

项羽率军一早从萧县出发，虽然受到刘邦军队的一些零星阻击，但中午就到达了彭城。刘邦率诸侯军仓促应战，这支军队人数虽然比项羽的军队多近二十倍，但都是些乌合之众，身上又都带着不少劫掠的财宝，当然敌不过项羽的这支精兵。所以一触就败，溃不成军。

刘邦的军队在一片混乱的情况下，匆忙从彭城撤退，因为号令不一，大家争相逃命，在抢渡彭城附近的谷水和泗水时，被项羽军拦击，死亡十万多人。刘邦的军队再向彭城南部的山区撤退，项羽的军队追到灵壁（今安徽宿州西北）东的睢水上，趁刘邦军仓促渡河时加以阻击，刘邦军队又大乱，互相在水中踩死挤死者不计其数，有十余万具尸体把睢水堵塞，河水为之不流。

项羽把刘邦围困在睢水旁。刘邦的残兵败将，士气十分低落，没有斗志，人人只顾逃命，处境十分危险。这时突然刮起一阵西北狂风，飞沙走石，天昏地暗，拔树倒屋，伸手不见五指，围困刘邦的项羽军一阵混乱，刘邦趁机带领数十骑突围而出，向北逃到自己的家乡沛县。

刘邦率军西征的时候，他的父亲、妻子和儿女一直留在沛县老家。刘邦暗渡陈仓，占领关中后，曾派部下薛欧和王吸出武关，想让他们去沛县迎接自己的亲属。项羽得知后，派兵在阳夏（今河南太康）阻击，薛欧和王吸未能到达沛县。

刘邦在彭城战败逃出后，想顺便路过沛县，和家人一起西逃。可是他家里人听到刘邦在彭城战败的消息，早已逃离家乡，刘邦未能找到。事有凑巧，刘邦在家乡未能找到自己的亲属，却在逃亡的路上正好碰到逃出家乡的儿子刘盈和女儿鲁元，刘邦喜出望外，就让他们上车与自己一起逃亡。

这时项羽的骑兵发现了刘邦逃跑的踪迹，就在后边穷追不舍。刘邦座车的马已经跑得很疲乏了，眼看后边的敌人就要追上，刘邦急了，就把儿子和女儿推下车，想减轻车的重量，好让自己一人逃脱追兵。

给刘邦驾车的是他的同乡夏侯婴，他不忍抛下这两个孩子不管，就下车又把他们抱上来。刘邦更急了，怕追兵赶上，想再次将小孩推下车。夏侯婴一面赶车，一面用手紧抱着这两个小孩，一面责怪刘邦说："现在虽然很危急，敌人未必能追上，为什么要推他们下车而不管？"刘邦这时只顾自己逃命，根本不考虑这两个亲生骨肉的安危，见夏侯婴护着这两个孩子，几次拔剑要杀夏侯婴，都被夏侯婴巧妙地躲过，才没有受伤。

后边追赶刘邦的项羽部将是丁固和赖髓，由于刘邦的车重马乏跑不快，很快就追上了刘邦。刘邦和夏侯婴下车与他们短兵相接，交手恶战。刘邦渐渐敌不过丁固，就对丁固说："你我都是好样的，为什么要互相厮杀，非要分出胜负来呢？"丁固听了，认为刘邦很看得起自己，不忍心再追杀刘邦，就引兵而去，刘邦因而得以脱险。这样，夏侯婴终于救出了刘邦的两个孩子，并与刘邦一起逃脱了项羽的追兵，总算保住了性命。

刘邦为什么忍心抛弃自己的亲生子女，只身逃亡呢？这除了刘邦自己的贪生怕死，不顾亲生子女的死活，而只求自己活命外，与他对这两个子女并无多少感情也有关系。刘邦一直在外面进行政治活动，两个子女在家里随母亲生活，刘邦偶尔才回家看一看，所以父亲和子女间的感情较淡薄。后来刘邦不喜欢刘盈，几次要废刘盈的太子地位，而立赵王刘如意，都和父子间的这种感情有关。刘邦还曾要杀害女婿赵王张敖，也和父女的感情相关。所以他在危难之时，想抛弃子女而自己活命，也就不足为怪了。

夏侯婴因为救刘邦的子女有功，后来很得吕后的信任。她赐给夏侯婴一处豪华的住宅，位于皇宫北面的第一家，说"这样才靠得近"。

刘邦离开沛县西征时，留自己的朋友审食其在家乡照顾父亲和妻子儿女。刘邦在彭城战败，审食其怕项羽的军队报复，带着刘邦的家属外出逃亡时，因为兵荒马乱，与刘盈和鲁元失散。刘盈和鲁元碰上刘邦，虽然几被抛弃，在夏侯婴的帮助下，总算逃出了虎口；而审食其带着刘邦的父亲和妻子，本想走小道去找刘邦的军队，结果不巧，反而遇上项羽的军队，成为项羽的俘虏。项羽把他们作为人质放在军中，准备以后作为和刘邦讨价还价的砝码。

刘邦在彭城战败后，原来临时组织起来的反项羽联盟很快瓦解了，一些投降和归附了刘邦的诸侯王，这时纷纷背叛刘邦，投降了项羽。塞王司马欣和翟王董翳，离开刘邦跑到项羽那里，殷王司马卬战死，齐、赵、燕等国也抛弃刘邦，与项羽结为盟友。刘邦这时处境困难，十分孤立。

在彭城之战中，从战术上来说，双方都十分轻敌，所以刘邦攻占彭城很容易，项羽击败刘邦收复彭城也没有费劲。彭城是项羽的都城，是他的根据地，项羽去击齐，怎么也得留重兵把守彭城，免得后方被敌所扰，这是兵家的常识，项羽不会不知道。但他却一反常规，倾全力去击齐，结果彭城空虚，让刘邦钻了空子，一下子就占领了彭城，这恐怕是刘邦和项羽都没有想到的。

刘邦占领彭城后，从刘邦的军事斗争经验看，他不应该忽视远在齐国的项羽主力，应有所防备，有所警惕。可是刘邦也一反常态，完全沉溺在胜利的欢乐中，而未对项羽采取起码的防范措施。结果项羽以少量的兵力，就连败刘邦的几十万大军，刘邦几乎成了项羽的俘虏。这恐怕也是刘邦和项羽未能预料到的事。

作为已经披坚执锐数年，取得了丰富战斗经验的项羽和刘邦来说，为什么都在战术上犯了这样常识性的错误呢？这可能都与他们过分轻视对方的力量有关。项羽根本不把刘邦看成是自己的对手，所以他敢集中全力击齐，而认为刘邦不会乘虚攻占彭城。刘邦率领数十万大军，不费力就攻占了彭城，他也不再把身在齐国的项羽放在眼里，所以并未设防，因为他认为项羽绝不敢回击彭城。由于他们对敌方的估计都错误了，所以都采取了错误的战术，结果都受到了惩罚。

彭城之战是刘邦和项羽之间第一次大规模的军事交锋，项羽先败后胜，刘邦先胜后败。双方经过这一次交锋，才直接认识到对方的力量，从此都把对方看成是自己的主要敌手，双方全面展开了争天下的斗争。失败的教训，使他们在战术上都变得谨慎，不敢再轻视对方，因而战斗也更加持久和残酷了。

彭城之战是在项羽的腹地进行的，对项羽的军队来说，可以说是一种保家卫国的战斗。因为项羽将士的家庭和妻女大多在彭城，刘邦进入彭城后的烧杀抢掠，都直接侵害每个将士家庭的利益，所以他们在兵力众多的敌人面前，个个都勇敢善战，连续战斗，再次创造了以少胜多的战绩。而对刘邦的将士来说，这是一次深入敌人腹地的战斗，经过长途跋涉，一下子取得了意想不到的胜利，因而一定要以胜利者的姿态，尽情地掠夺和享受一番，之所以一败而不可收拾，也是意料中的事。

项羽在彭城之战中只能胜利，不能失败，如果失败了，就无退路，就有可能从此在历史上消失；而刘邦却还有大后方，只要他能生还，还有可以依赖后方的力量，重振旗鼓，再次登上历史舞台。所以刘邦一战失利，军队就四散逃亡，刘邦也不顾部下，甚至不顾自己的子女，只身去逃命。因为他只要逃出来，还有再恢复力量的希望。正因为有这种希望，还有退路可走，刘邦才失败了，而且失败得那样惨。惨痛的教训使刘邦认识到，他要战胜项羽并不是那么容易，必须做持久战的打算。

荥阳失利

彭城之战，刘邦的军队丧失殆尽，他只带领少数亲信，逃出项羽的包围。刘邦的内兄吕泽，当时正领兵驻扎在下邑（今安徽砀山）接应，刘邦就近投到那里。刘邦在这里陆续收集了一些从彭城逃来的溃散士兵，进行了一些初步的整顿后，又移军砀县（今河南夏邑东）。

项羽在彭城击败刘邦后，为了整顿彭城的秩序，建立被刘邦破坏的有关组织机构，并未再派主力穷追刘邦的残部，所以刘邦得以从容撤退。他从砀县经过虞县（今河南虞城北），徐徐退至荥阳（今河南荥阳）。

刘邦到下邑时，曾扶着马鞍对张良说："现在看来只有退到关内据守，关东的地方只好放弃了。你看把关东的地方让给谁，方可与我们共同击败项羽？"张良说："九江王英布，是项羽的先锋，但这次项羽东击齐国，他拒绝亲自带兵参加，与项羽有了矛盾；彭越和齐王田荣，都和项羽是死对头，我们要给予支持。你的部下只有韩信可独当一面，为你办大事。你如果能把关东之地让给这三个人占领，项羽就没有什么可怕了。"刘邦听了张良的意见，后来极力劝说英布反项羽，拉拢彭越，让韩信率大军击赵、燕、齐，重用这三个人的力量，终于转败为胜。

荥阳是通往关中的咽喉之地，依山傍水，军事地位十分重要。刘邦退到荥阳后，决定在这里设防拒守，作为关外的防线，以抵抗项羽向关中的进军。留守关中的萧何，听到刘邦败退至荥阳，就把新的兵员和物资送到荥阳，以补充刘邦的兵力。刘邦这时刚战败，人员和物资都极度缺乏，萧何把关中二十三岁以上、五十六岁以下的老弱，都征为兵员，派到前线去了，刘邦还是一再派人追要新的兵员和物资。萧何感到无法再应付了，这时一位姓鲍的儒生看出了问题，就对萧何说："刘邦现在战败，之所以向你一再追索兵员和物资，是怀疑你不全力支持他。你为求得刘邦的信任，我劝你把自己的亲属子弟中能当兵打仗的人，都送到荥阳前线，刘邦就不会怀疑你对他的忠心了。"萧何听从他的意见，把自己的子弟都送往前线。刘邦一见萧何家的人都来到前线，就不再对萧何起疑心，因而也就没有再向萧何索要人员和物资了。

在彭城战败的诸将也都陆续带着自己的残兵败卒，赶到荥阳与刘邦会合，韩信也收集了一部分散兵来到荥阳，再加上萧何从关中新支援的人马，刘邦的军队在荥阳又恢复了战斗力。

当刘邦的军队在荥阳经过整顿，已经恢复了战斗力时，项羽率主力军才到达荥阳，因而失去了乘胜一举消灭刘邦的良机。刘邦在荥阳南面的京、索间，布防迎战项羽军的进攻，刘邦的军队取得胜利，军队的士气受到鼓舞，从而阻止了项羽的西进。

项羽派来进攻的军队中有相当数量的骑兵，他们对刘邦的阵地威胁很大。刘邦想组织一支专门的骑兵来对付他们。曾经当过秦朝骑士的李必和

骆申，对骑兵的战术很熟习，这时在刘邦部下当校尉，大家推举他们为这支骑兵的骑将。刘邦认为很合适，把他们叫来准备任命，李必和骆申对刘邦说："我们都在秦时当过骑士，恐怕得不到军队的信任和支持。希望你在亲信的人中选一个人为骑将，我们可以辅助他。"灌婴是贩布出身，很早就参加了刘邦的起义军，他虽然很年轻，但善骑射，屡次立战功。刘邦于是任命灌婴为骑将，李必和骆申为左右校尉，组建了一支骑兵，在荥阳东大破项羽的骑兵。后来这支骑兵又深入敌后，机动灵活地一再切断项羽军的粮道，扰乱项羽的后方，为刘邦击败项羽立下了大功。

在荥阳北部山上，靠近黄河边，有秦朝留下的关东最大粮仓——敖仓，这时仍存放着大批粮食，它成为刘邦在荥阳一带守军的粮食供应地。为了保住这个粮仓，使粮食能源源不断地运到荥阳前线，支援荥阳的守军，刘邦在荥阳和敖仓之间修筑了一条甬道，以防止项羽军的攻击，确保荥阳的粮食供应。

刘邦在荥阳的守军，主要靠取敖仓的粮食来支持。刘邦虽然筑甬道保护与敖仓间的交通，但由于项羽军的一再进攻，甬道被切断，刘邦在荥阳的守军因粮食供应发生困难，难以再坚持下去。刘邦觉得守住荥阳已无望，被迫向项羽提出停战讲和，条件是以荥阳为界，荥阳以西归刘邦，荥阳以东归项羽。

这时项羽的军队远离后方，供应也很困难，再加上军队连续作战，将士都很疲劳，所以项羽想暂时接受刘邦的条件，以求得休整的机会。但是范增坚决反对，他认为："不趁刘邦现在陷入困境之机将他消灭，留下大患，以后必然会后悔莫及。"这时陈平还未使用反间计，项羽仍很尊重范增的意见，所以没有同意刘邦的议和条件，项羽继续急攻荥阳。

刘邦在荥阳的处境越来越危险，他的部下纪信怕荥阳失守后刘邦被俘，就向他建议说："现在形势很危急，荥阳难以守住。请你让我装扮成

你的样子，好去欺骗项羽的军队，你可乘机从小道突围出去。"

陈平在夜里组织了两千女子，让她们都穿上军装，从荥阳的东门出城，假装是要突围的军队。项羽的军队以为刘邦要突围逃走，就从四面来围攻这两千娘子军。这时纪信打扮成刘邦的样子，坐着刘邦专用的马车，以黄绸缎为车盖，车的左边还树立了一个象征权力的牦牛尾巴，对项羽的军队大声说："城中的粮食吃完了，我是刘邦，要向项羽投降。"项羽的将士不辨刘邦的真伪，听说是刘邦出城投降了，都高兴得呼喊万岁，拥到东门外观看刘邦投降的场面。刘邦趁项羽的军队都跑到东门外欢呼胜利，西门的项羽守军松懈之机，率领数十骑从西门偷偷地跑出来，在项羽军队神不知鬼不觉的情况下，逃到了刘邦的另一个据点成皋。

项羽的士兵把要投降的假刘邦带到项羽那里，项羽一看才知道不是刘邦，上当受骗了。项羽质问纪信："刘邦在哪儿？"纪信知道这时刘邦已逃出荥阳，就如实地回答项羽："刘邦早已逃出了荥阳。"项羽恨死了这个假刘邦，就把纪信活活烧死了。

刘邦逃离荥阳时，命令周苛、枞公和魏王豹等人率残兵继续死守荥阳。刘邦走后，周苛、枞公认为："魏王豹在彭城之战刘邦失败后，曾投降了项羽，在现在这样困难的情况下，恐他再背叛刘邦，不可信任。"因而两个人决定，杀了魏王豹，以除后患。

刘邦逃走后，周苛、枞公当然更难以守住荥阳，不久就被项羽攻破，周苛和枞公被俘。项羽认为他们在十分困难的情况下，仍为刘邦死守荥阳，很佩服他们的这种精神。项羽很想收买他们为自己出力，就对周苛说："你如果肯投降，我就任命你为上将军，封三万户。"周苛是刘邦的亲信，他不肯投降项羽，反而骂他说："你如果不向刘邦投降，也会当刘邦的俘虏。你不是刘邦的对手，我怎么会投降你呢？"项羽见周苛不肯投降，就煮杀了周苛，杀了枞公。

荥阳失守，是刘邦彭城之败后，又一次大的失利。荥阳被项羽占领后，刘邦设置的荥阳、成皋防线，破了一大缺口，函谷关就这样暴露在项羽的兵锋下，危及关中的安全。

这时再次出现了有利于项羽的军事形势，他或者可以乘胜再集中主力围攻成皋，全部粉碎刘邦的荥阳、成皋防线，然后再进攻关中；或者留少量的军队牵制成皋的守敌，而集中主力西攻函谷关，迫使刘邦的关中后方发生震动。

可是项羽并未充分利用占领荥阳后的这一有利形势，在军事上采取主动的行动。而是滞留在荥阳，受刘邦军事行动的牵制，被动地采取了一些行动，未能扩大攻下荥阳的战果。

离间对手

英布在跟随项羽北伐中，屡为前锋，所战无敌，立下大功，被封为九江王。项羽东击齐国时，要英布率军参加，英布借口有病不去，只派部下率几千人去敷衍项羽。刘邦攻陷彭城，项羽回击，要英布派兵协助，英布又借口有病不相助。

项羽对英布的这种不友好行为很气愤，几次派人去指责他不义，要英布当面向他解释。英布深知项羽的脾气，很害怕，不敢前去。项羽对此虽然十分恼怒，但是他当时正集中力量对付公开叛变自己的齐、赵，须先用武力解决刘邦的问题，又很看重英布的才干，觉得只有英布才会支持自

己，所以并未对英布采取什么惩罚的措施，仍然想争取英布为自己所用。

刘邦也一直想争取英布，以孤立项羽。他在彭城之战中失败，逃至虞县时，对他左右的一批部下发牢骚说："你们这帮人，白跟着我，没有一个人能帮我办件大事。"这时他的一位谋士随何，就上前问他："不知你指的是什么大事？"刘邦说："谁能做我的使者去见英布，策动他背叛项羽，让项羽在齐国不能脱身几个月，我就可以保证取得天下。"随何说："我愿意做你的使者去见英布，完成这一使命。"刘邦一听很高兴，就让他带领二十个人，作为自己的使者去见英布。

随何到了英布那里后，由于英布的一位属官太宰的阻挡，他们等了三天还未能见到英布。随何见此情景，想其中必有原因，就对太宰说："英布不愿接见我，必定是认为项羽强，刘邦弱。这正是我作为刘邦的使者，来见英布的原因，英布不应因此而不见我。他如果接见我，觉得我对他说的话有道理，对他只有利而无害处；他认为我说得不对，可将我们二十个使者杀了，也可以公开表明他反对刘邦，坚决与项羽站在一起的态度。"

太宰把随何的话告诉了英布，英布觉得有道理，就召见随何。随何对英布说："刘邦让我来见你，是责怪你为什么要和项羽处得这么亲近。"英布说："我是以臣的身份事奉项羽。"随何接着挑拨英布与项羽的关系说："你与项羽同样是诸侯王，你之所以要以臣的身份来对待项羽，是认为项羽的力量强大，要依靠项羽的力量保住自己的封国。可是你实际上并不忠于项羽。"

随何又抓住英布与项羽间已经存在的矛盾，对英布说："项羽讨伐齐国时，亲自带兵，身先士卒。你要臣事于他，就应带领全部人马，亲自去为项羽打先锋，而你却只派了四千人去敷衍项羽。这是你以臣的身份事侍项羽所应该做的吗？"英布听了，无言以对。

随何接着进一步揭开英布与项羽的矛盾说："当刘邦攻占了彭城，

在项羽未从齐国返回时，你应立即率兵渡过淮河，日夜攻打占领彭城的刘邦，而你却拥万人之兵，在淮河那边坐山观虎斗，看谁是胜利者。你若是想靠项羽的力量保住自己的封国，应该采取这样的态度吗？"又问得英布哑口无言。

随何揭穿了英布自称以臣的身份事侍项羽的虚假面孔后，接着指出他的真实想法："在口头上忠于项羽，实际上是想借机保存和发展自己的势力。可是在现今的形势下，你采取这样的态度，是不可取的。"

英布为什么不能依靠项羽来保住自己的封国呢？随何接着分析说："你之所以依赖项羽，是认为项羽强，刘邦弱，但这只是暂时的现象。项羽虽然在彭城打败了刘邦，恃强好胜，但他因为背盟约而杀义帝，在政治上已经担负了个不义的名。刘邦虽然在彭城战败，但他现在收集各路诸侯的散兵，在荥阳、成皋一带设立了防线，修筑了深沟坚壁，分兵把守，又得到蜀、汉粮食和兵员的支持，开始强大起来。"

随何接着分析项羽在战略上的弱点，说："现在项羽的军队深入敌人腹地，离自己的后方八九百里，后方的供应线长，军队的供应会发生困难。他想速战，敌人坚守，找不到战机；他想攻坚，又没有足够的力量。而刘邦却以逸待劳，坚守荥阳、成皋一线不战，项羽进不能攻坚，退又没有出路，处在进退两难的境地，所以项羽暂时的强大是不能持久下去的。"

随何退一步分析说："假如项羽打败了刘邦，那样各个诸侯王都会感到自危而不安，他们也会联合起来抵抗项羽，互相救援。现在项羽虽然强大，但他能敌过所有诸侯的联合力量吗？"

随何接着向英布指明前途说："从长远看，项羽的力量会由强变弱，他敌不过刘邦，这你从上面的分析中也可以看出来。你不与由弱变强的刘邦联合，反而依靠由强变弱的项羽，这不是自取灭亡吗？我不理解你为什么要走这条路。"

随何见英布面有傲色，又接着指出，只有投靠刘邦才是上策。随何说："我并不认为，你的兵力就可以打败项羽。你只要和刘邦联合起来，背叛项羽，项羽必然会发兵攻你，你只要能牵制项羽的军队几个月，刘邦就可以争得战机，最后击败项羽。"

英布背叛项羽，投靠刘邦又有什么好处呢？随何说："你只带一把剑，跟我去投靠刘邦，刘邦就会划出一块地盘来封你为王，至于你原来淮南的封地，当然仍归你所有。"

汉章帝所书

随何见英布经过自己的这一番劝说，已有背叛项羽之意，就赶忙收场说："刘邦很关心你的处境。他派我来，就是要我向你表达这些意思，请你好好考虑。"

英布听完随何的一席话，开始动摇了，但又不敢马上得罪项羽，公开背叛他。英布想脚踏两只船，明着和项羽好，暗着又勾结刘邦，以后他们俩谁胜了，自己也不会吃亏。他对随何说："我接受你的建议。"他答应背叛项羽，和刘邦联合；但他又要随何保密，不得向外泄露这个消息。

随何看出了英布动摇不定的心理，他就设法坚定英布投靠刘邦的意向，破坏他与项羽的关系，堵死其投向项羽的路。

这时项羽派的使者也在英布那里，住在英布招待客人的传舍，正在催促英布出兵攻打刘邦。随何了解到这个情况后，趁项羽的使者正在拜会

英布的时机，突然闯入他们谈话的地方，坐在项羽使者的上位，向他宣布说："我是刘邦派来的使者，英布已经答应与刘邦联合反对项羽，你怎么还要让他发兵攻打刘邦呢？"英布一听随何把他们的秘密协议，向项羽的使者公布，大吃一惊，不知该怎么办好。项羽的使者听了随何的话，见英布默认了，也就愤怒退出。

随何见已经达到了挑拨英布与项羽的关系，彻底断了英布对项羽的幻想，坚定了英布投靠刘邦的决心的目的后，就对英布说："你与刘邦联合起来反对项羽的事情已成定局，请你不要再犹豫了，可马上派人杀了项羽的使者，不要让他跑回项羽处，把情况告诉项羽。你现在应抓紧时机，与刘邦联合起来攻击项羽。"

英布本来还犹豫不定，经随何这么一闹，他走投无路，只有走投靠刘邦反对项羽的这条路了。英布对随何说："我接受你的意见，马上发兵攻击项羽。"于是，英布杀了项羽的使者，表示与项羽绝交，并起兵攻打项羽。

项羽听到英布背叛了自己，始则吃惊，继之愤怒。他派部下项声和龙且率军去打英布，自己去攻刘邦所在的下邑。项声和龙且经过几个月的苦战，才击败了英布。英布果然为刘邦赢得了几个月的喘息时间。

英布战败后，怕带着残余的兵力去投奔刘邦，在路上又遭受项羽的阻击，就把残兵遣散，与随何一起带着少数亲信，走小路投奔到刘邦处。

英布到的时候，刘邦正坐在床上洗脚，听说英布来了，他不等洗完就召见英布。英布见刘邦边洗脚边接见自己，这么随便，认为是看不起自己，故意怠慢，既愤怒又后悔，觉得自己上了刘邦的当，想自杀。但是等到刘邦接见完，回到招待自己住的地方，见一切饮食起居和侍从，都不比刘邦差，又觉得刘邦还是很看重自己，因而转悲为喜，再也不想自杀，而是一心一意要为刘邦效力了。

英布派部将返回自己的封地，想收集部下，起而再战。可是这时项羽已收编了英布的军队，把他的妻子亲属全杀了。英布派去的部将，在他一些亲信的支持下，只收集到残兵数千人。他们在项羽的压力下，在当地无法展开活动，只得边战边撤回到刘邦那里。

刘邦封英布为淮南王，拨给他一部分军队，让他据守成皋（今河南巩义东北）。可英布一直在想念着自己的封地，他又派部下入九江郡，占领了几个县。后来，刘邦派他的从父兄刘贾与英布一起，带兵进入九江郡，引诱项羽的大司马周殷背叛了项羽，从而在九江郡的地方，又发展壮大了自己的力量。

英布是一个患得患失、情绪动荡不定的人，在重大问题面前，常常优柔寡断，举棋不定。随何掌握了英布的个性特点，在刘邦初败，项羽力量强大的情况下，居然能说服英布背叛项羽，投向刘邦，这是很不容易的事，为刘邦立下了大功。

随何看来是一个很有头脑和才干的人，他在对英布的动员和说服工作上，软硬兼施、胁迫和利诱结合，终于把英布拉到刘邦这一边，这在刘邦的战略上，无疑是一大胜利。可是不知什么原因，刘邦当时对随何的这一功劳，并没有予以足够的认识和评价。

在刘邦战胜项羽以后的一次宴会上，刘邦不但不承认随何的才干，反而骂他是腐儒，认为这样的人没有什么用处。随何本来对刘邦没因他立下这么大的功劳予以重用就有意见，听到刘邦这么一说，便乘机质问刘邦："假如你率兵去攻彭城时，项羽没有去齐国，这时你发步兵五万、骑兵五千，能攻取英布吗？"刘邦回答："不能。"随何接着说："你派我带着二十个人去英布那里做使者，到了英布处，我们按照你的意图，劝说英布背叛项羽，与你联合。这说明我的功劳大于步兵五万、骑兵五千的作用。然而你现在仍说我是腐儒，普天下用不着我这样的人，这是为什么呢？"

刘邦听了随何的话，觉得指责他是没有用的腐儒，不符合实际，太过分了，赶忙改口说："我正要讲你的功劳呢！"于是提拔随何为护军中尉。

刘邦一直对儒生很反感，认为他们只会讲空道理，干不了实事。可是一些投奔刘邦的儒生，像郦食其、随何等人，都曾为刘邦出谋献策，立过功劳，但这并未改变刘邦长期形成的对儒生的坏印象。随何虽然当面驳斥了刘邦的儒生无用论，刘邦也当即表示了自己的看法不妥，并改变了对随何的态度，但总的来看，刘邦还是不重用儒生。像随何这样有才干的人，到后来也未受到刘邦的进一步重用。

彭城之战后，英布是在项羽与刘邦斗争中举足轻重的人物。在当时的诸侯王之中，除了项羽和刘邦外，英布是最有实力的一个诸侯王，所以他成为项羽和刘邦争取拉拢的主要对象，谁争取到英布的支持，谁就可以说取得了决定胜利的一着棋。

从英布来说，他当然比较接近项羽。因为他在巨鹿之战中是项羽军的先锋，活埋二十万秦降卒是他给项羽出的主意，他的九江王也是项羽所封。在项羽所分封的诸侯王中他与项羽的关系最密切，也最受项羽的信任。可是他就任九江王之后，项羽率兵击齐，他没有亲自领兵去参加；刘邦占领彭城，他也没有主动去救援。因而与项羽发生了矛盾。从项羽来说，认为他在困难中不支持盟友，太不讲义气；从英布来说，也自认为对不起项羽，怕项羽不能谅解，进行报复。

刘邦在彭城之战失利，原来的盟友都纷纷背叛的情况下，能分化瓦解项羽与英布的同盟关系，争取到英布的支持，这在战略上是一大胜利。刘邦派随何为使者去劝说英布，本来也未抱多大的希望。可是随何善于利用项羽与英布间已经产生的矛盾，采用软硬兼施的办法，终于说服英布背叛

了项羽，这是刘邦原来所意料不到的。英布一背叛项羽，刘邦与项羽之间的政治斗争形势就发生了变化。原来英布是项羽的支持者，现在项羽却不得不派兵去攻打英布，这不但削弱了项羽的力量，而且减轻了刘邦前线的压力，使刘邦在战败之后，争得了重新整顿和组织防线的时间。

怎样削弱项羽的力量，孤立项羽，这一直是刘邦考虑的问题，郦食其分封六国后人的建议不可行，还有什么别的可行的办法呢？有一天刘邦问陈平："现在天下纷争，我们什么时候才能打败项羽，使天下安定下来呢？"陈平分析了刘邦和项羽在个人性格上的特点和优劣后，提出了使用反间计，以制造项羽与其高级将领之间的矛盾，从而孤立项羽，削弱项羽力量的办法。

陈平认为，项羽很尊敬和爱护部下，所以很多廉洁好礼的有为之士，都投归了项羽。但是项羽对有功之士，舍不得赏赐爵邑，所以一些重名利的人，又离他而去。

陈平如实地分析了刘邦的优缺点，认为他动不动就谩骂人，对部下缺少尊重和礼貌，所以一些自尊心强的廉洁之士，不愿投靠刘邦。但是刘邦却舍得赏赐有功将士爵邑，所以一些追名逐利的无耻之徒，多投奔了刘邦。

陈平把项羽和刘邦的优缺点对比之后认为，如果能去掉两人的短处，把两人的长处集中在一个人身上，他就可以很快平定天下，可惜刘邦的本性是不善以礼待人。这个缺点一时难以克服，所以不能争得廉洁之士的支持。但是项羽的主要谋士，也不过是范增、钟离昧、龙且和周殷几个人，他们与项羽的关系也不是无隙可乘。

陈平认为，项羽心胸狭窄，易信谗言。只要刘邦肯拿出数万金，进行反间活动，就可以离间项羽与这几个主要谋士和亲信的关系，使他们互相起疑心，彼此发生矛盾，项羽就会孤立起来，这时刘邦再以兵攻之，项羽因为内部不团结，互相不信任，就会削弱力量，必然会失败。

刘邦听了陈平的分析，虽然把他的缺点毫无保留地揭示出来，可刘邦并不因此而恼怒，而是认为陈平讲得很有道理。于是他决定拿出四万斤黄金，交予陈平，任由他进行反间活动使用，不必向他报告具体的使用原由。陈平本是一个爱财之人，这点刘邦对他十分了解。现在交给陈平四万斤黄金，这在当时是一个不小的数目，任由陈平使用，这对陈平是个极大的信任，所以陈平极力完成反间的任务，以报答刘邦。

陈平离间的第一个对象是项羽的大将钟离眜。他偷偷用金钱收买项羽军中的人为间谍，要他们在项羽军中传播：钟离眜的功劳很大，但项羽不分封他为王，他心中不服，打算投降刘邦，共同消灭项羽后，分项羽的领地。这一流言传到项羽的耳朵里后，他不做任何调查研究，就轻信了这一谣言，对钟离眜起了疑心，再也不重用他了。钟离眜是当时公认的将才，项羽不相信钟离眜，等于自己砍掉了一只左右臂，陈平的反间计取得了成功。

陈平离间的第二个对象是范增。当项羽的使者来到刘邦处时，陈平布置招待的人员，一开始故意拿出规格高的豪华饮食之具，当他们见到项羽的使者后，假装惊讶的样子说："我们以为是范增的使者，原来是项羽的使者！"又把拿进的豪华饮食之具撤走，改用破旧的餐具招待项羽的使者。项羽的使者回来后，就把这个情况如实地报告了项羽。项羽不加分析地认为，范增与刘邦有勾结，因而对他起了疑心，不再看重范增的建议了。

当时项羽正在围攻荥阳，范增认为荥阳是刘邦在第一线的关键据点，应当集中兵力尽快攻下荥阳，这样刘邦的前线就会瓦解。项羽不信范增的话，并未抓紧时间趁刘邦在荥阳防线尚未巩固之机，集中力量攻取荥阳。他怀疑范增的建议，是让他上刘邦的当。

范增见项羽对自己起了疑心，不信任他，非常伤心。因为他从跟随项

梁开始，就一心一意地帮助项氏叔侄夺取天下，也一直受到他们的尊重和信任。现在项羽中了反间计，不再信任他了，他觉得再留下来也没有多大用处，就找到项羽说："天下的形势已经基本定下来，请你今后自己好好努力吧！我老了，希望告老还乡，死在故土！"

项羽对范增告老还乡，并未作任何挽留。范增在盛怒之下，离开了项羽。由于心情忧郁，还没有走到彭城，他背上就长了痈疽，不治而亡。

陈平的反间计，在钟离眛和范增两个人身上，都取得了成功。钟离眛和范增都很忠于项羽，范增因为项羽的猜疑，气愤而死；钟离眛在项羽失败后，投靠到自己的老朋友韩信处，后来韩信怕自己收留钟离眛引起刘邦的怀疑，钟离眛知道后不愿牵连朋友，在韩信面前自杀。他们两人都长期追随项羽，为项羽出谋献策，立下不少功劳，项羽应该了解他们对自己的忠诚，不应轻信流言，对他们发生怀疑。可是项羽却猜疑他们，上了陈平反间计的当。

这是因为陈平的反间计高明吗？其实并不见得。陈平的反间计，并无特殊之处，他不过是收买间谍，制造和散布流言，进行挑拨离间；在对方派来的使者面前，制造假象，引起误解，利用使者在敌方的地位进行反间。这些反间计，在当时是常用的办法，项羽只要动动脑筋，做点调查研究，就可以轻而易举地揭穿，但项羽过于主观自信，结果中了陈平的反间计。

陈平对龙且的反间，看来未起作用。因为后来韩信攻齐国时，项羽曾派他率军支援齐国，兵败战死，这说明项羽仍对他很信任。周殷后来攻英布入九江时，被刘贾和英布诱降，这也可能与陈平的反间计有关。

背水之战

彭城之战刘邦失败后，魏王豹跟随刘邦退至荥阳。这时他看到刘邦失败后的狼狈相，认为刘邦再也无法振作起来，就产生了背叛刘邦投奔项羽的心意。他要设法摆脱刘邦的监视，就借口回家探视亲属的疾病为名，回到封地。他一渡过黄河，就在河上设防，背叛刘邦，投降了项羽。

刘邦对魏王豹的叛变，十分重视。因为魏地正好在荥阳战线的侧后方，如果项羽与魏王豹联合，前后夹攻他，其处境将会更加困难。

刘邦这时抽不出兵力对付魏王豹，想用和平的方法加以解决。他把郦食其找来说："我派你去找魏王豹，设法慢慢劝说他不要背叛我，如果你的劝说成功了，就在魏地给你万户的封邑。"

郦食其到了魏王豹那里后，就按照刘邦的意思，劝说他不要投降项羽。魏王豹很感谢郦食其的忠告，但他对刘邦十分反感，不愿再与他结盟。他对郦食其说："人生一世，如日影过壁，很快就完了。刘邦对诸侯和群臣，没有一点儿上下的礼节，常把我们当成奴隶一样随便谩骂，我实在受不了他的这种对待，一辈子也不愿再见到他。"

郦食其劝说魏王豹无效，就返回荥阳，如实向刘邦做了报告，刘邦听了当然很生气，不得不抽兵做进攻魏王豹的准备。他在派郦食其到魏王豹那里做使者时，就让他一方面劝说魏王豹投降，一方面做些调查研究的工作，以备对魏王豹用兵时参考。

这时他准备对魏王豹用兵了，就问郦食其："魏的大将是谁？"郦食其答："柏直。"刘邦听了马上心中有数地说："他是一个乳臭未干的小儿，我派韩信为大将，他将不是对手。"又问："谁是骑兵的将领？"郦食其回答："冯敬。"刘邦对冯敬很了解，对郦食其说："他是秦将冯无择的儿子，虽然人品不错，可无战斗经验，他敌不过灌婴。"接着又问："步兵将领是谁？"郦食其回答："项它。"刘邦说："他更不是曹参的对手。从魏王豹这几个将领的组成上看，我们有必胜的把握。"于是刘邦任命韩信为左丞相，与曹参、灌婴击魏。

从刘邦与郦食其的交谈中，可以看出刘邦对魏的将领非常了解，知道他们谁有什么长处，谁有什么缺陷，因而在配置伐魏的统帅时，能针锋相对，以自己将领的长处制敌将的弱点，所以对战争才有必胜的信心。这反映了刘邦用兵的特点，这也是他由弱变强的重要原因之一。

韩信在出兵之前，也和刘邦一样，找来郦食其了解魏国将帅的情况。他听到魏王豹不用有战争经验的周叔为大将，却用毫无经验的柏直，心里就有了对敌之招。

柏直估计，刘邦的军队会在最近的渡口临晋（今陕西大荔东）渡黄河，所以将主力军布置在蒲坂（今山西永济西）一带。韩信见柏直把主力部署在蒲坂，就故意在临晋放置船只，设置疑兵，做出准备从这里渡河的样子以迷惑魏军。柏直侦察到韩信在临晋的动静，更坚信他会在临晋渡河，因而加强了在蒲坂的戒备，而放松了对其他渡口的警惕。

韩信见柏直的主力仍在蒲坂，就将主力军埋伏在夏阳（今陕西韩城），找来一批木桶做渡河工具，几乎没有遇到什么抵抗就偷偷渡过黄河，突然袭击安邑。

魏王豹毫无准备，见敌军突然来袭安邑，惊慌失措，仓促应战，兵败被俘。韩信把魏王豹送到荥阳前线的刘邦处，因为魏王豹表示悔过，

刘邦为了团结他，就把他留在荥阳，没有杀他。后来刘邦逃出荥阳后，守城的周苛、枞公认为"背叛过的魏王，难以与他一起守城"就把魏王豹杀了。

韩信消灭了魏国后，就按照刘邦的意图，在其地设置了河东、太原、上党三郡。

这时韩信向刘邦建议，拨给他三万人马，北伐赵、代、燕，东击齐，南绝项羽的粮道，从侧面牵制项羽的力量，以减轻荥阳战场的压力。刘邦同意了他的计划，派张耳为其助手，带领三万人马开始了北伐的行动。

彭城之败后，原来追随刘邦的诸侯王，纷纷背叛刘邦投降了项羽。击败魏王豹，这是刘邦整顿内部采取的第一个大的军事行动。这时因为项羽在荥阳一带对刘邦的军事压力还很大，但因魏王的封地就在荥阳一带的旁边，刘邦又不能不理魏王豹的叛变。所以他在面对项羽的强大军事压力下，在和平劝说魏王豹无效后，不得不抽出一部分兵力，冒险采取进攻魏王豹的军事行动。

进击魏王豹的军事行动，只能胜利不能失败。如果失败了，魏王豹马上就会在项羽的支持下，从侧面进攻荥阳一线，这将会给本来已经很吃紧的荥阳，带来更大的困难，甚至会无法再据守。而且如果一举击不败魏王豹，将会激励其他人的叛变，使刘邦更加孤立，所以刘邦十分重视这一仗。

刘邦首先派郦食其以使者的身份，调查了解魏王豹内部的情况，然后与他进行了详细的研究和分析，又派韩信、曹参、灌婴这几个具有丰富战斗经验的将领为统帅，慎重地选择了渡河的作战方案，因而使战争很快就顺利地结束了。这场战争的胜利，鼓励了刘邦开辟第二战场的信心，因而同意了韩信率三万军队北伐的计划。在荥阳前线兵力本来吃紧的情况下，刘邦敢于抽调三万军队北伐，这是要有很大的气魄才敢于做出的决定。

张耳和陈余这对原来的好朋友，由于在巨鹿之战中产生了误会，后来变成了仇敌。项羽分封之后，陈余不服，他在齐国田荣的支持下，把张耳从常山王的位子上赶走后，陈余复立赵歇为赵王，赵王又封陈余为代王，张耳投奔了刘邦。

在进攻彭城的时候，刘邦要陈余出兵共击项羽，陈余以刘邦杀张耳为条件。刘邦与张耳是老朋友，张耳失败后投靠自己，刘邦不忍心杀他；可又想争取陈余出兵，刘邦就找了一个长相类似张耳的人做替死鬼，杀后将其头送给陈余，陈余没有怀疑这个假张耳的头，就出兵帮助刘邦攻打项羽。刘邦彭城之战失败后，陈余听说送给他的是一个假张耳的头，刘邦并没有杀张耳，他受了刘邦的骗，因而又背叛刘邦，改与项羽和好。

赵王封陈余为代王，陈余让自己的丞相夏说守代，自己仍跟随赵王。韩信击败魏王豹后，陈余令夏说率兵至阏与（今山西和顺），设防抵抗韩信军的北上。韩信率三万北伐军，首先在阏与击败代兵，俘虏了夏说。

陈余听到夏说战败被俘，就将赵国的二十万大军，屯聚在军事要地井陉口（今河北井陉），准备迎战韩信的三万军队。

陈余的谋士、广武君李左车看到陈余的军事布阵是出击的战法，就向他建议说："韩信渡过黄河后，俘虏了魏王豹，又在阏与擒获你的丞相夏说，屡获胜利。现在又有张耳做他的助手，他对赵国的情况比较了解，不可轻敌。韩信想乘胜利之师，一举攻下赵国，此时他的士气很盛，不可挡其锋。"

李左车接着分析自己的有利形势："我常听人说：'千里之外运粮，士兵必有饥色；现打柴草烧饭，士兵一定吃不饱。'现在韩信的军队远离后方，粮食供应一定很困难。井陉这个地方，车不能并行，骑兵不能成列，交通很不方便，它有利于我们据守。"

李左车提出不同于陈余的战斗部署："我请你拨给我奇兵三万人，

从小路上出其不意地绕到韩信军队的后方，切断他的供应；你挖深沟筑高壁，坚守不战。这时韩信前不能战，退不得还，就会处在进退两难的境地。我再率兵不断骚扰他的后方，使他在当地掠夺不到吃的东西，这样用不了十天，就可杀了韩信和张耳。"

李左车知道陈余很自负，难以听进别人的意见，所以一再向陈余强调说："请你好好考虑一下我的建议，否则我们就有可能成为韩信和张耳的俘虏！"

陈余是一个儒生，自认为懂兵法，可并不会用兵。他常常吹嘘说，正义之师绝不采用诈谋奇计取胜。他听不进李左车的正确意见，还对他讲兵法说："兵法上有言：'十倍于敌人，就可以包围他；比敌人多一倍，就可以打败他。'韩信号称有兵数万，实际上只有几千人的作战兵力；他又是行军千里来战，军队已很疲惫。在这样的有利形势下，我们都不敢正面迎击，以后如果遇到比他强大的军队，还怎么再迎战呢？那样人们都会说我是一个胆小鬼，都轻视我，敢来进攻我了。"

李左车的正确意见没有被陈余接受，陈余仍按照自己的部署迎战韩信。

韩信派出去的间谍，打听到了李左车的建议，韩信听了十分担心，很怕陈余按李左车的意见部署战斗，自己就陷入被动。后来间谍又来报告说，陈余没有接受李左车的意见，韩信才放下心来，敢于带兵进入井陉口。

韩信在距井陉口陈余阵地三十里的地方，安营扎寨，让军队休息。半夜时，选轻装骑兵二千人，让他们每人带一面赤色的旗帜，从小道偷偷进入靠近赵军的山间隐蔽起来，不让赵军发现。韩信向他们布置任务说："明天我军与敌交战时，要假装战败向后撤退，这时赵军必然倾巢而出进行追击，你们马上冲进赵的军营，拔去赵的旗帜，换上我们的赤旗。"

韩信接着又传令全军，要大家鼓足士气，迎接战斗，并说："大家先吃点小吃，等今天击败赵军后，再会餐。"各位将领听了，皆不以为然，随口答应说："好，等着会餐！"

韩信又向部下动员说："赵军已先占据了险要的地势，构筑了工事。他们在没有看到我军大将的旗鼓之前，是不肯轻易攻击我军的先行部队的，因为怕我们遇险而退。为了使敌人相信我军绝不后退，我们要派出一支万人组成的先行部队，进入敌人能看到的地方，做背水而战的布阵。"当韩信的这支军队进入阵地后，赵国的军队见他背水布阵，断了自己的退路，都认为他太不懂兵法，大笑不止。

天亮以后，韩信树起大将的旗帜，敲着战鼓，向井陉口赵军的阵地进发。陈余见到韩信的大将旗鼓，认为其主力已到，就打开营门，全军出击，与韩信的军队接战。战斗了一会儿后，韩信的军队假装不敌，抛弃了旗鼓，退入原来部署的背水阵地，与阵地上的军队联合，继续抵抗赵军。

陈余见韩信的军队不敌，退入背水阵地，认为他们已陷入绝境，就倾营而出，争抢韩信军队抛弃的旗鼓，以便立战功。

韩信的军队退入背水阵地后，因为军无退路，所以都作殊死战，继续勇敢地抵抗赵军的进攻。这时韩信隐蔽在山中的两千轻骑兵，等到赵军都出来争立战功之机，突然飞快驰入赵的军营，拔掉赵军的全部旗帜，树立起刘邦的赤色旗两千。

在与韩信军队的战斗中，一部分赵军见韩信的军队都殊死抵抗，一时还难以消灭韩信军，就准备撤回营垒，休息一会儿再战。可是当他们返回自己的军营时，却突然发现军营中四处都树立着刘邦的赤色旗帜，不禁大惊失色，以为韩信的军队已占领军营，俘虏了赵王及其将帅，因而全军大乱，纷纷夺路逃走，以求活命。赵国的将领一再试图把军队整顿好，即使杀了一些要逃走的士兵，也无法制止混乱的军队。

在背水阵地作殊死战的韩信军队，见两千骑兵已按计划占领了赵军营垒，赵军已陷入混乱，就趁机里外夹击赵军，赵军大败，陈余在泜水（在

今河北柏乡）被杀，赵王歇被俘。韩信取得了彻底的胜利。

韩信知道李左车是一个不可多得的人才，如果陈余听了他的意见，胜败还很难说。所以在清理战场时，韩信下令不可杀害他，如果有人把他活捉了，可得千金的奖赏。有人果然捉到了李左车，缚着他来到韩信的军帐中。韩信见李左车活着，很高兴，亲自为他解了缚，请他东边坐上座，自己在西边下座陪着，像对待老师一样，尊敬李左车，希望他能为自己服务。

战斗结束后，诸将领都来到韩信处，向他汇报战果，并庆贺战争的胜利。战争虽然胜利了，但有的将领对韩信的战法不解，就向韩信请教说："兵法上有'背靠山陵，前依水泽'的话，可是今天你让我们背水列阵，还说破赵军以后会餐，我们当时都认为这是违背兵法的，不明白其中的道理，可是竟然取得了胜利，这是什么战术呀？"

韩信知道部下还不理解他的战法，就向大家解释说："这种战法在兵法上也有记载，只是大家没有注意。兵法上不是说过'陷之死地而后生，置之亡地而后存'的话吗？我们的军队是临时组织起来的，没有经过很好的训练，战斗力并不强。对于这样临时组合的军队，如果不把他们置之死地，退无后路，每个人就不会为了自己的生存而作殊死战；如果把他们部署在有退路的生地，大家一遇危险，就会四散逃走，我还能用他们打仗吗？"

众将领听了韩信的说明和解释后，才知道了韩信用兵的意图，大家都十分佩服，异口同声地说："你想得很周到，这是我们没有想到的。"

项羽听到韩信占领了赵国，就屡派奇兵渡过黄河攻击赵地。韩信和张耳不得不率兵往来各地救援。项羽进入赵国的军队，因为得不到后援和当地人民的支持，都被韩信和张耳击败。他们逐步巩固了在赵国的统治后，就抽出一部分精兵，支援了刘邦在荥阳一带的前线。

为了巩固赵国的统治，韩信向刘邦建议，封张耳为赵王。

韩信占领赵国，从战略上来说对刘邦是个极大的支援。赵国的占领从侧面加强了刘邦在荥阳、成皋的防线，也使刘邦可以从侧面威胁项羽的后方，对项羽十分不利。所以韩信占领赵国后，项羽一再派兵去进行搔扰性的攻击，但一则因为项羽抽不出太多兵力，二则又因渡黄河的不便，所以一直未对韩信构成太大的威胁，使他很快稳定了对赵国的统治。

刘邦一开始派韩信击魏攻赵，只是怕荥阳、成皋的防线在侧面受到威胁，并没有想开辟第二战场，能从侧面威胁和进攻项羽。可韩信攻下赵国后，对项羽的震动很大，对全国各地的诸侯也震动很大，这是刘邦开始料想不到的。刘邦随之抓住了这一有利形势，又给韩信以充分的支持，以扩大韩信的战果和影响，从而使韩信真正变成了进攻项羽的第二战场。

降燕攻齐

刘邦从彭城之战失利后，在军事上一直处于被动挨打的地位，处境十分困难。从韩信北伐开始，他才逐步扭转了这一形势。虽然被动的局面一直未改变，但从韩信的北伐战场来说，却一直进展很顺利，主动权握在自己手里。两条战线的发展和彼此影响的结果，使项羽在军事上逐渐由优势变为劣势，最后被刘邦所击败，而这一转变的关键是韩信北伐的胜利。

韩信消灭了赵国后，向被俘的李左车请教如何进行下一步的军事行动。他对李左车说："我准备北攻燕国，东伐齐国，不知你有什么高见？"

李左车是败兵之将，深知自己所处的地位，哪敢在韩信面前发表议论，所以辞谢说："亡国的大夫，不可以再讲图存；战败的将军，不可以再谈勇敢。像我这样战败做了俘虏的人，哪有资格再商量大事呢？"

韩信并不认为李左车是败兵之将，他的被俘是由于陈余不听他的正确建议造成的，所以韩信向他解释说："百里奚是春秋战国时代的虞国人，虞国被灭亡后，他到了秦国，帮助秦穆公称霸诸侯。他并不是在虞国时愚笨，到了秦国就变得聪明了。关键是当权者用不用这个人才，听不听他的意见。假如陈余肯听你的建议，我很可能打不胜这一仗，已经当了俘虏。"

韩信并不以胜利者的姿态对待李左车，他诚恳地对李左车说："正因为陈余不听你的意见，我才有幸能见到你，恭听你的建议。我这是真心实意向你请教，请你不要再推辞了。"

李左车听了韩信的话，觉得他确实是一片诚心待己，因而向他推心置腹地说："智者千虑，必有一失；愚者千虑，亦有一得。所以人们常说：'狂妄之人的话，贤者也会从中得到教益。'我的看法不一定正确，但我愿意谈出来，供你参考。"

李左车分析韩信的处境说："你率军渡过黄河后，俘虏了魏王豹，活捉了代相夏说，不过十天的工夫，就在井陉口击败赵国的二十万军队，杀了陈余。你的军威所至，已经名闻海内，威震诸侯，大家对你都很害怕，这是你现在的优势。但是你的军队经过连续的战斗，已经非常疲惫，难以再进行大的战斗。如果你率领这些疲惫之众，攻燕国坚守的城市，显然力不从心。那时你想迅速攻下，可是力量又不足，必然会旷日持久地对峙下去，粮食供应必然会发生困难。"

李左车认为，只要一举不能攻下燕国，韩信就会陷入困境。因为"燕国的力量较弱，你一下子攻不下来，齐国就会受到鼓舞。他们两国必然会联合起来对付你，那样反而促进了敌人的合作，对刘邦战胜项羽的大局很不利。所以你攻燕伐齐的战略并不高明，此举是以你的短处，击敌人的长处，后果未必如你想得那么好"。

韩信听到李左车否定了自己攻燕伐齐的计划，讲的也不是没有道理。可是他也不能留兵在赵，不采取军事行动呀！于是他赶紧问李左车："那该怎么办才好呢？"李左车说："你现在最好的办法，是按兵不动，进行休整。在赵国境内，采取措施，扶植生产，安抚百姓，巩固统治。然后在去燕国的路上，部署军队，做出要发兵攻燕的样子。再派一使者，拿一封劝燕国投降的信，以武力相威胁，燕王必然会投降。燕国投降之后，你的军队也休整好了，再派人去警告齐国，齐国也会不战而降。就是齐国不降，那时再带兵伐齐，就是齐国有再高明的人，他也没有办法救齐了。"

李左车最后总结说："兵法上有先虚张声势，随后再以实力相加的战法。你现在要趁胜利之机，四处虚张声势，迫使敌人屈服。如果他不投降，再以实力相加也不晚。你只要这么办，我想取燕败齐不会有困难。"

韩信听了李左车的分析，觉得他讲得很对，比自己原来想的要高明，于是就按照他的设想，先派兵在燕国的边界上虚张声势，然后派使者劝燕投降。燕王在韩信的威逼下，果然如李左车所预料，不战而降了。

燕国投降后，韩信就积极准备伐齐。当他伐齐的军队还没有到达平原（今山东平原南），就听说刘邦已派郦食其使齐，没有费一兵一卒的兵力，便使齐国的七十多座城投降了刘邦。

既然齐国已经归服刘邦，韩信就准备停止对齐国的进兵。这时他的谋士蒯通建议说："你受刘邦之命伐齐，可现在刘邦又派使者说服齐国投降。你又没有接到刘邦停止伐齐的命令，为什么就停止伐齐呢？"

韩信听了，觉得有道理。刘邦一方面命令他伐齐，另一方面又派使者

劝说齐国投降，刘邦这里也可能有麻痹齐国，配合他进军伐齐的意图。自己擅自停止进军伐齐，刘邦可能还会责怪自己，因此决定继续进军伐齐。

韩信在夜里从平原渡过黄河，趁齐国无备，攻破其主力历下军，接着很快就占领齐都临淄（今山东临淄）。齐国突然受到韩信军的袭击，齐王认为上了郦食其的当，就把郦食其叫来对他说："你如果能制止韩信军的进攻，我就放了你；你如果不能加以制止，我就将你煮了吃。"郦食其也没有料到韩信的军队会这么快就攻齐，他当然无力制止韩信军的进攻，只得对齐王说大话："办大事不能拘小节，道德高尚的人不怕别人恭维。你怎么能说出这样的话来呢？"齐王把自己的愤恨都集中在郦食其身上，听了郦食其的大话，更加火上浇油，于是就把郦食其活活煮死，以解心头之恨。

齐王的首都临淄被韩信攻陷后，齐王率领残部逃到高密（今山东高密），其相田横跑到博县（今山东秦安东），部将田光走阳城（今山东莒县），田既率一部分残兵退守胶东（今山东平度东），继续抵抗韩信军的进攻。

齐王与项羽本来是仇敌，想与刘邦联合起来反对项羽。现在刘邦突然背信弃义，派韩信来进攻齐国，齐王在韩信军队的压力下，只得认敌为友，与项羽和好，向项羽求救。

项羽当然不愿齐国落入刘邦之手，他虽然对齐王并不满意，眼看齐国就要败在韩信手下，从自己利益的考虑出发，也应当救援齐国。项羽决定派大将龙且率兵二十万救齐，与齐王田广的军队在高密会合，联军反击韩信。

正当龙且和齐王的军队联合起来，准备进击韩信军队的时候，有人劝龙且说："韩信的军队远离后方，一再穷追猛斗，所向无敌，士气很高，锐不可当，不可轻易与他决战。而且齐楚的联军在齐国的国土上战斗，战

士离家乡较近，只要小有失利，士兵就易于逃散。最稳妥的办法是坚守城壁不战，再让齐王派使臣去各地，招抚原来的部下。当齐国各地听到齐王还在坚持战斗，项羽又出兵来救援时，必然会纷纷起兵反对韩信。韩信的军队远离后方两千里，深入齐国的地方作战，如果各地的齐人都起来反对他，就会四处得不到粮食供应，等不了多长时间，他就会不战而自行瓦解。"

这个建议是正确的。它像李左车对陈余的建议一样，是首先抓住韩信远离后方、粮食供应困难这一难以克服的弱点，采用稳妥的持久战的方法，拖垮韩信的军队。但是当时的将领都急于求战，以便尽快立下战功，对比较稳妥的坚壁据守的持久战，都不太感兴趣，所以这个建议也没有被龙且所接受。

龙且很自信，他认为："我对韩信这个人很了解，他很容易对付。韩信年轻的时候，自己没有谋生的办法，曾寄食于一个洗衣妇；后来又曾受辱从别人的胯下钻过，没有常人的勇气。这样的人，有什么可怕的！而且我是奉项羽之命，出兵来救齐，不战而让韩信投降，我还有什么功劳呢？我现在如果以武力将韩信击败，就可以分封齐国一半的土地，为什么不主动去进攻，反而要采取防守的战术呢？"

龙且听不进劝告，就部署对韩信军的进攻。潍水从高密城下流入大海，当时龙且和韩信的军队在潍水两岸互列军阵对峙。怎么才能一举歼灭龙且的二十万大军呢？韩信也知道，光靠军力的硬拼，未必能击败龙且，于是他就设计了一个战胜龙且的计谋。

韩信连夜下命令，做了一万多条口袋，里边都装上沙子，在潍水的上游筑了一道临时的堤坝，将潍水堵上，下流的河漕干涸。韩信率兵走过干涸的河漕击龙且，战斗了一会儿，假装敌不过龙且，引兵撤退。龙且见韩信不敌而退，就高兴地对部下说："我知道韩信是个胆小鬼，现在他打不过我们，想逃走了。"于是就不加防备，率大军渡河追击韩信。

韩信的军队退出河漕，引诱龙且的军队进入河漕，是他的计谋。当他见龙且的主力都已进入河漕时，就命令马上搬走上游筑坝的沙袋，被壅堵的水急流冲下。这时龙且的军队大半在河漕中，经过大水一冲，军队大乱，韩信乘机反击，杀了龙且。龙且小部分没有渡河的军队，这时见主将被杀，纷纷逃亡。龙且的二十万大军，全部溃散。

齐王田广见龙且大败，又率残部逃到城阳，在那里被韩信所俘。韩信的部将灌婴，追齐将田光至博阳（今山东泰安南），将其战败而俘之。田横以为齐王田广已战死，就自立为齐王，进击灌婴，在嬴县（今山东莱芜）被灌婴击败，田横逃归彭城，随后，韩信部将曹参击杀田横于胶东，灌婴在千乘（今山东高青东）杀了田吸，至此，韩信全部平定了齐国。

韩信占领了齐国后，派人向刘邦报告说："齐国很复杂，反复多变。它南面又紧靠项羽的势力范围，地势很重要。为了能安定这块地方，请让我代理齐王，否则权力小，难以镇住。"

这时刘邦正在荥阳一带受到项羽的围攻，形势十分困难。他看了韩信的报告后大怒，当着韩信的使者大骂："我现在被项羽围困在荥阳，日夜盼望韩信能来帮我解围，可韩信攻下齐国后不想法来帮助我，反而要自立为齐王……"

这时张良和陈平都在刘邦的身旁，他们听到刘邦骂韩信，都偷偷地用脚踢刘邦，并在他耳边低声说："现在我们处境困难，哪有力量来阻止韩信自立为齐王呢？不如因势利导，好好拢住韩信，就封他为齐王。不然，韩信不满，如果投向项羽，对我们可就不利了。"

刘邦听了张良、陈平的提示后，马上醒悟过来。他急中生智，随即改口又骂韩信说："大丈夫平定了诸侯的叛乱，就应当被封为真王。韩信也太没有出息，为什么还要当代理的齐王呢？"

刘邦厚待韩信的使者，为了表示隆重起见，特派张良为代表，去封韩信为齐王。张良向韩信转达了刘邦请他尽快出兵击败项羽的意见。韩信见刘邦这样重视和厚待自己，就越发对刘邦忠诚了。

荥阳解围

项羽在攻下荥阳之后，本来应该乘胜攻取成皋，突破刘邦在巩县、洛阳一带建立的新防线，向函谷关进军，迫使刘邦退守关中。刘邦的势力如果被锁在关内，项羽在收拾关外的反叛势力后，再集中力量进军关内，本来还有可能战胜刘邦。可是项羽的战术是想寻找刘邦进行决战，他认为只要打死或俘虏刘邦，就解决了他与刘邦间的全部问题。所以他听说刘邦在宛县，就没有集中力量再进攻刘邦在巩县、洛阳的防线，反而追踪到宛县，想与刘邦在那里决战。项羽的这种战法，无疑延误了占领荥阳乘胜东进的战机，因而使刘邦喘了一口气，有了巩固新防线的时间。从战术上说，这是刘邦的一大胜利，而项羽却上了刘邦的当。

刘邦在彭城之战失败后，彭越占领的城市又都被项羽夺去。彭越没有随刘邦向西撤退，而仍带领着自己的军队退至巨野泽一带的济水上，在自己的家乡积蓄力量和等待复苏的机会。

当刘邦与项羽在荥阳、成皋一带激战的时候，他趁项羽后方空虚的机会，用游击战的方法，不断袭击项羽的后方运输线，切断他的粮食供应，并乘虚攻下睢阳、外黄等十七座城市，不但影响了项羽前线军队的作战供

应，而且严重威胁着项羽后方的安全。

项羽派项声和薛公率军击彭越，在下邳一战，薛公战败被杀，彭越的力量更加强大，对项羽后方的威胁也更大。项羽感到如不亲自出兵除掉彭越这个心腹之患，就不能集中力量对付刘邦。于是项羽决定留其将终公据守刚刚攻下的成皋，自己率兵东击彭越。

刘邦见项羽的主力被彭越引去，项羽在成皋的守军单薄，就趁机从宛县回师北上，击败了终公，收复了成皋。

项羽的军队击败彭越后，听到刘邦收复成皋的消息，来不及进一步追击彭越，项羽又挥师西进，再次包围了成皋。

在项羽的围攻下，刘邦在成皋不敌，与夏侯婴乘车从成皋的北门逃出，渡过黄河至修武（今河南修武东）。这时韩信和张耳率军伐赵，正在修武一带清除残敌。刘邦逃来后，没有敢暴露自己的身份，先在当地住下。第二天一早，自称是刘邦派来的使者，进入韩信和张耳的军营。这时韩信和张耳还没有起床，刘邦进入他们的卧帐，将其印符夺过来，然后召集众将领前来集合，向他们发布命令。

韩信和张耳以为来的是刘邦的使者，可是等他们起床后仔细一看，才知道是刘邦，他们大吃一惊，不知道是怎么回事。

刘邦只身从成皋逃出，来到韩信和张耳的军营，是想调他们的军队支援成皋的战场。可是他又怕独身一个人来，万一韩信和张耳看到其狼狈相，不听他的命令，不但军队调不成，自己还可能发生危险，所以才冒充使者，先把韩信和张耳指挥军队的印符夺过来，然后才暴露真面目。

其实，韩信和张耳这时羽翼还未丰满，他们还需要依靠刘邦，所以对刘邦突然冒充使者夺了他两人的兵权，并没有反抗的表示。这样刘邦就顺利地夺了他们的兵权，让张耳守赵地，任命韩信为相国，要他在赵国征兵，再去进攻齐国。

刘邦带着韩信、张耳的这支军队，想从修武渡过黄河，去进攻项羽。这时刘邦的卫士郑忠建议，暂勿出兵，坚壁据守，另派奇兵深入项羽的后方，配合彭越，进行骚扰战。

刘邦经过考虑，觉得项羽的主力在成皋一带，率这支军队去进攻项羽军，也未必能取得胜利。于是他听取了郑忠的建议，没有渡黄河，驻守河内郡，以等待战机。

刘邦派卢绾、刘贾率兵二万、骑兵数百，从白马津（今河南滑县）渡过黄河，进入项羽的后方，与彭越的军队联合起来，烧毁项羽的粮仓，切断项羽军的粮道，使项羽前线的军队发生供应困难。他们还在燕县（今河南长垣西）西郊击败了项羽的军队，攻占了十余座城市。

由于彭越、卢绾、刘贾等人在后方的骚扰和破坏，使项羽在前线的军队供应困难。为了稳定后方，支援前线，项羽决定从前线抽出一部分主力军，回师东去，以清理和整顿后方的秩序。

项羽怕从前线抽走一部分主力后，刘邦的军队趁机反攻，丢失已经取得的进展。他临走时，一再嘱咐大司马曹咎说："你留下率军坚守成皋，如果刘邦的军队来挑战，一定不要出击。只要守住成皋，刘邦的军队就不能东进，你就完成了任务。我十五天内，必定会平息彭越等人在后方的骚乱。等我的军队返回来，再与刘邦的军队接战，这点请你切记！"

韩信像

项羽率军东进，先后攻下了彭越占领的陈留、外黄、睢阳等城。外黄坚守了数日才投降，项羽对他们不马上投降感到很愤怒，就令城中十五岁以上的男子都集中到城东，准备把他们全部活埋了以示报复。

外黄县令的舍人，有个儿子才十三岁。他听到项羽要活埋十五岁以上男子的消息，就自告奋勇地去找项羽，劝说项羽不要报复外黄人。他向项羽解释说："彭越强迫外黄人守城，外黄人害怕，才投降了彭越，被迫帮他守城，等待着你来解救他们。现在终于盼着你来了，可你不理解他们的行为，又要报复活埋他们，你这样做，百姓还能拥护和支持你吗？从外黄以东，彭越还占领着十多座城市，你如果活埋了外黄的百姓，他们也会害怕投降后被你活埋，就会拼死据守反抗，你还能攻下这些城市吗？"

项羽听了这个小孩的话，觉得他说得有道理，就改变了活埋外黄人进行报复的做法。结果从外黄开始，彭越所占领的十多座城市，都没有什么反抗就很快被项羽攻下。

彭越和卢绾、刘贾的军队，在项羽的攻势下，被迫退守谷城（今山东肥城西）。这时因为项羽的军队在成皋失利，项羽无暇再追击彭越，只得回兵阳夏（今河南太康），准备返回成皋前线。项羽的军队西撤后，彭越又趁机攻下昌邑附近的二十余座城，继续骚扰项羽的后方，把得到的十余万斛粮食，全部支援了刘邦的前线军队。

彭越这支军队的骨干，是巨野泽的渔民。由于他们平时生活就漂泊不定，所以很善于进行游击战。当敌人的主力逼近时，他们不留恋已占据的城市，很快将力量转入山林水泽中；当敌人的主力离去时，他们又会很快出来攻陷敌人设防薄弱的城市，切断敌人的运输线，迅速发展壮大起来，给敌人很大的威胁。项羽对彭越这支打游击战的军队很头痛，但又无法将其消灭。

刘邦在彭城之战后，从荥阳、成皋的主力防线上说，一直处于被动局面，荥阳和成皋先后被项羽攻占，他也是几次突围成功，才免当俘虏。但是刘邦在侧面和后方的战场上，却一直处于主动的地位。韩信的败赵降燕攻齐，都取得了顺利的进展；彭越在后方的游击战，更给项羽以沉重的打击。这些都减轻了主要战线上的压力，使刘邦在处境困难中得以坚持下来。

特别是彭越在敌后成功的游击战，迫使项羽几次从前线抽调主力部队，返回后方对付彭越。这不但使刘邦前线的军队得到喘息和反攻的机会，而且迫使项羽的主力军往来奔波，疲劳不堪，为刘邦击败项羽的主力创造了条件。

项羽让曹咎谨守成皋，他自己率主力回师进击彭越。刘邦在河东郡驻守的军队，见项羽率主力军回撤，马上渡过黄河，围攻成皋的项羽守军。曹咎一开始还牢记项羽的嘱咐，坚守不战，使刘邦无机可乘。

刘邦为了激怒和引诱曹咎出战，就派人连续辱骂他五六天。曹咎被激怒了，他把项羽的嘱咐放在脑后，决定出击刘邦军，上了刘邦的当。

曹咎率兵出击时，刘邦军主动撤退过汜水。曹咎认为刘邦害怕，就率军渡汜水追击，在渡河中受到刘邦的反击。由于曹咎军无备，来不及组织迎战，结果被刘邦击败。

曹咎原来是秦朝蕲县的狱掾，参加反秦起义后受到项羽的信任，他因为不听项羽的嘱咐，擅自出兵迎敌，结果惨败。他自己觉得对不起项羽，无脸再见项羽，因而与投奔项羽的塞王司马欣，一同在汜水上刎颈而死。

成皋是项羽在前线刚占领的一个重要据点，他掠夺的大批金银财宝，还没有来得及运往彭城，结果又都被刘邦占得。

刘邦击败曹咎时，项羽正在睢阳一带与彭越作战，当他听到成皋失守的消息后，来不及继续追击彭越，就又匆忙率主力返回前线。这时刘邦的军队在占领成皋后，又在乘胜围攻据守荥阳的项羽大将钟离眛。刘邦的军队听说项羽的军队又回来了，大家都很害怕项羽，纷纷退至险要的地方据守，项羽不战而解了钟离眛之围。

成皋是继荥阳之后，项羽经过艰苦的围攻才占领的，第二个军事要地，占领成皋就破坏了刘邦设置的荥阳、成皋防线，迫使刘邦的主力军不得不退守巩县和洛阳，处于更加被动的地位。所以项羽占领成皋，在军事上是一大胜利。他回师时嘱咐曹咎严守成皋，也说明他对成皋这一战略要地的重视。

刘邦攻占成皋，是他从战略防御走向战略进攻的开始，而项羽则从主动进攻被迫转入防御，所以成皋的得失对双方都是一个转折点，刘邦从此在主战场上取得主动的地位，而项羽却开始转向被动。

项羽勇敢善战，所向披靡，可为什么他手下的将领多不是刘邦的对手呢？终公和曹咎的两次失守成皋，都是因为项羽不在。而且项羽在临走时还告诉了他们守城之法，可在刘邦的进攻下，都乱了手脚，不按项羽的嘱咐去守城，都是城破而死，这可能如陈平所说的，与项羽重用的多为亲属和亲信，并不唯才是用有关。终公和曹咎，在守成皋之前均无战功记载，并不是有名的将领，项羽将这样的重任托付给他们，显然就不是量才使用，而是项羽根据个人的好恶做出的主观决定。项羽这样使用将领，当然就愈来愈缺乏独当一面的将才，因而不得不自己率兵到处往来奔命。这也是他失败的一个重要原因。

刘邦再次占领成皋以后，为了控制敖仓的粮食，就驻军敖仓西面靠近黄河的三室山上的广武。项羽解了守荥阳的钟离眜之围后，也驻军荥阳西南，与刘邦在广武的军队相对峙。

这时彭越在项羽的后方又活跃起来，攻城略地，切断项羽的粮食运输线，使他的军队难以再和刘邦持续对峙下去。项羽很想找一个能尽快解决战争的办法，这时想到了在他手中的刘邦的父亲和妻子。

彭城之战后，刘邦的父亲和妻子就成了项羽的俘虏，项羽一直没有处理他们。这时为了尽快结束战争，迫使刘邦投降，项羽就想到了在他们身

上做文章。项羽把刘邦的父亲放在一个很高的肉案子上，派人对刘邦说："你如果不马上投降，我就要把你父亲杀了。"

刘邦从小就与他父亲的关系不好，他父亲经常指责他不务正业。他见项羽以他父亲相威胁，不但没有设法救他父亲，反而不以为然地回答项羽："我和你都受楚怀王之命攻秦，并互相结拜为兄弟，我的父亲也就是你的父亲。你如果想吃你父亲的肉，做好以后希望也能分给我一碗吃。"

项羽听了刘邦对他父亲毫无情义的回答，很愤怒，就想杀了刘邦的父亲作为报复。项伯怕杀了反而加深彼此的仇恨，就劝项羽说："天下到底谁胜谁败，现在还很难断定。争天下的人，都不会顾及家属而舍弃取得天下的志向，所以虽然杀了刘邦的父亲，也不能迫使刘邦让步，反而会增加彼此的仇怨，还是不杀为好。"项羽听从了项伯的劝告，刘邦的父亲才保住了性命。

一计不成，项羽又想出了另一个办法，就是与刘邦进行个人的决斗，以决定双方的成败。他派人向刘邦挑战说："因为我们两个人争天下，造成这几年战乱不休，生灵涂炭。我现在向你挑战，两个人决斗，看谁是胜利者。天下不要再因我们两个人的争雄，百姓跟着受苦受难了。"刘邦听了项羽的挑战，觉得很好笑。项羽是一代勇士，刘邦当然斗不过他，也不会与他进行个人的决斗，就回答项羽："我只和你斗智，不愿和你斗力。"

项羽见刘邦不敢与他进行个人的决斗，就令部下的一个壮士站出来，一再向刘邦的军队谩骂挑战。刘邦有一个射术很高的楼烦（今山西神池一带）骑士，等到项羽的壮士第三次挑战时，刘邦令他射杀了这一壮士。

项羽见自己的壮士被射杀，怒不可遏，亲自披甲持戟，全副武装上阵向刘邦挑战。楼烦骑士见项羽军中又出来一个壮士，他不知道就是项羽，正要向他射箭时，项羽对他怒目而视，楼烦骑士一看，十分害怕，手发抖，眼不敢看，射不出箭来，赶忙跑回军营里，不敢再出来。

楼烦骑士一直很勇敢，刘邦对他的这种反常表现感到很奇怪，就派人打听原因，有认识项羽的对刘邦说，项羽亲自出马来挑战了。刘邦听了也大吃一惊，他亲自到前线阵地一看，果然是项羽。

于是，刘邦和项羽这两个争夺天下数年的死对头，就在广武的前沿阵地进行了对话。

刘邦当面质问和数落了项羽的十大罪状：

第一，我与你都受楚怀王之命，出兵进击暴秦，有约在先，先入关中者王之。你为什么负约，不让我王关中，而王我于蜀汉？

第二，你为什么要假托楚怀王之命，杀了宋义，自己代他为上将？

第三，你救了赵国之后，已完成了楚怀王给你的任务，就应该向楚怀王报告请示，然后再决定下一步的行动，为什么擅自带领诸侯兵入关？

第四，楚怀王有令在先，要反秦起义军入关中后不要暴虐，以争取秦百姓的支持。你为何烧毁了秦宫室，掘了秦始皇墓，把大量钱财据为己有？

第五，秦王子婴已经投降，你为什么还要杀了他？

第六，你为什么在新安用欺骗的办法，活埋了秦的投降将士二十万，反而重用镇压和屠杀反秦起义军的秦降将，分封他们为王？

第七，你的亲信分封的都是好地方，而改封原来的王到坏地方，新的封王驱逐旧的封王，互相不服，这不是要造成混乱吗？

第八，你把义帝驱逐出彭城，自己在那里建都，又夺了韩王的封地，合并了梁、楚的地方，为什么自己独占了这么多的地盘？

第九，义帝是大家拥立的，你为什么偷偷派人在江南把他杀了？

第十，你是义帝的臣，而却杀了主子；敌人已经投降了，你还把他们杀了；你想当霸主，可处理事情不公平；对于制定的盟约，你不守信义。

你的所作所为，不是已经失去天下人的信任了吗？

这是刘邦对项羽总结性的责问。最后得出的结论是他已大逆无道，为天下所不容，所以必然会失败。

刘邦指责完项羽的十大罪过后，才明确回答不与项羽进行个人决斗的原因是："我举义兵与各路诸侯共同反对你，是为民除害，并不是个人之间的仇恨。我指挥这批你看不起的刑犯罪人，就可以打败你，把你杀了。我用不着亲自与你决斗！"

不知项羽是不善于言辞，还是理屈词穷，反正史书上没有记载项羽对刘邦质问的回答。所以两个人在广武军阵前的这番对话，实际上变成了刘邦单方面的指责和质问。

垓下之战

汉王四年（公元前203年）九月，项羽与刘邦订立和约，以鸿沟为界，"中分天下"，项羽解除荥阳之围，率领大军东归。

刘邦也想要按和约引兵西归，经张良、陈平劝谏，决定追击项羽。

汉王五年（公元前202年）十月（汉以十月为岁首），刘邦率大军追赶项王，到达阳夏（今河南太康）南面时，汉军驻扎下来。为对楚军形成围攻的形势，刘邦令齐王韩信、建成侯彭越各自率大军前来，约定日期在楚地会合，组成联军，对楚军发起围攻。

自楚汉战争以来，汉军除刘邦所直接统率的部队外，由韩信所直接统

率的部队破魏、破赵、破代、破齐，刘邦不止一次地抽调韩信部下的精兵到荥阳前线与楚军作战，韩信在楚汉战争中确实发挥了独当一面的重要作用。彭越自归属刘邦之后，在魏地（今河南）独立作战，游击楚军，经常截断楚军向荥阳运送粮食的粮道，在楚汉战争中也发挥了特殊作用。韩信和彭越所直接统率的两支部队，兵员众多，训练有素，战斗力很强，在楚汉战争中曾多次大败楚军，为汉王做出了重大的贡献。

刘邦与韩信、彭越约定的会合地点是固陵（今河南太康南）。当刘邦统率大军到达固陵时，韩信和彭越却按兵不动，没有派大军如期前往固陵。在这种情况下，项羽回师发起攻击，大败汉军，刘邦退入壁垒，深挖沟，高筑垒，对楚军采取守势。固陵战败的事实再次表明：没有韩、彭部队的参战，刘邦只是凭自己所直接统率的部队与项羽直接统率的部队作战，刘邦是敌不过项羽的。

在不利的形势下，刘邦一筹莫展地对张良说："诸侯的军队不听从我的调遣，这该怎么办才好？"

张良回答："楚军兵疲粮尽，眼看就要败亡，而韩信、彭越却没有得到分封的土地。韩信虽被立为齐王，但没有明确为他划归所辖封地的疆界，他们的军队不按期到来是很自然的。君王如果能与他们共同分享天下，现在可以立即把他们招来，如果不能，事情的成败就难以预料了。君王如果能把陈县以东直到海滨的地区全部划归齐王韩信；把睢阳以北至谷城的地区全部划归建成侯彭越，使韩、彭二人为着自身的利益'各自为战'，这样楚军是很容易被打败的。"

刘邦对张良的这个计谋连声叫好，当即派出使者告知韩信、彭越说："合力攻击楚军，楚军破灭后，自陈县以东直抵海滨的土地封给齐王，睢阳以北直到谷城的土地封给彭相国。"

使者到达后，分别向韩信、彭越转告刘邦的旨意，韩、彭二人都说：

"今日进兵击楚。"

韩信率大军从齐地向楚地进发，这时被刘邦封为淮南王的黥布已进入九江。十一月，刘贾率兵南渡淮水，围攻寿春（今安徽寿县），派人向楚国大司马周殷诱降。周殷叛楚，用舒县（今安徽庐江西南）的兵力屠灭了六邑（今安徽六安东北），率领九江的部队迎接黥布，与黥布合兵同行，屠灭城父（今安徽亳州东南城父村）。于是，韩信、彭越、黥布的部队与刘邦所统率的大军全部会合于垓下（今安徽灵壁东南）。

项羽率楚军到达垓下，由于兵少且军粮已经用尽，与汉军交战而不能取胜，不得不退入壁垒之中。此时，刘邦已与各路诸侯会师，汉兵与诸侯兵把垓下楚军重重包围起来。

为瓦解楚军军心，汉军战士于夜间在四面唱起了楚地的歌曲。寂静的夜晚，阵阵楚歌时时传来，由远及近，由近及远，忽高忽低，此起彼伏。歌声把被困在重围之中的楚军将士从困倦和睡梦中唤醒。楚兵们听着那熟悉的家乡歌曲，心想偌大的楚国，众多的楚人，如今怎么竟都变成了刘邦的军队？这四面的楚歌声，不就是从四面的汉军阵地上传出来的吗？

被围困的楚军将士，大都是跟随项羽转战多年，在所向无敌的统帅之下，人人如同猛虎，所向披靡。而如今，又都身陷重围，粮食已尽，自知难以逃生。危难之中，昔日那倍感亲切的楚歌，今夜却是那样地凄凉，令人顿生绝望之念。确切地说，在四周的汉军发起总攻之前，汉军所唱起的楚歌声，把楚军将士以往的勇气和信心即他们的灵魂给摄走了，似乎都变成了六神无主的躯壳。总之，四面的楚歌声从思想上解除了楚军的武装。试想，在这种形势和气氛之下，楚军将士还能够像当年在巨鹿城下那样"无不以一当十""呼声动天"吗？

作为楚军将士最高统帅的项羽，此刻正在军帐中沉默无语。忽然间，他听到壁垒四周传来的楚歌声，大吃一惊，说道："难道楚地已全被汉军

占有了吗？为什么汉军中有这么多的楚人！"在四面楚歌声中，项羽觉得
大势已去。此刻，他感到身边同他感情最深的，一是多年伴随他经历风雨
的美人虞姬，一是多年来供他骑坐的、以"骓"命名的骏马。酒酣之后，
项羽起身慷慨悲歌，自己作诗吟唱道：

> 力拔山兮气盖世，
>
> 时不利兮骓不逝。
>
> 骓不逝兮可奈何，
>
> 虞兮虞兮奈若何！

这首歌词的大意，是说自己是力大无比、气吞山河的盖世英雄，然而
由于天时不利，连战马也不肯向前奔腾了。既然战马已经不肯向前奔腾，
这可怎么办呢？虞姬啊，虞姬啊，我把你可怎么安置啊？

项羽把这首自作的歌词反复吟唱数遍，虞美人也含痛附和着伴唱。项
羽这位一向出生入死的英雄，也不禁"泣下数行"。军帐中的左右侍臣，
历来只见过项羽指挥千军万马，叱咤风云，哪里见到过统帅慷慨悲歌，泣
下数行。面对着这种场面，那些视死如归的壮年汉子，也不禁泣不成声，
不能抬起头来再看统帅一眼。

在后人流传和编写的这段故事中，当项羽在慷慨悲歌之时，虞美人在
军帐中为项羽舞剑抒情，向项羽做最后的诀别，并自刎于项羽的面前。项
羽心中明白虞美人自刎身亡的一片深情厚意，是为了不给自己的突围增加
包袱，是提示自己应当立即冲出重围，不可再于帐中延误片刻。虞美人的
行为，似乎给项羽以无穷的力量，使他重新振作起来，就在虞美人自刎的
当天深夜，项羽带领部下的壮士和骑兵八百余人冲出汉军的重重包围，向
南方飞驰逃去。直到第二天天亮，汉军才发现项羽已逃出重围。刘邦得知

项羽竟能从重重包围中逃走，大为惊讶，立即令骑兵将领灌婴率五千名骑兵紧追不舍。

项羽带领随从骑兵飞速急驰，天明后已渡过淮河，汉军的骑兵哪里能追赶得上？不过，跟随项羽的战马飞速奔逃的，此时只剩下一百余名骑兵，其余的都掉队了。项羽逃至阴陵（今安徽定远西北），这里远离垓下已有三百里的路程。慌忙之中，项羽迷失了道路，便向路旁田野中的一位老翁问路。这位老翁可能是因为项羽杀害义帝对他怀恨在心，便欺骗项羽说："往左走。"项羽向左奔走，结果陷入了一片沼泽之中。待项羽的百余名骑兵从沼泽中挣扎出来的时候，灌婴所率领的五千名汉军骑兵已经赶到。项羽又带领随从骑兵向东逃走，他座下的"骓"四蹄飞奔，尘土四起，到达东城（今安徽定远东南）时，只剩下二十八名骑兵了，而后面追赶上来的汉军骑兵却有数千人。

能随同项羽一同奔驰的二十八名骑兵，他们的战马虽说比不上"骓"，但也堪称是高头大马，被骑士们勒住缰绳后仍长声嘶鸣，前蹄刨土，还想向前方奔去；而马上的二十八名骑士，个个稳坐于马上，手持长戟，上身笔直，面色铁青，一个个犹如铜铁铸成的塑像。总之，这二十八名骑士和二十八匹战马，是从项羽的千军万马中所熔炼出来的精华。虽说是在危亡关头，却个个精神抖擞，是项羽大军的军魂所在。此时此刻，这二十八名骑兵，在精神上依然保持着无敌的神威。

项羽回首望去，见汉军骑兵遮天盖地般追来，尘埃四起。他考虑到一味奔逃已不是出路，便下令跟随的骑兵停了下来，对二十八位骑兵说道："诸位兄弟，我起兵至今已有八年了。八年之中，我身经七十余次战斗，凡是敢于抵挡的，无不被我击破，凡是被我攻击的，无不被我降服，从未曾有过败阵，这才称霸于天下。然而今天却被围困在这里，这是上天要灭亡我，并非是作战上有什么过错。今日要决一生死，为诸君痛快地战上一

场，定要接连三胜敌人，为诸君表演溃围（突破包围）、斩将（斩杀敌将）、刈旗（砍断敌军旗帜），令诸君知道是上天要灭亡我，并非是作战上有什么过错。"

于是，项羽把二十八名骑兵分为四队，向四个方向冲杀。当时，汉军骑兵已将项羽等人重重包围，项羽对他的骑兵们说："看我为你们斩杀他们的一将！"说完，令四队骑兵四向冲击，并约定到山的东边分三处集合。于是，项羽大吼一声，呼喊着乘战马急驰而下。项羽的兵马所到之处，汉军无不溃散，斩杀了一员汉军将领。当时，汉军的赤泉侯杨喜担任骑兵将领，奉命追赶项羽。临近项羽时，项羽怒目而视，大声呵叱，把杨喜的人马吓得退避到数里之外。项羽与骑士们在山东面的三处会合，汉军弄不清项羽在哪一处，就兵分三路把骑士们重新重重包围起来。项羽再次奔驰而下，又斩杀汉军一名都尉，杀死百十个敌兵。当项羽把骑士再度聚拢在一处时，仅损失两名骑兵而已。项羽向骑士们问道："怎么样？"

"正像大王所说的那样。"骑士们都佩服地回答。

当年的历史画面向人们展现出：在数千名汉军骑兵的重重包围之中，项羽同他的二十八名骑兵，依然是无敌的！

项羽的溃围、斩将、刈旗，使他和二十八名随从骑兵，除损失二人外，已经冲出了汉军的重重包围。于是，项羽一行人马飞速地来到了乌江（今安徽和县东北的一段长江边上。项羽想渡长江，回到他起兵的江东（即长江南岸）。而乌江亭长此时正把一只小船停靠在岸边，等待着项羽的到来。亭长对项羽说："江东虽说狭小，但也地方千里，民众数十万人，足以称王于天下，愿大王急速渡江。大江之上，现在只有我这只小船，汉军赶到后，也无法渡江。"

面对着长江的滚滚流水，项羽眼前再次浮现出八年前率领八千名江东子弟兵渡江反秦的雄伟场面，那是何等壮烈！而如今，这八千名子弟兵都已捐躯沙场，无一生还，这如何向江东父老交待？想到这里，英雄一世的项羽毅然地打消了想要"东渡乌江"的念头，笑着对乌江亭长说："天要灭我，我还渡江做什么！况且我项羽当年率领八千名江东子弟渡江北上，如今无一人生还。纵使江东的父老们怜爱我，拥戴我为王，我还有什么脸面去见他们？纵使他们不说我什么，我项羽难道不有愧于心吗？"

项羽略微停顿了一下，抑制住自己激动的情绪，改换了另一种语调和表情，对亭长说道："我知道您是位长者，我骑这匹战马已有五年，所向无敌，曾经一日行走千里，不忍心杀掉它，就送给您吧。"

项羽把战马送给乌江亭长后，令骑士全部下马步行，持短兵器同敌兵交战。项羽把"骓"送给亭长，与汉骑兵步战，表明他已不再想冲出重围。在千军万马的重重包围中，项羽的神威有一半是借助他这匹骏马；否则，他怎能冲出重围？当然，项羽在步战中也是无敌的。下马步战，"独籍所杀汉军数百人，项王亦身被十余创"。看来，他无论如何也逃不出重围了。这时，项羽回头看见了他的旧日相识、现任汉军骑司马的吕马童，说道："你莫非就是我的熟人吗？"吕马童面对项羽，指示给王翳说道："这就是项王。"

项羽对吕马童说："我听说汉军悬赏千金买我的人头，封邑万户，今日我就给你们一些恩德吧。"

说完，项羽自刎而死。

项羽自刎而死，王翳割取项羽人头，其余的骑兵互相践踏争夺项羽的肢体，相互残杀而死的骑兵有数十人。结果，郎中骑杨喜、骑司马吕马童、郎中吕胜及杨武等四人，各得项羽一肢体。五人把所得头颅、四肢合在一起，正是项羽的尸体。因此，刘邦把封地分为五份，封吕马童为中水（今河北献县西北）侯，封王翳为杜衍（今河南南阳西南）侯，封杨喜为赤泉（今河南淅川西南）侯，封杨武为吴防（今河南遂平）侯，封吕胜为涅阳侯。

项羽死后，楚地全部向汉军投降，唯鲁地（今山东曲阜）不降。刘邦率大军想要屠城，兵至曲阜城下，还可听到城中的弦歌诵读之声，认为鲁人坚守礼义，为君主死节，便拿出项羽的人头令鲁人观看。鲁地父老见项羽已死，这才投降汉军。当初，楚怀王曾始封项羽为鲁公。项羽死后，鲁地最后投降，因而按照鲁公封号应享有的礼义，将项羽安葬在谷城（今山东曲阜西北的小谷城）。

刘邦为项羽发丧，洒泪而去。项羽这位历史人物和他的形象，给后人的启迪和影响是多方面的，既有沉痛的教训，也有激动人心的启示。

称帝建制

第六章

定陶登基

汉五年（公元前202年）十二月底，刘邦率领他的谋臣战将离开尚未打扫的战场，向北进发。大路旁、田野中，到处是楚军丢弃的辎重、粮草，还有那些横七竖八的尸体。时值隆冬，北国寒风怒吼、雪花飘拂，但驱车行进在淮北战场上的刘邦却是热血澎湃，思绪万千。

刘邦知道，经过七年血战的洗礼，他已经是全天下的主人了。当年在咸阳街头仰望秦始皇作威作福的那个小小的亭长，如今正大踏步走向龙椅——人间至尊的象征符号。

不过，刘邦并未得意忘形，称帝之前，他还有些事情要做。

首先是兵权问题，这是至关重要的。没有兵权的政权，则形同儿戏。而兵权的问题，实际上就是韩信的问题，因为迄今为止，韩信手中拥有的兵权比谁都大。

韩信驻兵定陶，刘邦就前往定陶。他故伎重演，突然出现在韩信的大帐中。韩信慌忙迎驾，仓促之间，刘邦顺手拿掉了他的兵符。

刘邦要韩信择日返齐。仗打完了，韩信应当回到自己的封地。

韩信点头称是，他只能这样。刘邦既是他感激的对象，又是他畏惧的对象。没有刘邦就不会有他的今天，他始终记着这一点，而知恩图报是他做人的一大原则。不过，刘邦又有点可怕，对待臣下常常神出鬼没。像韩信打仗，凭韩信的力量，足以横扫千军，摆平西楚霸王项羽，

而刘邦一旦出现在他面前，这种力量便自动消失了，刘邦说什么是什么，韩信只能照办。

韩信正欲动身返齐，刘邦又下一道令，改封韩信为楚王，理由是韩信是楚人，楚地由楚人来治理，比较合适。韩信没说什么，仍然听命。

齐地连城七十，地广人众，且有渔盐之利，自古以来就是东方大国，韩信为齐王，刘邦自然不放心。相反，淮北地瘠民贫，四面又无险可守，由韩信经营其地，即使他日后反叛，也比较容易对付。刘邦这一着，可谓十分高明，不管韩信想没想到刘邦真正的目的所在，他都必须前往楚地。

韩信黯然启程，心里不大高兴，却也只能自己安慰自己：称王故乡也不坏。

到楚都下邳，韩信派人寻来了两个老相识：漂母和王二，并对前者赠以千金。所谓得人滴水之恩，当涌泉相报。漂母认出了当年的潦倒少年，自是老泪纵横，欢喜无状。王二却吓得屁滚尿流：我的妈呀，这可不得了，昔日的胯下之辈，如今竟高坐王位！他叩头叩得山响，只求韩信免他一死。如果韩信允许的话，他宁愿钻韩信的胯！但话到嘴边没能说出口，他担心自己不配，楚王的胯岂是他王二能钻的？

韩信不杀王二，反而封王二做了个小官。臣僚不解，韩信解释说，是王二教他学会了什么叫作忍。王二亦复欢喜无状，从此四处宣讲楚王的宽大胸怀。

韩信在自己的封地待了个把月，又接到刘邦诏令，匆匆返回定陶。

在项羽自刎、天下诸侯纷纷归降刘邦的时候，唯有临江王共敖不降，刘邦派卢绾、刘贾攻击并俘虏了临江王共敖。

正月，刘邦在剥夺韩信的军权之后，对韩信仍不放心，不愿他领有齐国的大片封地。因为齐地东面临海，无后顾之忧。为防止韩信在齐地发展成为割据势力，西向同他争夺天下，刘邦在剥夺韩信兵权后，随即更立韩

信为楚王，令他称王于淮北地区，都于下邳，封地比在齐国的封地大大缩小了。

同月，刘邦向全国发布命令："天下连年战乱，已有八载，万民百姓深受战争苦难，如今天下大事已毕，大放天下死罪以下的囚犯。"

刘邦与项羽争夺天下，其目的是人所共知的。当项羽自刎，全国基本平定，特别是刘邦向天下发布大赦令后，诸侯王们马上意识到，如今天下已经平定，大赦令已经颁布，刘邦是准备即皇帝之位了。如不及早地尊刘邦为皇帝，在名号上与刘邦并列为诸侯王，日后还会有自己的好日子过吗？于是，为确保自身的安危和既得利益，楚王韩信、韩王信、淮南王英布、梁王彭越、故衡山王吴芮、赵王张敖、燕王臧荼等七位诸侯王联名向刘邦上疏说："陛下，先时秦施暴政于民，天下群起而诛灭暴秦。大王最先攻入关中，接受秦王子婴投降，安定关中，于天下各路诸侯中功劳最高。大王存亡国，继绝世，定危救败，功劳盛大，恩德厚重。又施加恩惠于诸侯王中的有功之人，使其得立社稷。如今各诸侯王的封地已经划定，但位号与大王相比拟，没有上下的分别，致使大王的昭著功德，不能宣明于后世，故冒死再拜上皇帝尊号。"

刘邦做皇帝梦已有多年，如今天下已定，当然希望早一天即皇帝之位。然而当诸侯王请他"上皇帝尊号"时，他却故意谦让一番。刘邦说："寡人听说皇帝的名号只有贤德的人才可享有，空有皇帝的名号而没有贤德之实，就不该称皇帝，寡人不敢接受皇帝的名号。诸侯王都推举寡人，这将要把寡人置于何处？"

"大王起身于平民，诛灭暴秦，威名震动海内。又以偏僻之地，自汉中起兵，行威德于天下，诛灭不义，立有功之人为王侯。如今已平定海内，功臣都已受到封地食邑，并不以为私有。大王恩德施加于四海，诸侯王的名号已不足以称道了，居帝位甚是名副其实，愿大王以皇帝名号临幸

天下。"诸侯王及众将领再次申明理由。

刘邦还想推辞，群臣干脆跪请不起，大殿中黑压压跪了一片。这景象使刘邦极其满意，他抑制住兴奋，对群臣说道："诸位一定让我称帝，那么，为了国家的利益，我就听从大家的议定吧。"

二月初三，刘邦在汜水北岸的一个土台上举行了登基大典。

大典上，刘邦即皇帝位于汜水之阳，尊王后吕雉为皇后，太子刘盈为皇太子，追尊已故母亲为昭灵夫人。

刘邦于沛县起兵的八年之后，终于当上了皇帝。刘邦即皇帝位于汜水之阳，它标志汉帝国已经正式建立。继秦王朝之后，中国历史上又出现了一个新兴的统一王朝——汉王朝。

大封功臣

刘邦还定三秦后，以栎阳为都。待他即皇帝位于汜水之阳，随即车驾前往洛阳，以洛阳为国都，于汉高帝五年（公元前202年）五月，在洛阳下令官兵复员返乡，发布诏书，安定天下。同时在洛阳南宫设酒宴庆祝汉帝国的建立，席间发表高论，论张良、萧何、韩信是辅佐他夺取天下的三位"人杰"。

这天，刘邦设宴南宫，召群臣共饮，群臣频频举杯，气氛非常融洽。博士叔孙通一再提醒刘邦注意形象，意思是让他板起面孔，不苟言笑，但刘邦向来不拘小节，哪能受得许多约束。酒至半酣，他心血来潮，让大家给他提意见，必须说真话，不能说假话。群臣你瞧我，我瞧你，没人站出来，包括像樊哙这样的提意见专家。群臣不提意见，倒不是怕刘邦降罪，而是担心刘邦骂人。刘邦骂人，总是骂得你狗血淋头。举座之中，大约只有张良没挨过骂。张良的情况不同，他是帝王师，刘邦向来以先生事之。学生骂老师，那就太不像话。

百官不开口，刘邦不乐意了。他要搞群言堂，而不是一言堂。百官不提意见，似乎是怕他，他又想骂人了，不是骂某一个，而是骂全体，那也就包括张良。张良可不愿自己的一世清名一朝受损，于是推了推恰好站在他身旁的王陵说："你去说几句吧，你是陛下的老乡，又救过太上皇，即使说错了，陛下也不会怪你。"

王陵就站了出来，另一个叫高起的将军也站出来。两人时常一块儿打仗，现在又一块儿向高祖提意见，准备要挨骂也一块儿挨骂。

王陵、高起向刘邦说道："陛下某些方面不如项羽。比如陛下平日待人，常常粗傲欠礼，而项羽就不是这样……"

说到这儿，两人顿了顿，察看刘邦的脸色。刘邦好像无异色，也不加鼓励。两人连忙来一个转折词：不过……

"不过，"两人说，"陛下派人攻城夺地，每取一城，即作为封赏，能与天下共利，所以人人都愿意为陛下做事。项羽妒贤嫉能，有功者害之，贤者疑之，战胜了不给记功，大家得到土地也不给分利，这种人，不失掉天下才怪呢！"

项羽被说成"这种人"，刘邦脸上才有了笑意。他对二人笑道："你们只知其一，不知其二。我与项羽不同，主要表现在用人上。运筹帷幄之中，决胜千里之外，我不如张良；镇国家，供粮饷，我不如萧何；统百万之众，战无不胜，攻无不克，我不如韩信。此三人乃当世奇才，我能任用他们，所以能取得天下。而项羽，只有一个范增，还不能听从他的计谋，

不被我打败才怪哩。"

刘邦一通高论，群臣心悦诚服，三呼万岁，又一齐喝酒。大家把赞赏的目光转向张良，因为张良被高祖列为三大奇才之首，还因为张良不居功自傲，刘邦要他自择齐地三万户，他拒绝了，只受了个小小的留侯，食邑不到三千户。

张良不居功，不等于群臣不居功。张良的举动，有一种说法叫作功成身退，但知道这种说法或理解这个词的人并不多。

群臣吵吵嚷嚷，都说自己的功劳大。武将说武将不得了，文臣说文臣不得了，武将和文臣之间发生了严重分歧，各自推出自己的代表，上朝之时，请刘邦裁决。武将推出曹参，文臣推出萧何，让这两个比试比试，看谁的功劳当居第一。

曹参和萧何被推了出来，彼此笑笑，都有点儿难看。他们是二十年的老朋友，此刻各自代表一个利益集团，不得不摆出对手的架式。曹参当众展示身上的伤痕，大大小小七十多处，每一处都令人感慨万千，每一处都让人联想到刀光剑影。萧何却没什么好展示的，他身上找不出一个伤疤，脸上还堆着肥肉，表明他在后方一直吃得不错：搞后勤嘛，顺手捞点儿，可以理解。萧何脸红了，和出生入死的曹参相比，他觉得自己真的无功可言。

这时，一个叫鄂千秋的辩士站出来，诉说萧何的功绩：萧何怎样理政，怎样保证前方需要的辎重，如何制定法度，等等。鄂千秋竭力表明，没受过一处伤的萧何功在受过七十多处伤的曹参之上。

鄂千秋属文臣集团，文臣为文臣说话，不足为怪。武将们仍在展示着伤疤，樊哙、灌婴、夏侯婴、王陵、高起等人纷纷撩起衣衫，专司礼仪的叔孙通气得面皮发青。

高坐龙椅的刘邦一声大喝，乱哄哄的大殿才安静下来，许多人又忙着系衣带……

刘邦生气了，肯定又要骂人。骂谁呢？骂文臣还是武将？

百官全都屏气敛息。

但这次刘邦没骂人，他打了一个比方，把萧何比作猎人，把曹参比作猎狗。他说，猎狗总是跑在前面，看起来比猎人更为辛苦，却不能因此就说，猎狗比猎人功劳大。

对武将们来说，刘邦的这个比方，比骂人的话更不好听。他们推出的代表曹参竟然被说成一条狗，这意味着他们全都是狗，是一个狗集团，被猎人集团呼来呼去，指向哪儿他们就冲向哪儿。

武将们一个个脸色难看，却没人敢站出来，声称他不是一条狗。

刘邦裁决的结果是：萧何功居第一，封酂侯，食邑八千户，文臣集团欢声雷动。

武将们尽管丧气，但刘邦待他们并不差，就封侯的数量而言，武将仍比文臣多，万户侯就有好几个。而微妙的是，曹参被定为功居第二，但食邑超过萧何两千六百户。这意味着什么呢？武将们沮丧之后，又纷纷窃喜。

最终的结果是：两个集团的人皆大欢皆。不言而喻，这是刘邦搞的平衡战略。

汉高帝六年（公元前201年），高帝在分封异姓诸侯王之后，又封赏萧何等二十余名大臣为列侯。然而，跟随刘邦南征北战的功臣甚多。这些人因一时尚未正式得到封赏，日夜争功不休，使得刘邦也颇为此事着急。一日，刘邦在洛阳南宫的天桥上下望，看见许多将领三五成群地坐在沙地上议论。见此情景，刘邦心中也猜到了几分。他向身旁的张良问道："他们在那里都说什么？"

"陛下还不知道吗？这是在那里图谋造反呢？"张良有意把问题说得

严重些，以提醒皇帝注意。

"天下刚刚安定，为什么又要造反？"刘邦有些困惑不解。

"陛下以平民的身份起兵反秦，靠这些人取得天下。如今陛下贵为天子，而所封赏的都是陛下所亲近的萧何、曹参这些老朋友，而所诛杀的都是平生仇人。如今军吏按功行赏，担心天下的土地不足以分封给所有的功臣。这些人都害怕陛下不能封赏所有的功臣，又担心怀疑到往日的过失而诛杀自己，所以聚集在一块儿商量如何谋反呢。"

刘邦根本没有像张良说的那样想要借故杀害功臣，但张良却说得那样地合情入理，使得刘邦不无忧虑地说："这该怎么办才好？"

"陛下平生所怨恨而又被群臣所共知的，以谁最被陛下所切齿？"张良问道。

"雍齿与我有旧怨，他曾多次侮辱我，我早就想杀他，因为他功多，所以不忍心。"

"今天如果首先封赏雍齿给群臣们看，群臣见雍齿都受到封赏，便会人人都相信自己肯定能受到封赏了。"

于是，刘邦按照张良所出的主意，设酒宴招待群臣，封雍齿为什方侯，并急速催促丞相、御史论功行赏。群臣在宴会结束后都高兴地说："雍齿尚且受封为侯，我们这些人放心了。"

刘邦深知打天下的艰难，哪里会想到坐天下又会有这么多的麻烦，这里，张良的谋划对于前期汉朝的稳定起着无法估量的作用。

长安建制

洛阳是周公在周朝建国之初所建立的"东都"，周平王东迁后即都于洛阳。汉高帝于洛阳发布五月诏书，设酒宴招待群臣，庆祝胜利，表明他想要把汉帝国定都于洛阳。这时，是一位身穿羊皮袄的戍卒娄敬，以其高见改变了汉高帝原来的设想。

娄敬是齐国人，汉高帝五年，他应征到陇西郡去戍守边境，途中经过洛阳，汉高帝此时正在洛阳南宫。娄敬下车后，身穿羊皮袄，面见虞将军，说："臣想要面见圣上，谈点有利于国家的事。"

虞将军见他穿着羊皮袄，便要给他换身新衣服去面见圣上，娄敬谢绝说："臣现在若是身穿丝绸，那就穿着丝绸去拜见，若是身穿麻布短衣，那就穿着短衣去拜见，不敢临时改换衣服。"

于是，虞将军入内向汉高帝汇报，高帝召见娄敬，以饭食赏赐娄敬。用餐过后，汉高帝问娄敬有何高见，娄敬说："陛下以洛阳为都，是想要同周王室一比隆盛吗？""是的。"高帝答。

"陛下取天下与周王室有所不同，周的始祖后稷，被尧封于邰，积德累善，传有十余代。到公刘时为躲避夏桀，迁移到邠地。到太王古公亶父时，又因为戎狄逼迫的缘故，离开豳地，赶着牲畜马匹，迁往周原，部族的人都争相跟随他同行。等到太王的孙子姬昌做了殷王朝的西伯，因圆满地解决了虞、芮两国的争端，才承受了上天之命，当时的贤人吕望、伯夷

都从遥远的海滨前来归附他。待周武王兴兵讨伐殷纣王，到达孟津时，不待相约而前来同武王会师的，有八百诸侯。诸侯们都说：'是讨伐殷王的时候了。'于是，举兵灭掉了殷王朝。

"周成王时，周公等人辅佐天子，于是营建成周于洛阳，以为洛阳是天下的中心，各路诸侯从四面八方来洛阳向周王室纳贡述职，所走的路程大抵都均等，有德行的君主在这里是容易称王天下的，没有德行的君主在这里却很容易亡国。凡是定都于洛阳的，都是想使令后世用德政招揽远方的人民，而不是想凭借艰难险阻、令后世骄奢淫逸来欺压百姓。当周朝兴盛的时候，天下和平，四方外族都向往周天子，仰慕他的道义，怀念他的恩德，都心悦诚服地归附并事奉周天子，而不用在边境上驻守一兵一卒，四面八方的诸侯无不顺服，向周天子纳贡。待到周天子衰弱之后，京畿分裂成西周君和东周君两个小国，天下再也没有谁来朝见他们，再也不能驾驭四方诸侯了。这并非是周王室缺少德行，而是形势变化的必然结果。

"今陛下起兵于沛县丰邑，收集士卒三千人，率领他们一直向西方进军，席卷蜀郡、汉中，平定三秦，与项羽交战于荥阳，争夺成皋的险要隘口，经过七十次大的战役、四十次小的战役，使令天下人民肝脑涂地，父子暴骨于中原，因战乱而死者不可胜数，至今仍哭泣之声未绝，伤残者尚不能行走，而要同西周的成王、康王的盛世一比兴隆，臣暗地里以为是不可行的。

"况且关中秦地靠着华山，面临黄河，四方都有险要可以固守，以为天然屏障。如果突然发生紧急情况，上百万的军队可立即动员起来。就着秦国原有的基础，凭借着富饶的土地，这就是人们所说的天府之国啊。陛下入关中定都，纵使山东发生变乱，秦国的故地可以无虞。譬如与人搏斗，不卡住他的咽喉，只是捶他的脊背，是不能完全取胜的。今陛下如果入函谷关定都于关中，据有秦国的故地，这也是如同卡住天下的咽喉而又捶打它的脊背呢。"

汉高帝面对这位身穿羊皮袄的戍卒，听他侃侃而谈，句句在理，不由得肃然起敬。娄敬的一席话，又把汉高帝引回到他曾向往的关中。

不过，定都毕竟是国之大事，他本人又一度想都于洛阳，因此便就定都一事征求群臣的意见。高帝手下的群臣都是出身于山东六国的人，当然愿以洛阳为都，离家乡近些。因此，他们争相诉说周天子以洛阳为都，享国数百年；秦定都关中，却二世即亡。以洛阳为都会有利于国家。

汉高帝听了群臣的意见，一时又举棋不定，便在朝廷上交付群臣进行讨论。这些出身于山东六国的大臣们都说："洛阳东有成皋，西有崤山、黾池之水，背靠黄河，面向伊河、洛河，其坚固也足以凭借。"

留侯张良反驳说："洛阳虽有这些险阻，但中心地区狭小，不过方圆数百里，土地瘠薄，四面受敌，并非是用武力可以固守的都城。而关中左有崤山和函谷关，右有陇山和蜀郡的岷山，沃野千里，南面有富饶的巴、蜀二郡，北面胡地有畜牧养马上的便利，依靠西、南、北三面的险阻以为固守，只有东方一面来控制诸侯。天下无事的时候，通过黄河、渭河转运来的粮食，要上供给京都，如果诸侯反叛，可沿黄河顺流而下，河道足以转运军队和粮食，这正是所说的'金城千里，天府之国'啊！娄敬的说法是对的。"

汉高帝听了娄敬的意见，已倾向于定都关中，张良驳斥群臣的一番道理，强调是地理形势与国家的安危，是对娄敬见解的升华，这就容不得汉高帝再有半点犹豫了。

以从谏如流而著称的汉高帝，在听完张良的意见后，当日便下令起驾动身，西进关中。

西汉王朝定都于关中，便以娄敬和张良的建议被汉高帝采纳而成为事实。对于西汉王朝来说，这无疑是一个正确的抉择。

　　定都一事既已确定，汉高帝说："最初建议定都于秦地的是娄敬，'娄'就是'刘'嘛。"于是赐娄敬改姓为刘，任命他为郎中，号为奉春君。

　　汉高帝于五年五月自洛阳启程返回关中，六月壬辰日，于都城栎阳发布大赦天下的诏令。七月，燕王臧荼反叛，汉高帝率兵亲征。九月，俘虏臧荼，立太尉长安侯卢绾为燕王。闰九月，营建新都长安，修建长乐宫。

　　汉高帝选定位于渭水南岸的原秦朝兴乐宫故地作为汉帝国新都的基地，取名长安。它位于今陕西省西安城西北约十公里处的渭水南岸的南高北低的台地上，城市平面大体上近似方形。汉高帝五年闰九月营建的长乐宫和汉高帝六年营建的未央宫，是都城长安城内最主要的两个宫殿区。长乐宫在都城南半部分的东侧，未央宫在都城南半部分的西侧，这两个宫殿面积便占据了主城面积的三分之一。

　　未央宫除前殿外，还有十几组宫殿。前殿的前面为广庭，左右和后方建有殿堂，四周另有宫墙围绕。有东西掖庭宫，北有后宫十四区。诸多小宫犹如众星拱月，以陪衬主要宫宇的气势。西掖庭的西面为园林，有沧池、渐台（水中台）。未央宫北部建有天禄、石渠二阁，收藏典籍。未央宫东门对着长乐宫的西门，门外建有东阙；未央宫北门外建有北阙。未央宫与长乐宫之间相距一里，中间隔有武库。

　　在长乐宫、未央宫营建期间，栎阳仍是帝国的都城。

　　汉高帝七年冬十月，长乐宫经过一年的紧张施工，终于建成。汉高帝在这里接受诸侯王、群臣对他的朝贺。朝贺时，群臣按叔孙通制定的礼仪，"以次奉贺""竞朝置酒，无敢喧哗失礼者"。长乐宫从此正式启用。

　　同年二月，汉高帝车驾再次来到长安，当时由丞相萧何主持营建的未央宫已经落成。高帝见未央宫壮丽豪奢，生气地对萧何说："天下动乱，战乱连年，百姓疾苦，成败尚未可知，为什么将宫室修造得如此豪华过度？"

"正因为天下尚未安定，才可以趁此机会营建宫室。况且天子以四海为家，宫室如不壮丽则不足以显示天子的威严，而且令后世宫室的建筑规模不得超过它。"

听萧何这样说，汉高帝转怒为喜。

未央宫既已落成，汉高帝于七年二月由栎阳正式迁都于长安。

未央宫落成，汉高帝在前殿举行盛大宴会，会见诸侯、群臣。宴会开始后，高帝手捧玉杯，起身向太上皇敬酒祝寿，说道："当初父亲大人常常说儿臣没有出息，不能治产业，不如二哥有能力，如今我在事业上的成就，同二哥相比谁多？"

群臣见汉高帝这样高兴地开玩笑，在殿上都高呼万岁，大笑着。

汉帝国制度建设的主持人是相国萧何，协助萧何做这项工作的还有张良、韩信、张苍、叔孙通等人。不过，从全局做出总体规划的决策人则是帝国皇帝刘邦。刘邦高瞻远瞩，在汉帝国制度建设中做出了历史性的贡献。

汉高帝令叔孙通制定朝仪一事，还需从他手下的这些功臣说起。高帝平定天下后，废除秦朝的苛法和烦琐的礼仪规则，力求简便易行。在汉高帝论功封赏期间，群臣饮酒争功，酒醉后有的狂呼乱喊，有的甚至拔剑击柱，高帝拿这些出身低微、战功颇多的武夫也没有办法，很是以此为忧。这一切，有一个人看在眼里，此人便是秦博士叔孙通。

叔孙通以诸生的身份在秦二世面前称陈胜、吴广起义不过是鸡鸣狗盗之徒，不足为虑，使秦二世大为高兴，拜他为博士。不久，叔孙通为避难连夜逃出咸阳，曾投奔项梁、怀帝、项羽，刘邦率五路诸侯攻入彭城时，他归降刘邦。

刘邦厌恶儒生服装，叔孙通改穿楚人式样的短衣，刘邦一看很高兴。跟随叔孙通投降刘邦的，有儒生子弟百余人，然而叔孙通一个也不向刘邦推荐，只是推荐那些强盗出身的壮士。弟子们都私下骂道："事奉先生好几年了，幸而得以随从投降汉王，如今却不向汉王推荐我们，专门推荐那些强盗，这成什么话？"

叔孙通得知后，对他的弟子们说："汉王正冒着矢石争夺天下，因此先推荐那些能冲锋陷阵的壮士。诸位暂且忍耐一下，我不会忘记你们的。"

叔孙通降汉后，被刘邦拜为博士，号稷嗣君。此刻，他见群臣因论功封赏而饮酒争功，酒醉后失态失礼，而高帝对此又愈发讨厌，便向高帝说："那些儒生，很难靠他们去夺取天下，难与进取；但却可以用他们来治理国家，可与守成。臣愿征召鲁地的诸生，与臣的子弟一道制定朝会的礼仪。"

"不会很烦琐吧？"汉高帝问。

"王帝的乐制不相同，三王的礼制也相互有很大的区别。礼制，本是根据时事和人情的变化而有所删节的增饰。因此，夏、商、周三代礼制的继承和删节、增饰，这是可以得知的，这说明古今的礼制并不相重复。臣愿采纳古礼并同秦朝的礼仪相结合，来制定新的朝仪。"叔孙通回答。

"那就试着制定吧，一定要让人易于明白，要考虑到我能做得到的去制定。"汉高帝指示说。

于是，叔孙通出使鲁地，征召三十余名诸生。鲁地有两名诸生不肯西行，说道："您所事奉的君主先后多达十人，都是靠阿谀奉承来得到宠幸和显贵。如今天下刚定，死去的人还没有来得及下葬，伤残的人尚未能起身行走，又想要制礼作乐。礼乐的产生，要积累上百年的德政，然后才能兴起。我不忍心做您所要做的事。您所要做的事不合于古道，我们不能

去。您去吧，不要玷污我们！"

叔孙通听了这两个儒生的议论，笑着说："你们真是鄙陋的儒生，不懂得时事的变化。"

叔孙通带领从鲁地征召的三十名儒生，取道西行，到达都城栎阳。然后会同皇帝左右文雅一点的近臣和随从他的子弟，共有一百余人，来到野外拉起绳索代表宫室处所，树立茅草表示君臣尊卑的位次，演习朝会的礼仪。演习了一个多月，叔孙通向皇帝汇报说："皇上可以去观看排练了。"汉高帝前往野外观看儒生表演朝仪，观看完毕后说道："我能做到这些。"于是，下令群臣演习朝会礼仪，准备参加十月岁首的盛大朝会。汉高帝七年，长乐宫落成，诸侯、群臣郡参加十月朝会。按照叔孙通制定的朝仪，天亮之前，由掌管传达的谒者主持典礼，引导参加朝会的诸侯、大臣依次进入殿门。廷中排列着战车、骑兵、步兵和侍卫官员，配备武器，树立旗帜，然后传令："趋。"与会的诸侯、大臣们按次序快步登上殿堂，殿下有郎中在台阶两旁侍立，台阶上共站有几百名郎中。功臣、列侯、众将军、军官按次序排列在殿上的西面，面向东方；文官丞相以下的官员按次序排列在殿上的东面，面向西方。

诸侯、群臣都已登上殿堂，由掌管交际礼仪的大行令设置九个傧相，从上向下传令，这时皇帝乘坐辇车出房，众官员举旗传呼警戒，由傧相引导诸侯王以下至俸禄六百石级的官吏，按次序朝拜皇帝。在官员们依次逐一朝拜皇帝期间，自诸侯王以下的百官，无不因这一等级森严的拜见仪式而肃然无声。朝见皇帝的典礼完毕，盛大的宴会正式开始。为体现皇帝的尊严，凡是陪坐在殿上的官员都俯伏着，低垂着头，不准抬头东张西望，更不准交头接耳或大声喧哗，按官位高低的次序起立向皇帝敬酒祝福。斟酒九次，谒者便宣"罢酒"，宴会至此结束。

在整个朝会和宴会过程中，没有敢于大声喧哗而违反礼仪的。于是，

汉高帝高兴地说：“我今天才了解做皇帝的尊贵了。”

于是任命叔孙通为太常，掌管宗庙礼仪，位列朝廷的“九卿”之一，赏赐给他黄金五百斤。

叔孙通趁皇帝高兴的时候进言说：“诸位弟子、儒生跟随臣已是很久了，与臣一同制定朝仪，愿陛下授予他们官职。”

汉高帝任命他们一律为郎官。叔孙通出宫后，把皇帝赏赐给自己的五百斤黄金都分赐给儒生。当年曾抱怨过叔孙通的众儒生们，这时都说：“叔孙先生真是圣人啊，懂得当代的时事和重要事务。”

汉高帝九年，汉高帝调任叔孙通为太子太傅，辅佐皇太子刘盈。汉高帝逝去，刘盈即皇帝位，是为孝惠皇帝。汉惠帝对叔孙先生说：“先帝的陵园和寝庙，其他官员都不熟悉。”于是又把叔孙通调任太常职务，令他制定宗庙的礼仪制度。汉朝初年所制定的各项礼仪制度，都是由叔孙通任太常一职时所制定。

西汉王朝建国之初的国家各项制度建设，是在丞相萧何的领导之下进行的。早在立国之前，萧何以丞相的身份留守关中，“侍太子，治栎阳。为法令约束，立宗庙、社稷、宫室、县邑，辄奏上，可许以从事；即不及奏上，辄以便宜施行，上来以闻”。可见，早在楚汉战争期间，萧何便为西汉王朝国家制度的建设做了大量细致的工作，其中也包括法律制度的建设。

在萧何为汉帝国制定各项制度时，他首先参照秦王朝的各项制度，并结合汉王朝的实际，制定了汉王朝的各项制度。萧何在跟随刘邦率先进入秦都咸阳时，“收秦丞相、御史律令、图书藏之”。这批秦帝国的档案文献资料，对于汉帝国的制度建设起了重要的参考作用，史称“汉承秦制”，是说汉王朝基本上是承继秦王朝的各项制度，从而制定了汉王朝的各项制度的。

萧何像

汉王朝的法律制度建设，也不例外。刘邦率义军进入关中，为解除秦朝苛法给人民带来的巨大灾难，同时也为争取民心，发布了约法三章，即"杀人者死，伤人及盗抵罪"。然而，接之而来的是楚汉战争，战乱不已，加之三章之法对于维护社会秩序来说，又不足以有效地达到"御奸"的作用，于是制定新的法律，特别是刑法和民事法规，便被提到议事日程上来。而主持制定汉王朝法律的相国萧何，正是以秦法为基础，取其适合于汉王朝实际情况的部分，制定了汉律九章，这就是《汉书·刑法志》所记载的如下一段概括："汉兴，高祖初入关，约法三章曰：'杀人者死，伤人及盗抵罪。'蠲削烦苛，百姓大悦。其后四夷未附，兵革未息，三章之法不足以御奸，于是相国萧何借鉴秦法，取其宜于时者，作律九章。"

这段记载表明，萧何是在秦法的基础上删减、增补而制定汉律的。所谓汉律九章，即是在战国初年李悝为魏国所制定的《法经》六篇的基础上又增加了《户律》《兴律》《厩律》三章，合为九章。《汉律九章》的条文并没有流传下来。为对汉律九章有个大致的了解，不能不从《法经》六篇谈起。

据《晋书·刑法志》的记载，李悝参考当时各国的法律，撰写了《法经》六篇。李悝认为：社会秩序遭到破坏，在一般情况下主要是来自社会上的凶杀和偷盗活动，因而将《盗法》与《贼法》两篇列于《法经》之首。《盗法》讲的是对盗的惩治，是有关惩处盗窃犯罪的法律条文；《贼

法》讲的是对贼的惩治，是有关惩处杀人及伤人犯罪的法律条文。"王者之政莫急于盗贼，故其律始于《盗》《贼》"。然而"盗贼需劾捕，故著《囚》《捕》二篇"。也就是说，为逮捕和审讯盗窃和杀人及伤人的罪犯，又著有《捕法》，讲的是捕亡，是有关逮捕刑事罪犯的条文；而《囚法》，讲的是断狱，是有关审讯刑事罪犯的法律条文。《法经》的第五篇是《杂律》，讲的对"轻狡、越城、博戏、借假、不廉、淫侈、逾制"等犯罪的处罚，是对有关轻狂犯法、偷越城墙、赌博、欺诈、贪污贿赂、荒淫奢侈、所用器物超越身份等级上的规定等几种违法行为的惩治。第六篇《具法》讲的是根据具体情况依法加重或减轻刑罚的某些具体规定。

《法经》六篇的内容表明，它是一部刑法法典，讲的是对刑事犯罪的惩治。正因为它是一部法典，所以具有一定的稳定性。商鞅在秦国变法，改法为律，《法经》六篇被沿袭下来。湖北云梦出土的秦国法律文书表明，秦国后期的刑法和刑事诉讼法不仅是《法经》六篇的继续和发展，而且远远地超出了商鞅《秦律》的内容，见于云梦秦律的律名就有《捕盗律》等三十二种律目，而这三十二种律目还不能说是秦律的全部。

萧何的《汉律九章》，其中《盗律》《贼律》《囚律》《捕律》《杂律》《具律》，律名是自《法经》以来就有的，其具体条文当然是在秦律的基础上拟定的。至于新增加的三章，其具体情况是：

《户律》是有关户籍、赋税和婚姻方面的法律条文。在云梦秦律中，不仅有诸多关于户籍、赋税、婚姻方面的法律条文，而且附有魏国的《户律》法律条文。可见，汉律九章中的《户律》，是上述秦魏等国《户律》的继续和发展。

《兴律》是有关征发徭役、城防守备方面的法律条文。在云梦秦律中，有《徭律》《傅律》《戍律》。汉律九章中的《兴律》无疑是秦律中上述有关法律、法规的继续和发展。

《厩律》是关于牛马畜牧和驿传之事等有关的法律条文。在云梦秦律中，有《厩苑律》《牛羊课》《传食律》《行书》。汉律九章中的《厩律》是秦律中上述有关法律、法规的继续和发展。

总之，萧何为《汉律九章》所增加的《户律》《兴律》《厩律》，其贡献在于它吸取了秦律中有关法律、法规的成果，结合汉王朝的实际情况，把秦律中诸多有关的法律、法规合并为若干章，并使之更加系统化、规范化，并与秦律的六章相并列，这对汉代乃至于此后中国封建时代法律制度的建设，是有很大影响的，是中国法制发展史上的一个里程碑。

《汉律九章》早已失传，今天能见到的只是一些史籍和居延等地出土的汉简中有些记载。所以，云梦出土的秦国法律文书成了我们借以了解《汉律九章》内容的重要参考资料。

需要指出的是，汉初的废除秦朝苛法是逐步进行的。直到汉惠帝四年才废除秦朝的《挟书律》，"除三族罪、妖言令"是在高后元年。这一事实说明，萧何在制定《汉律九章》时是以秦律为蓝本并经他本人修改增订而成的。

待到汉武帝时期，张汤制定《越宫律》二十七篇，赵禹作《朝律》六篇，连同萧何的《九章律》和叔孙通的《傍章》《朝仪》十八篇，共计六十篇。这六十篇法律文书，大体上奠定了汉律的规模。而萧何的《九章律》与叔孙通、张汤、赵禹所制的法律的不同之处，在于前者是法典式的法律文献，因而在西汉的法律体系中占有非常重要的地位。

韩信在楚汉战争期间是汉军的统兵大将，汉高帝称他"连百万之众，战必胜，攻必取"，与张良、萧何并列为三位"人杰"之一，在楚汉战争中发挥了举足轻重的作用。看他平定三秦前夕他在汉王面对时局的分析以及平定三秦作战方针的确定，他的确是一位非凡的战略家。他率兵于临晋

东渡黄河后，一路虏魏王、破代、破赵、攻占齐地，参加垓下会战，无不马到成功，在井陉口和潍水两大战役中，出色地大败赵兵、楚军，可见他具有不凡的军事指挥天才。韩信又治军有方，凡招收上来的士卒，经他短时期的训练和作战实践，很快便成为战斗力甚强的精锐部队。刘邦在楚汉战争的艰难岁月中曾多次征调韩信部下的精兵，但韩信总是能够在精兵被征调之后，很快地再培训出归自己直接统率的精锐部队。

正因为韩信具有不凡的军事才能，汉帝国建立后，汉高帝命他与张良一道整理、编次各家兵法。据记载，当时收集到的各家兵法共有一百八十二家，经过韩信的"删取要用，定著三十五家"。然而，经过韩信编次删定的三十五家兵法，在诸吕专权时期被"盗取"。《汉书·艺文志》载兵书五十三家，七百九十篇，图四十三卷，并且说："汉兴，张良、韩信序次兵法，凡百八十二家，删取要用，定著三十五家。诸吕用事时而盗取之。武帝时，军政杨仆捃摭遗逸，纪奏兵录，犹未能备。至于孝成，命任宏论次兵书为四种。"《艺文志》的记载表明，经张良、韩信所"序次""删取"的兵法三十五家，虽经诸吕的"盗取"，汉武帝时毕竟经杨仆的收拾亡轶而有所恢复，最后在汉成帝时由任宏"论次"为兵书四种。可见，张良、韩信的序次兵法对古代兵法的整理和流传，做出了一定贡献。

张苍是阳武人，喜好诗书、历法和算术，秦王朝时在朝廷中担任御史职务，主管收录天下蛔方文书的工作。后来因犯罪而逃归家乡。刘邦起兵后，攻城略地时路经阳武县，张苍以宾客的身份随从攻打南阳。张苍犯法，依法论为死罪。当他被脱掉上衣伏在砧板上时，只见他身材宽大，又肥又白，像一个葫芦瓜。统兵将领王陵见状很是惊异，认为他是个美男子，与众不同，便劝说刘邦饶了他。于是，张苍随从沛公西入武关，到达咸阳。刘邦被立为汉王并还定三秦后，陈余击走常山王陈耳，张耳归

附刘邦，刘邦任命张苍为常山郡郡守。张苍随烈韩信攻击赵军，张苍俘虏了陈余。赵地被平定后，刘邦任命张苍为赵王的相国，守备边境，防止敌寇入侵。不久，刘邦又改任张苍为赵王张耳的相国。张耳死后，儿子张敖继任赵王，张苍仍任赵相，后改任代国相国。汉高帝五年七月，燕王臧荼反叛，高帝率兵亲征，张苍以代相的身份随从攻燕，立有战功。汉高帝六年，封张苍为北平侯，食邑千户。

不久，张苍升任"计相"，主管朝廷的财政收支。一个月后，又以列侯的身份任"主计"四年。当时，萧何担任汉帝国的相国职务，而张苍由于在秦朝担任过柱下史官职，很熟悉天下的图书典籍、统计报表；又懂得算术、音律、历法，故而使令张苍以列侯身份，负责管理各郡县及诸侯王国呈报给朝廷的财政收支统计、图表等各项事宜。在担任计相、主计期间，张苍在萧何领导下，主持为西汉王朝制定章程的各项工作。所谓章程，"章"是指历法、算术的"章数"，"程"是指"法式"，即有关权、衡、尺、斗、斛等度量衡的统一法式，制作度量衡的标准器，为汉帝国统一度量衡做了大量的工作。

汉帝国的建国初年，汉高帝所面临的问题很多，诸如安定社会秩序、恢复社会经济、封赏功臣、平定异姓诸侯王的叛乱、抵御匈奴入侵，确实是千头万绪，很少有闲暇。即使在这种情况下，汉高帝丝毫也没有忽视帝国制度的建设。为汉王朝的长治久安，他想得很远。在天下平定后，汉高帝"命萧何次律令，韩信申军法，张苍定章程，叔孙通制礼仪"，在诸侯叛乱、"日不暇给"的情况下，终于使汉王朝的各项制度建设初具规模，称得上是"规模弘远"，为汉王朝的长治久安从制度上初步地奠定了基础。

异姓诸侯

第七章

平定燕王

刘邦联合异姓诸侯王的势力，打败了项羽。在刘邦即皇帝位前夕，被刘邦所立的诸侯王以及归附于刘邦的原诸侯王已有七人。这七人联名上疏请刘邦即皇帝位，其实质是想使自己的诸侯王地位受到刘邦的正式确认，这也是各诸侯王为确保自身的利益和安危而不得不采取的行动。这七位诸侯王是：

楚王韩信。韩信在垓下会战前夕已被刘邦正式立为齐王。汉王五年十二月项羽自刎而死。正月，韩信便被更立为楚王，称王于淮北地区，都于下邳，封地比在齐国的土地大大的缩小了。

淮南王英布。汉王四年七月，立英布为淮南王，称王于九江、卢江、衡山、豫章等郡，都于六。

梁王彭越。汉王五年正月，封彭越为梁王，称王于魏国故地，都于定陶。

韩王信。汉王二年立韩信为韩王。汉高帝五年春，与韩信剖符立据，封他为韩王，称王于颍川郡，都于阳翟。

原衡山王吴芮。衡山王吴芮系项羽所割。汉高祖称帝不久，以吴芮率百粤兵诛暴秦有大功，徙为长沙王，都于临湘。

赵王张敖。张敖为张耳之子，项羽分封诸侯时立张耳为常山王。汉王三年，立张耳为赵王。汉高帝五年，张耳死，张敖嗣立为赵王。

原燕王臧荼。臧荼原为燕将，因从楚军救赵，又随项羽入关，被项羽封为燕王，称王于燕地，都于蓟。

韩信等七位诸侯王既然联名上疏尊汉王刘邦为皇帝，刘邦于汜水之阳即位后，立即以皇帝的身份确认韩信等人与汉帝国皇帝的臣属关系，正式承认他们为汉帝国的诸侯王。

以上异姓诸侯王在反秦及楚汉战争中立有大功，并且拥有很强的实力，刘邦即位后也只得承认这种既成事实，正式确认或分封他们为诸侯王。上述诸侯王中，韩信、英布、彭越等人都有很高的军事指挥才能，在楚汉战争中独当一面，功勋卓著；刘邦手下的将领如曹参等人，在军事才能上都比不上韩信、英布、彭越等人。这些人拥有大片的封地，手中握有精兵，汉高帝怎能安心？为巩固汉帝国政权和刘氏王朝的长治久安，汉高帝于建国后逐一铲除异姓诸侯王势力；而异姓诸侯王也相继反叛朝廷，这是无法避免的。

在异姓诸侯王中，最先起兵反叛的是燕王臧荼。燕王臧荼本是项羽所封，楚汉战争期间，韩信于井陉口大破赵军，威震河北。韩信听从李左车的计谋，派使者前往燕国劝降。燕王臧荼因害怕而归属刘邦。刘邦即皇帝位，封臧荼称王于燕地如故。

汉高帝五年七月，臧荼起兵反叛，汉高帝率大军亲征，太尉、长安侯卢绾随从击燕。九月，臧荼兵败被俘虏，燕地被平定，汉高帝立卢绾为燕王。

燕王臧荼叛乱刚定，又发生了颍川侯利几的叛乱。利几原是项羽部下的将领，项羽兵败时，他任陈县县令。利几没有跟随项羽，而是投向刘邦，于是汉高帝封利为颍川侯。汉高帝五年秋，高帝来到洛阳，召见在籍的全部诸侯，利几心里畏恐，因而举兵反叛。汉高帝亲自率兵攻击，利几兵败逃走，叛乱被平定。

斩杀韩王

　　韩王韩信本是韩襄王的庶孙,反秦战争时,刘邦率兵进攻阳城,使令张良以韩国司徒的身份攻占原韩国领地,收得韩信,任命他为韩国将军,统率韩军跟随刘邦进入武关。

　　刘邦被立为汉王,韩信(不是楚王韩信)汉王入汉中,并对汉王说:"项王封各诸将为王,他都离家乡很近,而唯独大王远居此处偏僻之地,这是降职呢!大王的士卒都来自山东,日夜盼望着返回家乡。趁着士卒们年轻力壮、锐气正盛的时候向东进军,可以争夺天下。"汉王还定三秦后,许诺立韩信为韩王,先任命他为韩国太尉,率兵攻占韩国故地。项羽分封韩成为韩王,可是不许他到封国称王,更封为穰侯又随即杀死韩成。项羽闻知汉王派韩信攻占韩地,便立郑昌为韩王,抵拒汉军。在韩信的攻击下,郑昌投降,汉王立韩信为韩王,韩信经常随从汉王与楚军作战。汉三年(公元前204年),韩王信、周苛等人守荥阳,被楚军击败,韩王信降楚。不久,韩信逃亡,又归附汉王,汉王再次立他为韩王,随从汉军击败项羽。汉高帝五年,剖符封韩信为韩王,称王于颍川郡。

　　汉高帝六年春,高帝认为韩王信有雄才武略,封地北面紧靠巩县、洛阳,南面逼近宛县、叶县,东面是淮阳,是天下驻扎强兵的战略要地。为防止韩王信日后称雄,便诏令韩王信迁徙到太原郡以北,防御胡人入侵,以晋阳为都。韩王信请求以马邑为都,得到汉高帝的准许。

同年秋天，匈奴首领冒顿单于率大军重重包围韩王信，韩王信多次派使者到匈奴那里求和。当汉高帝派兵救援韩王信时，对韩王信多次派使者去匈奴有所怀疑，认为他对汉帝国怀有二心，派人指责韩王信。韩信于是与匈奴约定共同进攻汉朝，举兵叛变，率领马邑的兵马投降匈奴，攻太原郡，抵达晋阳。

汉高帝七年冬，高帝率大军亲自出征，在铜鞮大败韩信的军队，部将王喜被斩杀，韩王信逃亡到匈奴那里。

汉高帝十一年春，韩王信与匈奴的骑兵一道入侵并进驻参合抵拒汉军。汉朝派将军柴武率兵攻击，柴武写信给韩信说："陛下宽厚仁慈，诸侯虽有叛变逃亡的，只要能够回归，无不立即恢复原来的爵位和名号，从不诛杀。这些都是大王所知道的，如今大王因兵败逃亡到胡人那里，这不算是有什么大罪，望能急速地自动回来！"

韩王信自知难以得到汉高帝的原谅，便回报说："陛下提拔我，从平民百姓到南面称孤为王，这是我的幸运。荥阳大战时，我不能以身殉职，成为项羽的俘虏，这是第一条罪状。待到敌寇进攻马邑，我不能坚守城池，率众投降，这是第二条罪状。如今反而为敌寇统率军队，与将军交战，这是第三条罪状。春秋时期越国大夫文种和范蠡为越国立有大功，没有一条罪状，却非死即逃。我对陛下有三条罪状，却想要活在世上，这就是伍子胥在吴国遭受诛杀的原因啊。如今我逃亡藏身于山谷之间，早晚乞食于蛮夷。我思念归乡的心情，犹如瘫痪的人不忘起身行走一样，然而形势不允许啊！"

于是，韩信率兵与柴武交战于参合，被柴将军击败斩首。柴武为汉高帝消除了又一隐患。

诛灭韩信

再说韩信的遭遇。

汉高帝五年十二月，项羽兵败而自刎。汉王还，至定陶驰入齐王韩信壁垒，剥夺了韩信的兵权。正月，汉王更立韩信为楚王，称王于淮北，都于下邳。

项羽部下的名将钟离昧，家住在伊庐，向来与韩信友好。项羽死后，钟离昧逃亡到韩信处藏身。汉高帝要抓钟离昧，得知他在楚国，诏令楚国逮捕钟离昧。

汉高帝六年，有人上书告发韩信谋反。高帝询问各位将领，各位将领都说："急速发兵攻杀算了。"

高帝闻听后默然。又询问陈平，陈平推辞说："将领们都是怎么说的？"高帝把将领们说过的话向陈平复述一遍。陈平问道："有人上书告发韩信谋反，这件事还有别人知道吗？"

"没有。"

"韩信本人知道吗？"

"不知道。"

"陛下的精兵比得过楚国吗？"

"不能超过它。"

"陛下将领用兵的才能，有超得过韩信的吗？"

"没有。"

"如今陛下的兵不如楚国精良，而将领的才能又不及韩信，如果发兵攻打他，这是迫使他起兵反叛，我为陛下这样做感到危险。"

"那该怎么办呢？"高帝急切地问。

"古代时天子到地方上巡视，往往要会见诸侯。南方有个云梦沼泽，陛下只说是巡游云梦，在陈县会见诸侯。陈县是楚国的西部边界，韩信闻知天子怀着和平愿望出游，势必会认为安然无事而到郊外迎接拜见陛下，陛下可乘机将他擒拿，这时只需要一个大力士就可以了。"汉高帝认为陈平说得很对，便派使者遍告各位诸侯："我将南游云梦。"

当汉高帝将要到达楚国时，韩信感到事情有些奇怪。起想兵反叛，又考虑自己没有什么罪过；想要拜见皇上，又担心自己会被擒拿，一时犹豫不决。有人向韩信说："如果杀了钟离眛去朝见皇上，皇上一定会欢喜，那就不会有什么祸患了。"

韩信去见钟离眛，同他商议这件事。钟离眛从韩信的言谈话语中，终于懂得了他的来意，韩信是想借自己的人头作为拜见皇帝的见面礼，只是不好意思明说罢了。这使钟离眛良既感到意外，也很是气愤，说道："汉王之所以不敢攻取楚国，是因为我在您这里；如果想捉拿我去讨好汉王，那么，我今日死，您也会紧跟着没命了。"于是骂韩信道："您不是老实人。"最终自杀而死。

韩信提着钟离眛的人头，到陈县拜见汉高帝。汉高帝令武士将韩信捆绑起来，装在后面的副车上。韩信说道："果真像人们所说的那样：'狡兔死，走狗烹；飞鸟尽，良弓藏；敌国破，谋臣亡。'如今天下已经平定，我当然要遭到烹杀！"汉高帝说："有人告发你谋反。"于是给韩信戴上刑具，装在车队后面的副车里，取道返回洛阳。

从陈县至洛阳，有数天的路程。一路之上，韩信思前想后，后悔当初

没有听武涉、蒯通的话，今天果真落得个这样可悲的下场。在副车中，这位曾指挥千军万马、战无不胜的帝国功臣，如今无辜地沦为皇帝的囚徒，使得他不由不想起一年多前在齐国的一段往事。

那是在汉王四年十一月，韩信在齐国潍水大败楚将龙且与齐王田广的联军，龙且被杀，田广被虏，齐地全部被平定，汉王不得不立韩信为齐王。

项羽失去了龙且这位能征惯战的大将，十分恐惧，派盱台人武涉前往齐国劝说韩信。武涉向韩信说："天下人苦于秦朝的暴政，已是很久了，因而各路诸侯同心协力地反秦。如今秦已灭亡，按功劳的大小分割土地，封为王侯，以此来使士卒得以休息。如今汉王又兴兵东进，侵占他人分封到的土地，现在已经破三秦，率兵出关，收集诸侯的军队向东方进军，攻打楚国。汉王的意图是不吞并天下决不罢休，他的贪得无厌竟达到这样地步！况且汉王这个人不能令人信赖，他曾多次落入项王的手掌之中，项王可怜他而给他留条活命；然而一旦逃脱后，他便立即违背盟约，再次攻击项王。汉王的不可信赖竟然如此，这都是您目睹过的事实。现在您虽然自以为与汉王的交情很好，尽力为他用兵作战，但最终还是要被他所擒拿的。您之所以活到今天，是因为项王尚存的缘故，他不得不借用您的力量来对付项王。当今汉、项二王的成败，关键在于您：您向西依附，汉王就会取得胜利；向东依附，项王就会取得胜利。项王如果今天被灭亡，接着便会是擒拿您。您与项王有老交情，为什么不反叛汉王而与楚国讲和、三分天下而独立称王呢？现在放弃这个良机，决心投靠汉王来攻打楚国，作为一个聪明的人会做出这样的选择吗？"

韩信向武涉辞谢说："我事奉项王，官位不过是个郎中，职务不过是持戟的卫士，进言不被听用，计策不被采纳，所以我背楚归汉。汉王授予我上将军大印，给予我数万人马，解下自己的衣服给我穿，分出自己的食

物给我用，言听而计从，所以我才到了今日地位。汉王如此地亲近我，相信我，我背叛他天理难容，即使是一死，我也不能变心。望您代我感谢项王。"

武涉离去后，齐国有个名叫蒯通的智术之士，知道天下局势的关键在于韩信，想要用奇谋妙策来说动他，便以给人看相为名来劝说韩信道："我曾跟名师学习过给人看相的方法。"

"先生怎样给人看相？"韩信问。

"人的贵与贱在于骨法，忧与喜在于气色，成与败在于决断，用这三个方面相互参照，万无一失。"

"好。请先生看看我的相怎样？"

"望退走左右的人。"

左右的人都退下去了。

蒯通见左右的人已退下，便开口说道："相看您的面，不过是封侯；相看您的背，却是贵不可言。"

韩信听蒯通说自己的相貌贵不可言，心中非常高兴，便急切地问道："这是什么意思？"

蒯通见韩信急切地向自己询问，这才切入正题说："天下刚刚反秦的时候，各路的英雄建号称王。一声呼唤，天下的志士云聚，像鱼鳞那样密集相从，如同火花迸发四射，狂风从八面聚起。当这个时候，忧患在于灭亡秦朝而已。如今楚汉相争，使天下无辜的百姓肝胆涂地，父子暴骨于中原，不可胜数。楚人起兵于彭城，转战各地，乘胜

汉朝铜马及牵马人

追击，至于荥阳，乘着有利的形势，势如卷席，威名震动天下。然而，楚兵困于京、索之间，迫近成皋以西的山地而受阻不能前进，至今已有三年了。汉王统率十万军队，抵距于巩、洛，以山河为险阻，一日之中交战多次，未能取得尺寸的成功，屡遭挫败而不能自救，兵败于荥阳，负伤于成皋，于是败走于宛、叶之间，这正是交战双方智勇俱困的形势。锐气受挫于关塞险要，粮食竭尽于内府之中，百姓疲惫至极，人心动荡，无所依赖。

据我料想，这种形势如不是天下的圣人贤者，便不能平息这天下的祸乱。当今两位君主的命运都悬在您的手里，您助汉则汉胜，助楚则楚胜。我甘愿诚心向您敬献愚计，担心的是您不能采用啊。如果真能听用我的计策，不如让双方都不受到损害，使他们同时存在下去，三分天下，鼎足而立。在这种形势下，谁也不敢首先动手。以你的贤能圣德，又拥有众多的甲兵，占据着齐地，迫使燕、赵二国服从自己，顺应着百姓的愿望，向西制止楚汉相争，为天下百姓请命，天下百姓必定闻风而奔走相告，群起响应，谁敢不服！然后分割大国，削弱强国，用来分封诸侯。诸侯既已树立，天下服从而听命，归功德于齐国。据有齐国的故地，占有胶河、泗水，用恩德来安抚诸侯，谦恭有礼，这样，天下的君王就会相继朝拜于齐国了。我听说'上天所赐予的，如果不取来受用，反而会遭到惩罚；时机到来了，如果不采取行动，反而会遭受祸殃'。愿您能深思熟虑这一问题。"

韩信听罢，对蒯通说："汉王待我很优厚，把他自己的车给我乘坐，把自己的衣服给我穿，将自己的食物给我享用。我听说：乘坐别人的车就要替人家承担患难，穿戴别人的衣服就要替人家分担忧愁，食用别人的饭食就要为人家的事业而死，难道可以为图谋私利而背弃道义吗？"

蒯通见韩信被汉王的小恩小惠所迷惑，便进一步劝解说："您自以

为要报答汉王，想要建立万世不朽的功业，我以为这就错了。当常山王张耳、成安君陈余还是平民百姓的时候，原为生死之交。后来因为张黡陈泽的事发生分歧，二人结下怨仇。常山王反叛项羽，捧着项婴的头逃跑，归附于汉王。汉王借给常山王兵力令他与韩信一道向东进攻，终于将成安君陈余杀死在泜水之南，使陈余头与脚分家，为天下人所耻笑。这两个人当初是天下最要好的朋友，然而最终却彼此仇杀，这是什么原因？祸患就在于贪欲多并且人心隔肚皮啊。如今您想要以忠信深交于汉王，但必定不能赶上张耳、陈余当初的交情深厚吧。而所涉及的事情和利害却要比张黡、陈泽大得多。您认为汉王不会危害于您，那就错了。大夫文种、范蠡使濒临危亡的越国得以保存下来，越王勾践因此而称霸于诸侯。功成名就之后，二人不是被杀，就是逃亡他乡。这就是所说的野兽既已被打尽，猎狗就要被烹食了。从交友来说，您与汉王比不上张耳与陈余；从忠信来说，您与汉王比不上大夫文种、范蠡对越王勾践的一片赤诚之心。这两个人的下场，足可以供您借鉴的了。愿您能深思熟虑这一问题。

况且，我听说勇敢和谋略使君主感到震惊的，则自身危险；功劳冠于天下的，则无法封赏。请允许我谈一谈大王的功绩和谋略：您东渡黄河，俘虏魏王，生擒夏说，率兵攻下井陉口要塞，诛杀成安君陈余，攻占赵国土地，威胁燕国，平定齐地，在潍水击溃楚国的二十万大军，东面杀死楚国大将龙且，西面向汉王报捷。功劳之大，天下没有第二个人能比得上您；而谋略之高，当世没有第二个人能超出您。如今您拥有令君主感到震惊的威势，持有无法对您进行封赏的功劳，归附于楚，楚人不敢相信；归附于汉，汉人感到震恐，您想要持有这样的威势与功劳到哪里去安身呢？您处于臣子的地位拥有使君主震动的威势，名声高于天下所有的人，我为您而感到危险啊。"

蒯通的这番议论，使韩信感到阵阵心寒，觉得一时无法表态，便向蒯通辞谢说："先生暂且不要再讲下去了，我会考虑这件事情。"

蒯通深知韩信在军事上英勇果断，但在人事上却优柔寡断，知道他很难在这个问题上下定决心。几天过后，蒯通又向韩信进言，催促他当机立断，切莫错过良机。蒯通说："善于听取意见，可以得知事物的征兆；能够计谋思考，可以把握事物的时机。不善于听取意见和计谋思考而又能长久安然无事，那是很少见的。善于听取意见而很少失误的人，难以用闲言碎语去惑乱他；善于计谋而不本末倒置的人，难以用花言巧语去扰乱他。甘心为他人做养马差事的人，就会失去取得君权的机会；留恋微薄俸禄的人，必然得不到卿相的职位。所以说智者在于能够决断，而犹豫不决则是事情的祸害。在细小的事情上用尽心思，就会在大事上有所遗失。智慧足以洞察事物，但决定了又不敢果断地去实行，这就是祸害根源。所以说，猛虎的犹豫，不如黄蜂、蝎子的敢于放刺；骏马的踟蹰，不如劣马的慢步行走；勇士孟贲的犹豫，不如庸夫的必定要达到自己的目标。虽然有舜、禹那样的聪明，但是闭口不言，不如聋哑人的手势比画。这些都是说贵在采取行动。功业都是难于有成而易于失败，时机总是难于得到而易于失去。时机失去了就不会再来，愿您仔细地考虑这一问题。"

可是韩信仍不忍心背叛汉王，又以为自己的功劳很多，汉王终究不会夺去他的齐国，于是谢绝了蒯通。蒯通见自己的计谋不被采纳，为了日后免受祸患，便装疯而离去。

不久，韩信率大军参加了垓下会战。然而项羽一死，他便被剥夺兵权，并被迁徙为楚王。但是，这仍未能使韩信醒悟，仍幻想提着钟离昧的人头去面见皇帝，便会安然无事。直到成了囚徒，韩信才想起了武涉、蒯通在一年多前对他的劝告，然而此刻已是为时已晚了。

汉高帝回到洛阳，由于没有查出韩信谋反的证据，便赦免了他，封他为淮阴侯。

直到这时，韩信才知道汉高帝妒贤，于是常常借口身体有病而不肯参加朝见和侍从。从此之后，韩信日夜怨恨，平时总是居于家中，闷闷不乐，以与周勃、灌婴等人并列于侯而感到羞耻。一日韩信路过樊将军家门，进去拜访樊哙。樊哙用跪拜的礼节迎来送往，口称："大王竟肯光临臣下的家门！"韩信对樊哙这句话很敏感，以为是在嘲笑他。出了樊哙的家门，韩信自言自语地道："我竟与樊哙这等人为伍！"

在都城，汉高帝曾同韩信闲谈各位将领才能的高低，认为各有短长。汉高帝问韩信："你看我能带多少兵作战？""陛下不过能带十万。""那你呢？""我是越多越好，多多益善啊！""多多益善，为什么还被我擒拿？""陛下不善于带兵，却善于驾驭将领，这就是我韩信被陛下擒拿的缘故。况且，陛下的才能是上天所赐予，不是人力所能做到的。"

在京城居住期间，韩信曾受命于张良一道序次各家兵书。然而，韩信最终还是难逃被诛杀的命运，这与刘邦的妻子吕氏有关。

韩信由楚王被降为淮阴侯，被留在京城中，闷闷不乐，遂生了谋反的念头，只是一时找不到机会。陈豨被任命为巨鹿郡郡守，赴任前拜访韩信，韩信与陈豨密谋，由陈豨在边境起兵造反，自己在京城做内应。

汉高帝十年，陈豨果然在边境举兵反叛。汉高帝亲统大军前往河北平叛，韩信借口有病没有陪同前去。此时，韩信已没有直接统率的部队，汉高帝知道他待在京城里不开心，因而对他的不肯前往也没有在意。汉高帝离开京城，韩信暗中派人前往陈豨那里，对他说："您只管起兵，我在京城里协助您。"于是韩信与家臣谋划，准备在夜里假传诏书，赦免各官府的刑徒和奴隶，抢夺府库中的兵器，并发给他们，然后袭击吕后、太子，占据京城。布署完毕后，等待陈豨的回报到来时便马上采取行动。这时，一个家臣得罪了韩信，韩信把他囚禁起来，想要杀死他。家臣的弟弟得知后，便向吕后密告韩信准备谋反的情况。吕后想把韩信召到宫中，趁机将他逮捕，但又考虑到韩信万一不肯就范，岂不是打草惊蛇？吕后与相国萧何商量对策，派人假装从皇上那里回来，说是陈豨已被捉住处死，列侯群臣都要到宫中去朝贺。为使韩信能入宫朝贺，由萧何亲自到韩信家中，对他说："您虽然报恙，还是勉强入宫去朝贺一下吧。"

韩信是萧何荐举给汉王刘邦的，他逃走后又是萧何连夜把他追赶回来，拜为统兵大将，对自己有恩，这次不能不给恩人一点面子。韩信万万没有想到：自己一入宫，吕后便下令武士将他捆绑起来，立即斩杀在长乐宫中悬挂乐器的"钟室"中。行刑前，韩信说道："我后悔当初没有采纳蒯通的计策，如今竟被小小的女子所欺骗，这难道不是天意吗？"之后，韩信被诛杀三族。汉高帝从征讨陈豨的前线回到长安，见到韩信已死，又是高兴又是怜惜，问吕后道："韩信临死前有什么话说吗？"

"他说后悔没有采纳蒯通的计策。"吕后答。

"那是齐国的一名能言善辩的说客。"汉高帝说完后，立即下令齐国捉拿蒯通。蒯通被押解到长安，汉高帝问他："你曾教唆过淮阴侯谋反吗？"

"是的，我是教过他，可那小子不采用我的计谋，所以自寻死路，落得个今日的下场。若是那小子采纳我的计策，陛下怎能逮捕并将他杀死？"蒯通无所畏惧地回答。

"煮死他！"汉高帝怒气冲冲地说。

"冤枉啊！"蒯通说道。

"你教唆韩信反叛，有什么冤枉的？"

"秦朝的纲纪坏乱，政权解体，山东六国地区纷纷，异姓诸侯并起，英雄豪杰群聚，秦王朝失去了帝位，天下的人都追逐它，于是才能高的人捷足先登。盗跖的狗向唐尧狂叫，并非是唐尧不仁，狗的狂叫是因为他遇

到的不是自己的主人。那个时候，我只知道韩信，不知道陛下。而且，当时天下手持坚锐兵器想做陛下所要做的事的人多得很，只不过能力不够而已。难道这么多的人都能够全部煮死吗？"蒯通的一番话语句句都是实情，言之成理，汉高帝听罢后说道："饶了他罢。"于是赦免了蒯通的罪过。

彭越之死

死于吕氏之手的还有一个诸侯王——彭越。

彭越在楚汉战争中为汉王立有大功，刘邦称帝后被封为梁王，都于定陶。汉高帝六年，汉高帝为逮捕楚王韩信，声称巡游云梦，令诸侯王于陈县朝见天子。梁王按期到达陈县拜见汉高帝，使他意想不到的是汉高帝将韩信逮捕，说他想要谋反。彭越与韩信有着类似的经历，韩信的突然被捕，使彭越大有物伤其类的感慨。从此之后，彭越事奉汉高帝格外小心，生怕出了差错而导致大祸临头。所以，在汉高帝九年、十年，彭越两次到京城长安朝见汉高帝，以尽臣子之礼。

然而，汉高帝十年的秋天，陈豨在代地举兵反叛，攻占了赵、代两国的许多城池。陈豨是汉高帝手下的一员猛将，反叛后接连攻占城池，汉高帝不得不亲自率大军征讨。汉高帝到达邯郸后，征调梁王彭越率兵从征。彭越在反秦战争、楚汉战争中素以骁勇著称，曾单独率部打败过楚军。汉高帝此次征调彭越率部前来，是想借助于他的力量早日平息叛乱。

　　可是，一向事奉皇上勤谨的彭越，这次不知是出于怎样的考虑，却推托自己身体有病，只是派部下的将领率兵前往邯郸。汉高帝见彭越没有亲自带兵前来，大为恼怒，派人责问彭越。彭越见皇上怪罪下来，非常恐慌，想要亲自前往邯郸谢罪。这时，彭越部下的将领扈辄劝说道："大王当初没有奉诏亲自前往，如今受到责问后前去谢罪，到邯郸后就会被擒拿了，不如就此起兵造反。"

　　梁王彭越并不马上举兵造反，仍然是声称有病，不能前往邯郸讨贼。这时，彭越因为恼怒手下掌管车马的太仆，想要杀掉他。太仆因恐惧而逃出定陶，向朝廷上告梁王与扈辄谋反。汉高帝得知后派使者采用突然的方式袭击梁王，梁王在毫无察觉的情况下遭到逮捕，被囚禁在洛阳。经主管官员审理，认为已构成谋反犯罪，申请依法论处。

　　汉高帝根据案情，令及彭越往日功劳，赦免彭越的死罪，降为平民，流放到蜀郡青衣县。在彭越被押往蜀郡的途中，在郑国的地段上遇到吕后从长安前往洛阳。彭越见到吕后，向吕后哭诉自己无罪，希望吕后能向皇上求情，改为流放到自己的故乡昌邑。吕后表面上答应了彭越，与他一同来到了洛阳。到洛阳后，吕后向汉高帝说道："梁王彭越是一名壮士，如今把他流放到蜀郡，这是给自己留下祸患，不如就此将他诛杀。我在途中遇到他前往蜀郡，现在已把他带到洛阳来了。"

　　汉高帝没有说什么，吕后以为皇上对自己的想法已经默许，便指使彭越的家臣告发他再次谋反，廷尉王恬开按吕后的意思认定彭越谋反，上报请求诛杀彭越家族。汉高帝批准了廷尉的奏请，诛杀了彭越和他的家族，封国也被废除。

　　对于铲除梁王彭越的势力，汉高帝是坚定不移的，但他不忍心杀死彭越；吕后同彭越没有个人间的感情，为了刘氏江山，她主张斩草除根，一手策划了杀死彭越的事件。当然，她是在汉高帝的默许之下，一手策划将

彭越和他的家族诛杀的。

对于彭越的被诛杀，司马迁评论说：魏豹、彭越都是出身微贱的人，然而他们既已占有了上千里的疆土，南面称王，踏着敌人的血迹乘胜前进，名声日益显赫。他们怀有叛逆的意图，待到失败后，不杀身而死却甘愿充当囚徒，以致遭到诛杀，这是为什么呢？一般中等才能的人尚且为充当囚徒而感羞耻，况且身居王位的人呢？他们忍辱不死，没有别的原因，而是他们的智谋勇略超过平常的人，只是担心不能保全住自己的性命。只要将来掌握了一点权力，气候上再发生些什么变化，他们就会施展自己的抱负和才能。因此，他们甘愿被囚禁而不逃避。

严惩陈豨

再说陈豨之反。

陈豨是宛朐人，他最初跟随汉王刘邦的时间已不得而知。汉高帝七年冬，韩王信反叛，兵败逃入匈奴。汉高帝亲征匈奴，从平城返回后，陈豨因多次随同汉高帝平定叛乱有功，受封为列侯，以赵国相国的身份统率赵国、代国的部队，北部边境的部队都归他统领。

陈豨被任命为巨鹿郡郡守后，赴任前曾到韩信府上辞行。韩信拉着陈豨的手，避开左右的人同他庭院中慢步，仰天长叹道："有句话可以跟您讲吗？"

"听从将军的吩咐。"陈豨答。

　　"您所驻守的，是天下精兵聚集的地方；而您，又是陛下所亲幸的大臣。有人说您反叛，陛下必定不会相信；如果消息再次传来，陛下就会怀疑你了；若是消息再三传来，陛下就会大怒并率大军亲征。这时，我为您从京城起兵做内应，如此天下便可以图谋了。"

　　"遵命照办。"

　　陈豨平时仰慕魏国的公子信陵君的养士之风，待到他出任赵国相国守卫边境，休假回乡时路过赵国，赵相周昌看到随从的宾客座车有一千多辆，都城邯郸的官舍都住满了。陈豨用民间交往的礼节对待宾客，总是谦卑待人。陈豨返回代国后，周昌请求进京朝见。拜见汉高帝时，周昌谈到陈豨门下的客宾甚多，在外地手握重兵已有好几年了，恐怕发生意外。皇帝令人调查陈豨的宾客于代地在财物方面的许多违法的事，事情多牵连到陈豨。陈豨恐惧，暗中让宾客派使者到王黄、曼丘臣的驻地。

　　待到汉高帝十年七月，太上皇驾崩，派人召陈豨回京，陈豨推托说病得厉害，没有应召入京。九月，陈豨与王黄等人反叛，自立为代王，劫掠赵国、代国的土地。

　　汉高帝得知陈豨反叛并自立为代王的消息后，宽恕了赵、代两国被陈豨蛊惑或挟持胁迫的官吏，全部赦免了他们。高帝率领大军亲征，到达邯郸后高兴地说："陈豨不是控制邯郸南边，而是守住漳水北面的邯郸，可知他不能有所作为。"

　　赵相周昌奏请斩杀常山郡的郡守、郡尉，说道："常山郡有二十五座城邑，陈豨反叛后，丢掉了二十座。""郡守、郡尉反叛了吗？"高帝问。

　　"不曾反叛。"周昌答。

　　"那是他们的力量还不足以对付陈豨呢。"汉高帝赦免了他们的过失，恢复他们的职务。

"赵国可有壮士可以带兵作战吗？"高帝问。

"有四名壮士。"周昌答。

周昌所带四名壮士拜见高帝，汉高帝骂道："小子们能做将领吗？"

四名壮士惭愧地拜伏地上，不敢抬头。

汉高帝封四名壮士各千户，任命他们为统兵将领。汉高帝左右的人见四名壮士不曾立有丝毫战功，也不知是否真有本事，却受封千户，大惑不解，便向汉高帝劝谏说："跟随陛下入蜀郡、汉中以及伐楚作战的有功人员，还未能普遍得到封赏，今日这四人凭什么功劳受封？"

"这不是你们所能知道的！陈豨反叛，邯郸以北都被陈豨所占有，我发出紧急公文征调天下的军队，可是至今却没有人到来，如今只有邯郸城中的兵力而已。我不能吝惜这四千户封赏，这可用来抚慰赵地的子弟！"

左右的人听皇帝这么一讲，立即大悟，都说："太好了。"

汉高帝又问："陈豨的将领是什么人？"

左右的人回答："是王黄、曼丘臣，都是商人出身。"

"我知道怎么办了。"汉高帝下令悬赏千金捉拿王黄、曼丘臣等人。

汉高帝十一年冬，汉军在曲逆击败并斩杀陈豨的部将侯敞，在聊城击败陈豨部将张春所率领的部队，斩杀万余人。太尉周勃率军平定太原、代地。

同年十二月，汉高帝亲自率大军攻击叛军所占据的东垣城，一时未能攻下。有的守城士卒在城楼上辱骂汉高帝，汉高帝在城下颇为恼怒。不久，东垣城守军将领开门投降。汉高帝入城后，那些辱骂过皇帝的士卒被一律斩首；未曾辱骂的士卒一律施以黥面，以示惩罚。汉高帝下令将东垣城改名为"真定"。王黄、曼丘臣等人因部下有人为得到赏金而被活捉，陈豨的叛军全军覆没。

汉高帝从河北返回洛阳，说道："代在常山郡北，赵国却从山南去统治它，太远了。"高帝立薄姬所生的儿子刘恒为代王，都于中都，代郡、雁门郡都隶属于代王。代王刘恒在后来平定诸吕叛乱后，被立为皇帝，即汉文帝。

铲除英布

汉高帝十二年冬十月，太尉周勃平定代郡、云中郡，斩陈豨于当城，陈豨叛乱被完全平定。

汉高帝五年，英布归附汉王刘邦，参与了垓下会战。刘邦即皇帝位，正式分封英布为淮南王，都于六，封地辖有九江、卢江、衡山、豫章四郡的土地。在异姓诸侯王中，以淮南王英布的封地和人口为最多，具有较强的势力。

待到汉高帝十一年冬，吕后与相国萧何用计杀死淮阴侯韩信。同年夏，梁王彭越又被诛杀，并将彭越的尸体剁成肉酱，分赐给诸侯。当彭越的肉酱被送至淮南国时，英布正在郊外打猎。英布见到罐子里的肉酱，大为吃惊，顿生兔死狐悲之感。英布与韩信、彭越都参加了秦末农民大起义，在楚汉战争中，都是独当一面的统兵将领，实力很强，是刘邦击败项羽所依靠的主要力量。没有这三支力量，刘邦是不可能打败项羽的。三人有着类似的经历，在楚汉战争中都发挥过重要的作用，又都不是汉王的嫡系部队，却又是汉王联合反楚的主要对象，确实是"同功一体之人"。因此，英布见韩信、彭越接连被汉高帝所诛杀，他怎么不害怕万分？

第七章

异姓诸侯

英布在见到彭越的肉酱后，自知大祸即将临头，便暗中派人集结并部署军队，侦察邻近郡县的动静，以防意外情况的发生。

这时，一件意外事情的发生，导致了英布的起兵反叛。

英布有个宠幸的爱妾，偶然患有小病，请医师诊治。医师的家同侍中大夫贲赫的家门相对。爱妾多次到医师家看病，贲赫认为自己是淮南王的侍中，就送了很贵重的礼物，随爱妾在医师家饮酒。一次，爱妾在侍奉淮南王时，闲谈中谈到贲赫，称他是个老实的人。英布听爱妾称赞贲赫，很不高兴地问道："你怎么知道他是个老实人？"爱妾便把贲赫向医师送礼和同在医师家饮酒的事，一五一十地向英布述说了一番。谁知英布听后大发脾气，怀疑爱妾与贲赫有淫乱行为。

贲赫是英布身边的近臣，很快便得知淮南王为饮酒一事发怒，非常恐惧，便推托有病，不再到府中履行公务。英布更加恼怒，想要逮捕贲赫。贲赫感到大难临头，为免遭一死，决定上告英布谋反，并连夜逃出城中，乘坐驿车星夜直奔长安。英布发现贲赫逃走，立即派人追赶，但没有赶上。贲赫到达长安后，上书告发英布有种种谋反的迹象，可以在发动叛乱前将他诛杀。汉高帝看过贲赫告发英布的上书，将此事告知相国萧何，萧何说："英布不应当有这样的事，恐怕是仇家有意诬陷他。请先把贲赫拘禁起来，再派人侦察淮南王的情况。"英布确实在聚结部队，而贲赫的出逃，英布便怀疑他已把淮南国中的秘密情况，向皇帝进行告发；待到使者来到淮南国，英布认为贲赫确已向朝廷告密，便将贲赫一家杀死，起兵反叛朝廷。朝廷得到英布反叛的报告，汉高帝赦免了贲赫，任命他为将军。

英布原是项羽部下勇冠全军的猛将，所辖有的封地又大，且已经营多年，如今举兵反叛，汉高帝不能不分外重视。高帝得到英布反叛的消息，立即召集诸将领商讨对策，他向诸将问道："英布已举兵反叛，该如何对付他？"

"发兵出击，击杀这小子算了，他能成什么气候！"众将领回答。这时，汝阴侯夏侯婴将原楚国的令尹召来，向他询问对策。令尹说："他本来会造反的。"

"皇上割地封他为王，赐爵位使他显贵，使他得以南面称孤，做大国的国王，如今为何要反叛？"夏侯婴问。

"去年杀了彭越，前年杀了韩信，他与彭、韩等人的情况极其相似，三个人可以说是同功一体之人。彭、韩的被杀，使他怀疑大祸将要降临自己的头上，所以他就造反了。"

夏侯婴同楚令尹交谈过后，向汉高帝进言说："我原来的门客、原楚国令尹薛公，这个人很有头脑，可以向他询问讨伐英布的对策。"

汉高帝召见薛公，询问讨伐英布的对策，薛公回答："英布反叛是不足为怪的。如果英布出于上策，山东六国的故地就不是汉朝所有了；出于中策，谁胜谁负的命运尚未可知；出于下策，陛下便可以高枕无忧了。"

"什么是上策？"汉高帝问。

"向东攻取吴国，向西攻取楚国，同时兼并齐国，夺取鲁地，再乘胜向燕国和赵国下一道文书，牢固地守住这些地方，山东六国的故地就不是汉朝的了。""什么是中策？""向东攻取吴国，向西攻取楚国，兼并韩国，夺取魏地，据有敖仓的粮食，封锁成皋的要道，谁胜谁负就不好说了。""什么是下策？""向东攻取吴国，向西攻取下蔡，把贵重的东西放到南越，自己在不利时投奔长沙王，如此陛下可以只管安稳地睡觉，安然而无事了。"薛公一连回答了汉高帝的三次发问。汉高帝又进一步问道："英布会采用哪一条计策？""采用下策。"薛公答。

"英布为什么会不用上策、中策而采用下策？"高帝问。

"英布原是修建骊山陵墓的一名刑徒，自己做了大国的国王，这都是为着自己，而不懂得为百姓着想，考虑到子孙后代。所以说他一定会采用

下策。"薛公回答。

汉高帝称赞薛公讲得很好，封他为千户。

英布的反叛，是对汉朝政权的一次严重的挑战，因而汉高帝在反击之前必须在战略上做出充分的筹划。然而，在采取军事行动之前，汉高帝却病倒了。按以往的惯例，汉高帝当然要率大军亲自东征；但病体使他感到难以亲临前线，便想要派太子刘盈代表他担任讨伐叛军的主帅。消息传出，太子门下原来隐居于商山的四位年长的门客东园公、绮里季、夏黄公、角里先生即所谓"商山四皓"得知这一消息后，便在一起商量道："我们来到太子的门下，是想要保全太子；如果派太子担任讨伐叛军的主将，事情就不好办了。"

为解决这个难题，四人便去找太子的舅父建成侯吕泽，对吕泽说道："太子领兵与叛军作战，如果立有战功，那权位也不能再超过太子；如果无功而还，那就要遭受祸患了。况且同太子一同出征的将领们，过去曾经是同皇上平定天下的猛将。如今使令太子统领他们，这无异于让羊统领狼，是不会听从太子的调遣、为太子卖力的，如此太子必定不能建立战功。我听说'爱其母必抱其子'，如今戚夫人日夜侍奉皇上，赵王如意经常被戚夫人抱到皇上的面前，皇上也说'终究不能让我那个不才的儿子位居于我所喜爱的儿子之上'。很明显，这是要以赵王来替代太子之位了。您为什么不急速请吕后找个机会在皇上面前哭泣着说：'英布是天下的猛将，善于用兵作战。诸将都是陛下以前的同辈，您使令太子统领这些人，无异于使羊统领狼，不会有人肯为太子卖力的。况且使令英布得知这种情况，就会大张旗鼓地向西进犯。皇上虽然有病，却可以勉强乘坐在卧车之中，仰卧而监督将领们，将领们谁敢不尽力作战。如此皇上虽然劳苦，但为了妻子儿女，还是得勉强而为啊。'"于是，吕泽当夜便去见吕后，把太子四位门客教给他的那番话讲给吕后，吕后又寻找机会，在汉高帝面前把吕泽转告他的那番话哭泣着说了一遍。汉高帝安慰吕后说："我也认为这小子不足以派遣，还是让我再走一趟吧。"

于是，汉高帝亲自统率大军向东进发，昭守的大臣们，都相送到郊外的灞上。留侯张良当时患病，也勉强起身相送到曲邮，对汉高帝说："我本应随从，无奈病太重了；楚人勇猛，望皇上不要与楚人争锋。"

接着张良又趁机向皇上说："应任命太子为将军，监领关中的部队。"

"子房，您虽病重，也要勉强地辅佐太子啊。"高帝也向张良嘱托说。

当时，叔孙通任太子太傅，留侯张良兼任太子少傅职务。

英布在举兵造反之初，对他部下的将领们说："皇上已经年老了，心里厌战，这次必定不能前来。他所能派遣的将领们，我只怕淮阴侯韩信和梁王彭越，可如今他们都死了，其余的都不足畏惧了。"

英布举兵造反后，果然像薛公所说的那样，向东进攻荆国。荆王刘贾与英布的部队交战，未能取胜，逃往富陵，被英布的军队所杀。荆王的部队都被英布所劫持，英布又渡过淮河进攻楚国。楚国发兵与英布在徐僮之间交战。楚国把军队分为三支部队作战，想要以此来相互支援，出奇制胜。有人向楚国将领建议："英布善于用兵，百姓向来都畏惧他。况且兵法上说：诸侯在自己的国土上同敌人作战，稍有不利便易逃散。如今把部队分为三支，他们打垮我们一支，其余的两支便都会逃跑，哪里会相互救援？"楚国将领没有听取这一建议。英布果然击溃其中的一支部队，其他两支部队也都随之瓦解了。

英布乘胜向西推进，在蕲县西面与汉高帝所统率的大军相遇于会甀。英布所统率的部队十分精锐，汉高帝固守于庸城，在壁垒之上，汉高帝瞭望英布列阵如同项羽的军阵，这使他回想起十多年前与项羽争战时令人胆

战心惊的一幕幕往事，心里很是烦闷。汉军的壁垒与英布的军阵相距颇近，当英布布阵完毕后，在阵前抬头向汉军壁垒望去，恰好同城楼上的汉高帝打个照面。汉高帝似乎带有几分深情，高声向英布喊道："将军何苦要造反？"汉高帝这句明知故问的问话，意在瓦解英布和他部下将士的士气，而正在气头上的英布却愚蠢地正中高帝的计策，喊道："想做皇帝罢了。"

汉高帝也没有想到英布竟会这样蔑视地回答，便破口大骂英布。英布的这句话，不仅激怒了汉高帝，高帝部下的一些老将们也被英布的蔑视所激怒，况且这又是在皇帝面前逞能立功的大好机会，因而壁垒上汉军将士个个摩拳擦掌，在汉高帝的命令下达后，一齐以排山倒海之势冲向英布的军阵。

愚蠢而鲁莽的英布，自恃作战无敌，没料到自己"想做皇帝罢了"这句话立即把汉军的气势发动起来，可谓是惹火烧身。英布的精锐部队是汉军无法比拟的，他所布的军阵也无可挑剔，然而汉军的士气高涨，而自己军队的士气确实是不行，因而交锋之后，英布的军队立即被冲垮，兵败如山倒。在汉军勇猛的攻击下，英布的部队节节败退，溃不成军，遭到了惨重的失败。

英布在举兵反叛后，已占有荆国、楚国的形势对他是颇为有利的。然而，他没有料到与汉高帝所统领的东征大军一交锋便遭到这么惨重的失败。在形势不利的情况下，英布没有向荆国、楚国撤退，以便寻找机会再与汉军交战，而是像薛公所预料的那样，选择了向南退走的下策。英布兵败后渡过淮河向南撤退，撤退中曾多次停下来仓促地与汉军交战，但总是不安定，一直未能站稳脚跟，而且部下的将士即他的精锐部队也已损失殆尽，最后只带领百余人逃到长江以南。

长江毕竟是一道天堑，汉军追击到长江北岸，一时不能渡江继续追击。

英布在走投无路的情况下，像薛公所预料的那样去投奔长沙王，以为这是他唯一的生路。英布投奔长沙王，是因为当年陈胜、吴广首倡反秦之时，英布曾投奔番君吴芮，共同起兵反秦。当时，吴芮还把女儿嫁给英布为妻。秦帝国灭亡后，项羽封吴芮为衡山王，封英布为九江王。楚汉战争爆发后，英布叛楚归附汉王，项羽把英布的这位妻子杀害了。当英布兵败投奔长沙时，吴芮早已死去，嗣立的是长沙哀王吴回。

长沙哀王吴回对英布没有什么好感，关系亦不好。他见英布带领百余人亡命而来，怎肯为收留他而惹怒皇帝，危害自身。于是，长沙哀王让人欺骗英布，假装同他一道逃跑，引诱他逃往南越。英布信以为真，跟随着逃到了番阳。番阳人在兹乡的一个农家田舍中将英布杀死。这位在秦汉之际勇冠三军、战功赫赫的一代枭将，如此悲惨地结束了自己的一生。

汉高帝封皇子刘长为淮南王，封贲赫为期思侯，随同高帝东征的将领们也都凭战功得了不同的封赏。

淮南王英布身死国除，汉高帝所分封的异姓诸侯王中除了地处偏远、势力最小又一向忠于汉王室的长沙王以外，其余均已被消灭。西汉王朝的异姓诸侯王势力，至此已基本上被铲除了。

晚年生活

第八章

多疑失助

刘邦性格多疑善嫉，他对丞相萧何也不例外。

萧何鼎力帮助刘邦从沛县起兵。为了让刘邦的事业成功，他披肝沥胆，鞠躬尽瘁，而且看问题眼光颇为长远。

刘邦初入咸阳，别的将领都争先恐后地抢夺金帛财物，萧何却径直进入秦丞相御史府，收集秦朝的律令档案、户籍图册，使刘邦能对各地的关塞险要、户口分布、风俗民情、仓储虚实了如指掌，为夺取天下做好准备。

力量占绝对优势的项羽，恃强地把先入关中的刘邦贬往汉中当汉王。刘邦一时想不通，打算和项羽硬拼。萧何耐心地劝他："古语把天河叫天汉。你当了汉王，正是以汉配天，预示着以后会得天下，现在哪能只顾一时的义愤而违背上天的好意呢？过去的商汤王、周武王，因为能在不利的时候暂时屈服于暴君之下，以至于后来终于成就了万古之业，大王也应该像他们那样，能屈能伸，先到汉中养精蓄锐，收拢人心，待时机成熟时，再图取帝业，这才是伟人的气魄。"

萧何在汉中不光处心积虑为刘邦招揽人才，月下追回韩信，而且为了保证军粮供给，又大力发展农业。他主持修建的"山河堰"（又名萧何堰），是陕南最早的水利枢纽工程。往日干旱的土地变为肥沃的良田，老百姓的生活也得到改善。至今，陕西汉中仍流传着这样一首民歌："萧何

为官多清廉，修渠引水灌良田。百姓吃上白米饭，他的功绩代代传。"正是由于他在楚汉战争中的卓越贡献，战争结束后被评为首功。

汉朝建立之初，国内形势面临十分复杂的局面。割地而立的异姓诸侯王纷纷叛乱，人心动荡不安。为了使新生的汉政权得以巩固，萧何又想了不少好主意，其中之一就是当刘邦亲自率兵征讨投靠匈奴的韩王信时，他毅然主持修建了未央宫。

未央宫的宫址选在龙首原上。龙首原又叫龙首山，是一条长达三十多公里的黄土山背，犹如一条蜿蜒而卧的巨龙，头探渭河水，尾摆樊川谷（今陕西长安）。传说它是由一条从南山到渭河喝水的龙变成的。渭河南岸的龙头部分，高出地面近十米。萧何把皇帝居住的宫殿建在这里，寓意刘邦是雄踞天下的真龙天子。此后的几百年里，未央宫一直是京都的标志性工程。不仅西汉的历代君王，乃至新莽、西晋、前赵、前秦、后秦、后魏、北周等王朝的统治者，无不以此为起居处。唐代人刘沧在《望未央》一诗中写道：

> 西上秦原见未央，山岚川色晚苍苍。
>
> 云楼欲动入清渭，鸳瓦如飞出绿杨。
>
> 舞席歌尘空岁月，宫花春草满池塘。
>
> 香风吹落无人语，彩凤五云朝汉皇。

萧何营建未央宫功在千秋，但是，刘邦对萧何却总是疑神疑鬼。

韩信勾结陈豨谋反，萧何以国家利益为重，抛开与韩信的私人情感，积极配合吕后。在长乐宫钟室处决叛逆。当时，刘邦领兵在邯郸平叛。他认为韩信是萧何推荐的，两人关系亲密，萧何亦不可轻信，便派使者专程回长安，拜萧何为相国（比丞相位尊），加封五千户食邑，还让一名都尉带五百士兵，做相国的警卫。留守的臣僚们都非常羡慕，纷纷向相国贺喜。唯有一个叫召平的人，穿戴着白衣白冠，说是来给相国吊丧。

召平在秦朝时被封为东陵侯，秦亡后成为一个普通百姓，家贫无以为生，就在城东种瓜。他种出的瓜，个大皮薄瓤沙，吃起来特别香甜，人们便按他过去的封号，称这种瓜为"东陵瓜"。萧何觉得召平才不可没，引荐给刘邦，让他在汉朝任职。召平对萧何说："您的大祸就要临头了！试想，皇帝领兵在外，风餐露宿，辛辛苦苦。相国在后方并没有立下什么功勋，却受到升官增邑的奖励，且还增派卫队，这是怀疑您与淮阴侯有特殊关系。增加卫队，不是优宠您而是防范您。从相国的身家性命着想，还是辞谢封赏，捐出家产，资佐军饷，或许还能消除皇帝的疑心。"萧何恍然大悟，立即照办，总算免去了一场劫难。

高祖十二年（公元前195）秋，刘邦率兵在淮南征讨英布。他对留守京师、辅佐太子的萧何又不放心了，接二连三地派使者回长安，探问丞相干什么。萧何仍用老办法捐献财帛，充作军费。可这回却不起作用。一个幕僚提醒他："您身为相国，功列第一，位极人臣，已经到了没有办法再封的地步，这是其一。您从开始进入关中，就千方百计为百姓做好事，坚持十几年了，老百姓都很拥戴您，到现在您还是那样孜孜不倦，廉洁奉公。皇帝不在京城，派人探问您的动静，是怕您借用关中民望而图谋不轨，这是其二。相国在这样的处境之下，何不反过来，用低价强购民间田宅，招惹百姓怨恨，故意败坏自己声誉，叫远在外地的皇帝放心呢？"

萧何违心地照办了，刘邦果然放下了心，认为丞相也是个斤斤计较、薄财小利、没有政治野心的人，便不再派使者进京探访萧何行踪了。

刘邦领着汉军平定英布回京途中，不断有百姓拦住御驾，状告萧何利用职权、巧取豪夺的罪恶。刘邦心里乐滋滋的，一到长安，便把萧何召来，指着那沓厚厚的状子嘲弄地问道："想不到堂堂的萧丞相竟和百姓争

夺利益，成何体统？"萧何赶紧叩头认罪，心里却是百感交集。

过了一段时间，萧何上奏说："长安周围民稠地窄，上林苑（皇家饲养牲畜和打猎的地方）里有多余的土地，与其空闲在那里，不如放宽禁令，准许百姓耕种。以后打下粮食归农户使用，留下禾秆喂养官家的牲畜，这是件于国于民都有利的好事情。"刘邦却大发其火，骂道："你受了商人多少贿赂，竟敢沽名钓誉，来打朕上林苑的主意！"下令给萧何披枷带锁，押进大狱，从严惩处。

一个姓王的卫尉看萧何受这样的刑罚太冤枉。他趁刘邦情绪好的时候，问道："萧相国犯了什么罪，被关进了大狱？"刘邦回答："朕听说：秦朝的丞相李斯，有了功归于主上，有了错自己承当，从不给主子脸上抹灰。如今萧何当丞相，自己受了礼，却拿皇家的上林苑讨好人心，朕哪能不处罚他呢？"王卫尉恳切地说："为民请命，这是相国的职责，陛下为什么要责怪他呢？过去陛下经常领兵在外，萧相国镇守后方，他要真有别的想法，只需说句话，就能占据关中，使陛下无家可归。那个时候相国都不为自己捞好处，难道现在还会为自己谋私利吗？秦朝之所以灭亡，是因为主上觉察不出自己的过错。李斯身为首辅，不敢犯颜直谏，反而百般依从阿谀奉承，结果使秦亡了国。秦始皇的做法哪值得圣明的您去效法呢？"

刘邦最怕重蹈亡秦的覆辙，王卫尉的话使他猛醒，立即下令：赦免萧何，官复原职。老态龙钟的萧何从监狱里爬出来，也顾不上戴帽子穿鞋子，光头赤脚，趔趔趄趄地赶到大殿上谢皇上的不杀之恩。刘邦有点不好意思，自我解嘲地说："相国替百姓说话，朕没答应。说明朕是个夏桀、商纣那样的暴君。相国受了委屈，更说明你是个贤相。朕把你关进监狱治罪，这是故意做给天下人看的，让天下人都知道你是个好丞相，朕是个坏皇帝！"

萧何嘴巴动了动，心里苦苦的，可能说些什么呢？从这以后，他办事更谨慎了，需要购置田宅时，必定选在偏僻的地方，家里也不建高墙大屋。他给别人解释说："如果后世子孙贤惠，可以学我节俭的德行；要是出了不肖后人，有权势的人瞧不上夺占这样的土地，子孙后世也不至挨饿受冻，生活无着。"

在刘邦所称赞的三位"人杰"中，韩信被诛杀，萧何也曾被系狱，唯有留侯张良于功成名就之后隐退，不失其谋士称号。

汉高帝五年五月，娄敬（后被赐姓为刘，即刘敬）于洛阳建议定都于关中，群臣都表示反对，高帝问于张良，张良发表一通高论，赞成娄敬的意见，高帝当日便起驾西行，定都于关中。

张良随高帝的车驾一道西行，然而自从这次入函谷关后，他便以身体多病为理由，自此从政坛上引退，学习道家养生的方法，呼吸俯仰，屈伸手足，以此谋求血气充足，身体轻举，增进健康。同时还采取"辟谷"的方式，不吃食物，而服用药物，以此养生。到达关中后，张良有一年多的时间闭门不出，也不接待宾客。张良建议依娄敬之言定都关中，便成了他一生中告别政坛的最后一次献策。

至于封地，汉高帝在灭亡项羽后，曾使令他在齐地自己选择三万户作为食邑，张良辞谢说："我起兵于下邳（今江苏睢宁西北），与皇上相识于留（今江苏沛县东南），这是上天把我交给陛下。陛下采用我的计策，幸而时常料中，受封于留县就足够了，三万户实不敢当。"

汉高帝果然封张良为留侯，与萧何、曹参同时得到封赏。

张良于功成名就之后引退，在于他深信"飞鸟尽，良弓藏；狡兔死，走狗烹；敌国破，谋臣亡"这一哲理。他不仅能为刘邦谋划夺取天下，也能为自己谋求安身，不愧是一位真正的谋士。

据《史记·留侯世家》所载，自萧何被立为相国后，张良曾与汉高

帝闲谈天下之事，涉及问题很多，因为与天下兴亡无关，《史记》未予记载，但却记录下了张良的一段自我表白："我家世代为韩相，待到秦军灭亡韩国，我不爱惜万金家财，破产谋求勇士为韩国报仇，致使天下振动（指博浪沙行刺未遂，秦始皇下令天下大搜捕十日）。如今又以三寸舌为帝王军师，封万户，位于列侯，这是布衣百姓所能得到的最高地位，对于我张良来说，可谓心满而意足了。甘愿从此抛弃人间的事情，想要随从赤松子（传说中的仙人）遨游去了。"

汉高帝死后，吕后为了感激张良在劝谏改立太子一事中的恩德，强迫张良放弃"辟谷"，并说道："人生于世间，犹如白驹过隙，刹那间便成过去，何必如此自讨苦吃。"

在吕后的一片盛情和强迫之下，张良不得已又恢复食用谷物了。

八年过后，张良病死，儿子张不疑嗣留侯爵位。

据《史记》所载，当年在下邳桥上授给张良《太公兵法》的那位老人，当时曾告诉张良："十三年过后见到济北谷城山下的黄石，便是我的化身。"十三年过后，张良随从高祖征战，路过济北，果然见到谷城山下的黄石，便将黄石取回作为圣物供奉起来，按时祭祀。死后，黄石也一同安葬。后人到墓上祭祀张良时，也同时祭祀黄石。

刘邦起兵反秦后，一直南征北战，几次身负重伤。后来虽然当了皇帝，但为了清除一批诸侯王的力量，解决一些有功大臣对皇权的威胁，为继位人铺平统治道路，他又不得不带病亲自出征，平息一些诸侯王的叛乱。当刘邦把对皇权的威胁者，反叛者一个个处置之后，在他可以安下心来当皇帝的时候，他的生命之火也已快燃尽了。

刘邦在平息英布的叛乱中，为流矢所伤，这使他本来就有病的身体更加虚弱了。但他在回军路过自己的家乡沛县时，心情很高兴，还强打精神，与家乡的父老兄弟饮酒作乐十余天。

醉酒之后的刘邦仿佛回到了过去，不像个皇帝。他下座，翩然起舞。这原是他的业余爱好，跳起来有板有眼，俨然专业水平。他好久没跳过了，今天要过一回瘾。谁也拦不住他，包括一头白发的叔孙通。这位老太傅渐渐受到气氛感染，跟着打节拍，摇晃脑袋，任凭白发在风中飞舞……

六十岁的刘邦且舞且歌：大风起兮云飞扬，威加海内兮归故乡，安得猛士兮守四方！

歌词十分简单，唱来唱去就这么一句。大家很快学会了，跟着刘邦一齐高唱。

快活的气氛臻于极致。

刘邦在高歌起舞之时，又想起当年的往事，"慷慨伤怀，泣下数行"。刘邦怀着一片深情对沛县父老们说："远行外地的游子，总是怀念故乡的。我虽定都关中，但是百年之后，我的魂魄还是想回到故乡的。况且我自从被立为沛公以来，讨伐暴君逆贼，如今终于取得天下，现在就以沛县作为我的汤沐邑，世世代代免除沛县的赋税徭役。"

沛县父老子弟闻听皇帝的恩赐，无不高呼万岁。

沛县的父老乡亲们整日陪着皇上开怀畅饮，谈论往事，刘邦十分高兴。就这样，刘邦一连在沛宫住了十多天。当刘邦准备离开家乡时，父老乡亲们都一再挽留，希望皇上再住几天，刘邦不得不婉言说道："我的随从人员很多，总是留在这里你们可供给不起啊。"

启程的那天，沛县城中的男女老少倾城出动，都赶到郊外向皇上敬献酒食。这种场面，使刘邦深受感动，于是又留下来，在郊外搭起帐蓬，又同乡亲们在一起痛饮了三天。

这时，沛县的父老们向皇上叩头请求说："我们沛县有幸世代免除赋税徭役，可丰邑却未能得到免除，望陛下能可怜他们。"

"丰邑也是我生长的地方，我怎会忘记。但是当年丰邑人跟着雍齿背

叛我，倒向魏王一边。"刘邦回答。

沛县父老再三请求，刘邦最终还是答应丰邑与沛县一样，世代免除赋税徭役。

储位风波

刘邦在举兵反秦和楚汉战争的戎马生涯中，军营中从不缺少姬妾的陪伴。秦二世二年（公元前208年）七月，刘邦与项羽受武信君项梁之命，率兵攻打定陶（今山东定陶西北），未能攻下，但刘邦却得到一个妙龄的美女，留在自己军营的帐中，她便是日后的戚姬。戚姬年轻貌美，善解人意，深得刘邦的宠幸。在此后的南征北战、东征西讨的岁月中，戚姬得以经常随军陪伴刘邦。汉王元年（公元前206年），戚姬生下一男，取名如意。

汉王二年（公元前205年），刘邦立吕后所生的刘盈为太子。后来，刘邦发现太子刘盈"为人仁弱"，不像自己；而日见长大的如意，经常随同母亲戚姬出现在皇上的面前，很得年过半百的刘邦欢心。刘邦常常称道说："如意长得像我。"

从此，刘邦就有了废太子刘盈、改立如意为太子的意图。当时，刘邦与项羽在关东争夺天下，戚姬经常随从刘邦，对刘邦的意图怎会不知？戚姬深知吕后为人刚毅，儿子刘盈又被立为太子，自己又深得刘邦的宠爱，吕后怎能不妒嫉？皇上健在，母子可以无忧无虑；一旦皇上驾崩，太子刘

盈继位，会有自己这孤儿寡母的好日子过吗？想到这里，戚姬不寒而栗。为着自身和儿子日后的命运，戚姬日夜在刘邦面前哭泣，请求改立如意为太子。刘邦私下答应戚姬的请求，并不是出于儿女私情，同情戚姬母子的处境，而是为着大汉王朝日后的江山能否巩固，他的理论根据是太子刘盈"为人仁弱""不类我"，而"如意类我"。

吕后于汉王四年（公元前203年）九月被项羽放还，刘邦对结发妻子的遭遇深表同情。然而，吕后此时已是人到中年，她怎能像如花似玉般的戚姬那样讨得皇上的欢心。刘邦称帝后，吕后因年长，在汉高帝离京安抚天下、东征西讨时都是留守关中，很少有机会见到皇上，与皇上日益疏远。而这时经常随从皇上的，仍然是戚姬。汉高帝九年，九岁的如意被立为赵王。

汉高帝易立太子的意图是着眼于汉王朝的长治久安，并不是由于对戚姬的宠幸，因而他在群臣面前并不隐讳自己的观点和意图。然而，朝廷中的大臣们与皇上的看法并不相同。同样是出于巩固大汉王朝的江山，为免生动乱，所有的大臣们无不对改立太子持有异议。汉高帝曾多次提出改立太子的意思，但每次都受到大臣们的劝谏和力争。

汉高帝十年，此时刘如意已被立为赵王，年方十岁，汉高帝又提出改立如意为太子，大臣们都当面劝谏，高帝不听。这时，御史大夫周昌又出面力争，情况才有所变化。

周昌也是沛县人，与汉高帝是同乡，自刘邦沛县起兵后一直跟随主上，于汉王四年被任命御史大夫。汉高帝六年，与萧何、曹参等人一同得到封赏，受封为汾阴侯。周昌为人正直刚强，敢于直言，萧何、曹参等人在这方面也比不上他。周昌曾在高帝休息期间入宫奏事，一次正遇上汉高帝搂抱着戚夫人，周昌见此情景转身便跑，汉高帝从后面追赶，抓住周昌，骑在周昌的脖子上问道："你说说，我是怎样的君主？"

"陛下是桀、纣一类的君主。"周昌仰起头来向汉高帝说。汉高帝闻言后放声大笑，把周昌放开了。然而，汉高帝也确实有些敬畏周昌。

这次汉高帝又要立如意为太子，群臣力争而不能得。周昌于此时出面力争，汉高帝不得不耐着性子问周昌为什么反对立如意为太子。周昌说话有口吃的毛病，又是在气头上，便开口说道："我不善于讲话，然而我期期知道不可如此，陛下虽然想要废太子，我期期不奉诏从命。""期"即"极"的意思，周昌因口吃和正在气头上，急切之中在"期"字上出现了拖沓重复的音节。汉高帝见周昌这种憨直忠诚的态度，在那"期期知其不可""期期不奉诏"，不由得欣然而笑，一肚子气也没有了。欲废太子刘盈一事因此而暂且作罢。

当时，吕后在大厅两旁的侧室中暗暗偷听。皇上与大臣们一番争辩，她都听得一清二楚。散朝后，吕后见到周昌，欠身向周昌道谢："今天若不是您，太子几乎被废掉了。"

汉高帝担心自己死后，赵王如意难以保全。这时，掌管皇帝符信印章的符玺御史赵尧年纪很轻，赵地人方与公对御史大夫周昌说："你手下的符玺御史年岁虽轻，然而是个奇才，您应当特别看待他，将来他会接替你的职务。"周昌笑着说："赵尧年纪轻轻的，不过是个抄抄写写的小吏而已，何以能官至御史大夫！"

不久，赵尧侍奉汉高帝，汉高帝独自心中不乐，继而悲歌，群臣都不知道皇上为什么这样。独有赵尧进前请问道："陛下之所以不乐，莫非是因为赵王年少而戚夫人与皇后有嫌隙吗？是担心您万岁以后赵王不能保全自己吗？"

"是的。我为此事而忧虑，拿不出个好办法来。"

"陛下应特地为赵王任命一个尊贵而刚毅的相国，这个人选应当是皇后、太子以及大臣们平素敬重而又畏惧的人，方可以充任。"赵尧说。

"是啊，我的想法也是这样，然而大臣中谁合适呢？"高帝问。

"御史大夫周昌。他为人坚毅不拔，质朴正直，况且皇后、太子及大臣们平素都很敬重畏惧他，唯独周昌可以担任这一职务。"赵尧答。

汉高帝应声说道："好。"于是召见周昌，对他说："我想一定要烦劳您，请您勉强为我辅佐赵王。"

周昌哭泣着说："臣当初随从陛下，陛下为什么单单把我舍弃给诸侯王呢？"

"我知道这样对您是降职任用，只是想来想去，非您没有别人可以胜任，请您勉为其难地去上任吧。"

周昌见汉高帝已近乎哀求，自己怎能还不答应。于是调御史大夫周昌出任赵王的相国。

周昌出任赵相已有好些天了，御史大夫一职仍然空缺着。汉高帝时常把御史大夫的官印放在手中摸来摸去，口中叨念着："谁可以做御史大夫呢？"汉高帝一边叨念，一边仔细端详着面前的赵尧，最后终于说道："没有谁比赵尧更合适的了。"于是，任命赵尧为御史大夫。在这以前，赵尧也有军功食邑。担任御史大夫后，随从汉高帝讨伐陈豨有功，被封为江邑侯。

汉高帝并没有因为任命周昌为赵王相国而最终放弃易立太子的念头。汉高帝十二年，汉高帝又想要以赵王如意代替太子刘盈。早在汉高帝九年就被任命为太子太傅的叔孙通劝谏说："当年晋献公因为宠幸骊姬的缘故，废太子申生、立骊姬所生的奚齐为太子，在晋国造成数十年的混乱，受到天下人的嘲笑。秦朝因为不早定扶苏为太子，使令赵高得以用欺诈手段立胡亥为皇帝，自取灭亡，这是陛下亲眼所见的。如今太子仁慈孝顺，天下无人不知；皇后与陛下经历过千辛万苦，吃过粗茶淡饭，这难道是可以背弃的吗？陛下如果一定要废嫡长子而立少子，臣甘愿伏罪而死，用脖子里

流出来的满腔鲜血来污染地面。"

叔孙通的劝谏说出了群臣们反对易立的理由，只不过他的引经据典，说古论今，把道理说得更为透彻罢了。这个道理，高帝并非不懂，他只是为太子仁弱一事耿耿于怀。但是在叔孙通的劝谏之下，再看他以死力争的一片赤诚之心，便笑着说道："您不要再讲下去了，我刚才不过是说说而已。"

汉代士兵图

"太子是天下的根本，根本一动摇，天下便会随着振动，怎可以拿天下来开玩笑！"叔孙通还是在据理力争。

这时，汉高帝不得不向叔孙通说："那我就听您的了。"

无论群臣们如何劝谏力争，尽管汉高帝也曾向大臣表示过不再改立太子，然而，知子者莫如父，汉高帝的心中总是觉得太子刘盈不宜于日后做大汉王朝的皇帝。认为他没有能力驾驭这些功劳甚高的大臣们，也没有能力主持朝纲，定夺军国大事，所以心中还是想改立太子。吕后深深为此而惶恐，不知如何是好。这时，有人对吕后说："留侯善于出谋划策，皇上又很信任他。"

这句话提醒了吕后，吕后使令兄长建成侯吕泽胁迫留侯张良，说道："你经常作为皇上的谋臣，为皇上出谋划策，如今皇上想要易立太子，您怎能垫起枕头睡大觉而不闻不问呢？"

张良回答说："当初皇上多次处于困窘急迫之中，幸而采用我的计策。如今天下已经安定，因为偏爱的缘故想要改立太子，这是至亲骨肉间

的事，虽有像我这样的百余人争谏，又会有何益处？"

建成侯吕泽见留侯张良不肯为此事出谋划策，又不能放过这个难得的机会，便勉强地要求说："不论您怎么说，今天还是得勉强您为我出一条计策。"

张良作为汉高帝的谋士，他比其他大臣们的高明之处，在于他不仅懂得叔孙通所讲的那番古往今来的大道理，更深知皇上坚持要改立太子的根本原因，在于太子为人仁弱，担心他没有能力治理国家，要打消皇上改立太子的念头，必须从医治皇上的"心病"入手。只是，张良不愿在骨肉之间的这类大事上参言半字。而今天张良被吕泽纠缠不休，便不得不说道："这事是难以用口舌相争的，考虑到皇上有未能招致的天下四位贤人，这四人都已年过八十，满头白发。因为皇上待人傲慢无礼，所以逃避到商山中，不愿做汉朝的臣子，坚守节操，被人们称为"商山四皓"，即商山中的四位白发老翁。这四个人虽不愿做汉朝的臣子，但皇上却很敬重这四位坚守节操的年长贤人。如今您真能不吝惜金玉璧帛，令人写一封言辞卑顺的书信，派一名能言善说的辩士，驾着鞍车坚决而诚恳地邀请他们，他们是会前来的。这四人被请来后，可以作为太子府的贵宾，时时随从太子入朝，使皇上看见，皇上必定会感到奇怪而询问。如果询问，知道这就是他所求之不得的四位贤人，如今却成了太子的门客，这是对太子的一大帮助。"

于是，吕后令吕泽派人手捧太子的书信，驾着鞍车，用卑顺的言辞、厚重的礼物，果然把四位贤人请到长安城中。四人来到长安后，被暂时安置在建成侯吕泽的家里。

"商山四皓"来到长安不久，正值英布举兵造反，汉高帝准备让太子刘盈统领诸将前去平叛。四位白发老人认为太子不足以担当此项重任，将领们不会听从他的调遣，容易导致失败，造成危及太子地位的严重后果。

于是四人用计，教建成侯马泽立即到吕后那里，哭泣着如此这般地诉说太子不能统兵出征的理由。吕泽、吕后遵计而行，汉高帝果然亲自统兵出征，太子刘盈得以平安渡过一次危机。

汉高帝十二年，汉高帝东征英布归来，病情日重，愈发想在临终之前易立太子，了却这桩心事。留侯张良劝谏，汉高帝不听从。太子太傅叔孙通引古论今，以死相争，汉高帝表面上装作答应，心里还是想改立太子。待到宴会设置酒席时，太子刘盈侍奉皇上，商山四皓随从。这四位贤人都已年过八十，头发胡须皆已雪白，衣冠也很奇特，神态飘逸，宛如仙人。汉高帝见到四位老人，感到很奇怪，问道："几位长者是何方人士？"

东同公、角里先生、绮里季、夏黄公一一向前，各自报告自己的姓名。汉高帝闻听后大为惊讶，说道："我访求诸位已经好几年了，您们总是逃避我，如今为何自动地与我儿交游呢？"

"陛下轻视士人，喜好辱骂，我们坚守节义，义不受辱，所以恐惧而逃亡，藏身于山中。私下闻知太子为人仁慈孝顺，待人恭敬有礼，喜爱士人，天下人没有不想为太子效力的。所以我们这几个就前来投奔太子了。"四位老人一齐回答汉高帝。

汉高帝闻言后说道："那就烦劳您们善始善终地关心保护太子吧。"

四位长者向汉高帝敬酒祝寿之后，告辞离去，汉高帝目送四位老人离席，同时召唤戚夫人，并用手势指示她注目四位老人离去时的背影，向戚夫人说道："我想改立太子，但太子有那四个人辅佐，如今羽翼已成，难以动摇了，吕后真是您的主人了。"

戚夫人闻言哭泣，皇上对她说："您为我跳楚地的舞蹈，我为你唱楚歌。"

在一片低沉的气氛中，戚姬忧思百结，不知日后何处是自己的归宿，茫然如坠烟海，飘然为汉高帝蹁跹起舞，舞步急促，旋转如飞，为汉高帝以往所不曾看见。这时。汉高帝更是感慨万千，用自己所作的歌辞为爱姬引吭悲歌，诉说自己在易立太子一事上的无可奈何。这首歌辞的原文是：

> 鸿鹄高飞，一举千里。
>
> 羽翼已成，横绝四海。
>
> 横绝四海，当可奈何！
>
> 虽有矰缴，尚安所施！

汉高帝为戚姬悲歌数遍，戚姬闻听后抽咽流涕，最终她舞步已乱，汉高帝赶快向前扶持，起身离席，罢酒回宫。

司马迁在《史记·留侯世家》中称：汉高帝"竟不易太子者，留侯本招此四人之力也"。

驾鹤西去

刘邦为争夺天下，曾多次死里逃生，身负创伤。汉王四年，刘邦在两军阵前数说项羽的十大罪状，项羽大怒，伏弩射中刘邦的胸部，伤势甚重，但后来得以痊愈。汉高帝一生以事业为重，并不像秦始皇晚年那样幻想长生不老。年过六十，汉高帝的健康状况已日见不佳。

汉高帝十一年，刘邦已年届六十。这一年，英布举兵反叛，朝廷震动。当时，汉高帝正患病在身，深感难以亲征，想要派太子统领诸将前往

平定叛乱。而被易立太子一事所困惑的吕后，作为刘邦的结发夫妻，此时再也不像当年前往芒山、砀山为丈夫送饭、送衣那样，一切以丈夫为重。此刻，吕后为着自身和儿子日后的命运，不顾丈夫身体有病，竟然采纳商山四皓的计策，哭泣着劝皇上亲自出征。就这样，汉高帝为汉王朝的利益，终于拖着病体亲自出征了。

不幸的是，在同叛军作战时，汉高帝被流矢所击中。这次箭伤虽不比八年前所受的箭伤更重，然而此时汉高帝毕竟年届六十，又患病在身，箭伤不容乐观。可是，汉高帝对这次箭伤还是不在意，因为英布被诛灭得竟比意料中的要顺利得多。作为胜利者，高帝兴奋得忘记了箭伤。

在东征的归途中，汉高帝回到故乡沛县与父老乡亲们饮酒叙旧，起舞高歌，乐极生悲，"慷慨伤怀，泣数行下"。在沛县"乐饮十余日"，汉高帝当时似乎并没有感到身带箭伤。然而，当汉高帝离开故乡踏上西行的旅途时，一直未得休息的病体开始发作，箭伤的阵痛时时向他袭来，使他感到有从未体验过的烦恼。这条秦始皇时修筑的东西驰道，汉高帝当年为沛县押送去咸阳服役的民夫与刑徒，曾多次来回走过。这次乘车西行，箭伤的疼痛与往事的回忆，使汉高帝一路上的心情很是不佳。等到回到长安，汉高帝便病倒了，伤势愈来愈重。

吕后见皇上病重，心里很着急，特地请来了名医为皇上诊治。大夫进去看病，汉高帝问病情如何，医生回答："陛下的病是可以治好的。"汉高帝知道自己的病，认为大夫是特意安慰他，便骂大夫说："我以平民的身份，手提三尺宝剑夺取天下，这难道不是天命吗？人的命运是上天安排的，虽有扁鹊那样的名医，又有什么益处！"

于是，汉高帝就不再请医生治病，赏给这位医生五十斤黄金。

吕后见汉高帝的病情日重，便向汉高帝说道："陛下百年之后，如果萧相国死了，令谁替代他？""曹参可以继任。"汉高帝答。吕后又问曹参以后，还有谁合适。汉高帝回答："王陵可以继任。不过他有些莽撞刚硬，陈平可以辅佐他。陈平智谋有余，然而难以独自担任。周勃稳重厚道，缺少文才，然而安定刘氏天下的，必定是他，可以让他担任太尉。"

吕后还问以后的人选，汉高帝回答："以后的事，也不是你所能知道的了。"

汉高帝临终前就相国接班人所提到的几位人选如曹参、王陵、陈平、周勃等人，都是跟随刘邦多年、久经考验的国家栋梁之材，汉高帝对他们的才能、品德和个性了如指掌。后来的历史发展表明，汉高帝所提出的几位相国人选，确如汉高帝所言，在任职后无不为安定刘氏政权发挥了极大的作用。

吕后对这几位人选也是颇为了解的，并且完全遵照汉高帝的遗嘱行事。在萧何死后由曹参继任相国；曹参死后由王陵、陈平同时分别担任右丞相、左丞相，以周勃为太尉；而周勃、陈平等人终于在吕氏死后平定诸吕叛乱，使刘氏王朝危而复安。

历史表明，汉高帝临终前对相国接班人的一系列妥善安排，确实是安定西汉王朝的一项重要措施。

汉高帝即位后的十二年中，所发布的诏书多不可数。然而有关治国安邦的重要诏书，共有两道：一是即位不久后在洛阳发布的五月诏书；二是临终前在长安所发布的这道诏书，载于《汉书·高帝纪》，现抄录如下。

汉高帝十二年三月，天子诏曰：

吾立为天子，帝有天下，十二年于今矣。与天下之豪士贤大夫共定天下，同安辑之。其有功者上致之王，次为列侯，下乃食邑。而重臣之亲或为列侯，皆令自置吏，得赋敛，女子公主，为列侯食邑者，皆佩之印，赐大第室。吏二千石，徙之长安，受小第室。入蜀汉定三秦者，皆世世复。吾于天下贤士功臣，可谓亡负矣。其有不义背天子擅起兵者，与天下共伐诛之。布告天下，使明知朕意。

同年四月，汉高帝驾崩于长乐宫。汉高帝临终前，跟随他平定天下的功臣们大都健在。虽然异姓诸侯王如韩信、彭越、英布等使他最为放心不下的几股主要势力已被铲除，但原先归他直属的将领们如今都已尊为王侯，谁能担保他们日后不举兵造反？燕王卢绾的亡入匈奴，已使汉高帝十分寒心。在这道诏书中，汉高帝回顾建国以来的历史，声称自己待功臣不薄，实际上也确实如此。汉高帝确实是以赋予种种特权来使这批功臣们成为汉王朝的中流砥柱，同时也发出了"其有不义背天子擅起兵者，与天下共伐诛之"的号召，警告反叛者不会有好下场。在离开人世之前，汉高帝所放心不下的，仍然是担心功臣中有谁会反叛，与他的后继者争夺天下江山。汉王想用这一纸诏书，为刘家天下提供一份保证。

汉高帝的这道诏书对于日后汉王朝的安定，是有积极作用的。然而，后来想要篡夺刘氏江山的，不是哪一位功臣，而是他结发妻子吕后及吕后所培植的诸吕势力。在平定诸吕叛乱中，为安邦定国尽力的却是他在诏书中所安抚与警告的功臣诸如周勃、陈平等人。这一事实，却是汉高帝始料不及的。

汉高帝死后，直到第四天仍未发丧。迟不发丧的原因，在于吕后另有谋划。此时，吕后与亲信辟阳侯审食其谋划说："将领们原先同皇帝一样，都是平民百姓，如今北面称臣，常常为此而闷闷不乐，现在又要令他们事奉年轻的皇帝。不把他们都杀掉了，天下不会安定。"

有人听到他们的这一谋划，便告诉了郦商。郦将军为此面见审食其，当面对他说道："我听说皇帝已驾崩，至今已有四日，尚不发丧，想要诛杀所有的将领。果真如此，那天下就危险了。陈平、灌婴统率十万大军驻守荥阳，樊哙、周勃统率二十万大军正在平定燕、代等地。他们如果得知皇帝驾崩，将领们都遭到屠杀，必定联合起来，进攻关中。京城内大臣叛变，外有诸侯造反，汉王朝的灭亡就指日可待了。"

审食其听郦商这么一讲，才感到诛杀大臣是步险棋，问题严重，便入宫向吕后报告，吕后于当日发丧，大赦天下，一场危机终于化险为夷。

同年五月，太子刘盈继位，史称"孝惠皇帝"。他接受群臣建议：先帝出身卑微，却夺得天下，功劳最高，所以，上谥号为"高皇帝"。命令各郡和诸侯国的治所，都要建高庙（高皇帝的神庙），每年按时祭祀，京都长安的高庙建立在长乐宫前面，规模最大。先帝当年在沛县作大风歌的行宫，改称"原庙"，刘邦曾亲自教习唱歌的一百二十个儿童，被招集起来，终年专职在原庙唱挽歌。并规定以后其中有人因病死了，从原籍随地补充，歌唱队须始终保持一百二十人的编制。

刘邦的墓称"长陵"，位于今陕西省咸阳市东约二十公里。陵墓建修在渭水北岸的高原边缘。远远望去，犹如山丘隆起，显得格外雄伟。现存陵冢仍长一百八十米，宽一百七十五米，呈方形。周围存在夯筑的土城，四面阙门的痕迹，仍可辨认。陵墓附近几十里范围内为达官显贵的陪葬冢。陪葬的有萧何、曹参、张良、周勃等元老重臣。当时还迁徙关中大族一万户到咸阳，专门为刘邦守坟。唐朝诗人唐彦谦曾赋诗《长陵》一首：

长陵高阙此安刘，附葬累累尽列侯。
丰上旧居无故里，沛中原庙对荒丘。
耳闻明主提三尺，眼看愚民盗一杯。
千载腐儒骑瘦马，渭城斜月重回头。

李白的《忆秦娥》，更是气势磅礴："乐游原上清秋节，咸阳古道音尘绝。音尘绝，西风残照，汉家陵阙。"

刘邦从公元前209年于沛县举兵反秦，到公元前195年病逝于长安长

乐宫。在历史的大舞台上纵横驰骋十五年。其中打江山用了七年（三年反秦起义，四年楚汉相争），守江山用了八年。说来也巧，刘邦死后，吕雉执掌国柄也是十五年。前七年，刘盈名义上是皇帝，实际上受吕后操纵；后八年，吕后干脆由后台走到前台，"临朝称制"，成为我国历史上第一位实际上的女皇帝。在这期间，她倒行逆施，极力把刘姓江山变成吕姓天下。太尉周勃智夺北军，剿灭诸吕，才使刘邦的事业得以延续。

汉高祖刘邦大事年表

附 录

魏安釐王三十年（公元前247年）

刘邦降生于沛县丰邑中阳里一个农民的家中。一岁。

魏景湣王元年（公元前242年）

秦蒙骜攻魏，取酸枣（今河南延津西南）、燕（今延津东北）、虚（今延津东）、桃人（今河南长垣西北）、雍丘（今河南杞县）、山阳（今河南焦作东南）、长平（今河南西华东北）等二十城，置东郡。刘邦六岁。

魏王假元年（公元前227年）

刘邦二十一岁。

魏王假三年（公元前225年）

秦王贲攻魏，决水灌大梁（今河南开封）三月后城坏，魏王假投降，魏亡。刘邦二十三岁。

秦始皇二十六年（公元前221年）

秦统一六国。刘邦二十七岁。

秦始皇二十九年（公元前218年）

刘邦三十岁，任泗水亭长。

秦始皇三十年（公元前217年）～秦始皇三十六年（公元前221年）

刘邦三十一～三十七岁，与吕雉结婚，赴咸阳观秦始皇出游。吕雉生下女儿。

秦始皇三十一年（公元前210年）

刘邦三十八岁，吕雉生下儿子刘盈。刘邦以沛县亭长押送徒隶赴骊山，中途释放徒隶，刘邦开始流亡。秦始皇南巡，病死于沙丘。胡亥以阴谋手段继位为，二世皇帝。

秦二世元年（公元前209年）

刘邦三十九岁。七月，陈胜、吴广起义。九月，刘邦在沛县起义，项

梁、项羽在吴起义。

秦二世二年（公元前208年）

刘邦四十岁。陈胜、吴广起义失败。项梁率起义军渡过淮河，刘邦遇张良，并投奔项梁，项梁立楚怀王。章邯大败项梁军于定陶，项梁死。项羽、刘邦、吕臣迁楚怀王都彭城。楚怀王封刘邦为武安侯，任为砀郡长；封项羽为长安侯，任鲁公。章邯率秦军北渡黄河，围困赵国。楚怀王任命宋义为上将、项羽为次将、范增为末将救赵，命刘邦伐秦，并与诸将约："先入关中者王之。"

秦二世三年（公元前207年）

刘邦四十一岁。项羽杀宋义，率楚军渡漳河，在巨鹿大破秦军，章邯投降项羽。刘邦进军昌邑，与彭城军会合，郦食其献计，刘邦智取陈留。刘邦攻颍川郡与张良会合，因与洛阳的秦军战斗失利，改变战略路线，打算从武关进入关中，秦南阳守投降刘邦。刘邦攻克武关，至蓝田，大破秦军。赵高杀二世，立子婴为秦王，子婴杀赵高。戚夫人为刘邦生下刘如意。

汉王元年（公元前206年）

刘邦四十二岁。子婴投降刘邦，秦亡。刘邦还军霸上，与秦民约法三章，派兵守函谷关。项羽坑杀秦二十余万降卒于新安，破函谷关，屯兵新丰、鸿门，欲击刘邦。刘邦赴鸿门宴，死里逃生。项羽杀秦王子婴，放火烧秦宫室。分封诸侯，刘邦任韩信为大将，还军定三秦。

汉王二年（公元前205年）

刘邦四十三岁。项羽派人杀义帝、攻齐，杀田荣，立田假为齐王，田荣弟田横起兵，立田荣子田广为王，项羽久攻不下。陈余破张耳，张耳投奔刘邦。陈余立赵歇为赵王，赵歇立陈余为代王。刘邦率军东进，河南王申阳、魏王豹投降刘邦。刘邦派韩襄王孙韩信打败项羽所封的韩王郑

昌，刘邦封韩信为韩王。刘邦俘殷王司马卬。刘邦为义帝发丧，率五诸侯兵五十六万讨伐项羽，攻入彭城。项羽率三万精兵回救，大破汉军，刘邦逃跑，父亲及妻子吕雉被项羽俘虏。刘邦退守荥阳，派随何策反九江王英布。刘邦攻破废丘，章邯自杀。魏王豹叛汉，刘邦派韩信袭破安邑，俘虏魏王豹。韩信、张耳攻赵。刘邦立刘盈为太子，萧何侍太子留守关中。

汉王三年（公元前204年）

刘邦四十四岁。韩信破赵，斩陈余，擒赵王歇，降燕。荥阳危急，纪信伪装汉王，出城降楚，刘邦趁乱逃出荥阳，入关中收兵，出兵宛、叶。彭越骚扰项羽后方，项羽回军击彭城，刘邦北上破楚军，屯成皋。项羽回军，攻破荥阳、成皋。刘邦入赵，夺韩信、张耳兵权，增援前线，派刘贾配合彭越，骚扰项羽后方。项羽命曹咎守成皋，回军击彭越。刘邦命韩信率军攻打齐国，郦食其出使齐国，说服齐王依附刘邦。

汉王四年（公元前203年）

刘邦四十五岁。韩信偷袭齐国历下军，齐王烹郦食其，逃往高密，求救于项羽。刘邦大破曹咎楚军，重占成皋，屯军广武。项羽派龙且率军救齐，自己率军与刘邦在广武相持。韩信破龙且，擒齐王田广。田横自立为齐王，被汉将灌婴击败，逃依彭越。刘邦立张耳为赵王，韩信请求为假齐王，刘邦命张良封韩信为齐王。项羽派武涉游说韩信，蒯通劝韩信独立，韩信不忍背汉。楚、汉议和，以鸿沟中分天下。项羽释放刘邦的父亲和妻子，撤兵东归。

汉高祖五年（公元前202年）

刘邦四十六岁。刘邦撕毁和约，出兵追击项羽，韩信、彭越不来参加会战，刘邦兵败固陵。刘邦用张良计，许愿给韩信、彭越封地，二从立即出兵，项羽兵败被围垓下，夜间四面楚歌，突围南逃，被汉军追及，自杀身亡。刘邦改封韩信为楚王，封彭越为梁王，并夺去韩信兵权。二月，

即位为皇帝，定都洛阳。封吴芮为长沙王，亡诸为闽越王。临江王共尉起兵反叛，刘邦命刘贾率军攻灭之。五月，颁布罢兵赐复诏书。刘邦召逃往海岛的田横赴洛阳，田横自杀，追随者也全部自杀。娄敬建议以关中为都城。七月，燕王臧荼反，九月平定，刘邦封卢绾为燕王。

汉高祖六年（公元前201年）

刘邦四十七岁。有人告楚王韩信造反，刘邦用陈平计，出游云梦，逮捕韩信，将其贬为淮阴侯。刘邦分封同姓王，以刘贾为荆王，刘交为楚王，刘喜为代王，刘肥为齐王。改韩王信封地于太原以北以防备匈奴。秋，匈奴攻马邑，韩王信投匈奴，率匈奴军攻太原，至晋阳。

汉高祖七年（公元前200年）

刘邦四十八岁。刘邦率军击韩王信，韩王信逃入匈奴。刘邦追击匈奴军，至平城，被匈奴骑兵围困于白登山，用陈平秘计，得以逃脱。匈奴攻代国，代王刘喜弃国逃归，被废为郃阳侯。刘邦立戚夫人子刘如意为代王。未央宫建成，刘邦从栎阳迁都长安。

汉高祖八年（公元前199年）

刘邦四十九岁。刘邦击韩王信余寇于东垣，还经赵国，赵国相贯高等人欲行刺刘邦，未遂。娄敬献和亲之议。禁止商人穿丝绸、带兵器、乘车骑马。

汉高祖九年（公元前198年）

刘邦五十岁。命娄敬赴匈奴，以其他人的女儿冒充长公主，嫁匈奴单于，并缔结和约。娄敬还，建议迁徙关东豪民大姓入关中，刘邦从之。贯高等人行刺刘邦的阴谋被揭露，逮捕赵王张敖，降为宣平侯。改封刘如意为赵王。原赵王张敖美人于狱中为刘邦生下儿子刘长后自杀。

汉高祖十年（公元前197年）

刘邦五十一年。赵相陈稀反，自立为代王，刘邦出击陈稀，至邯郸。

汉高祖十一年（公元前196年）

刘邦五十二岁。汉军击败陈豨叛军，并在参合攻杀韩王信。吕后与萧何设计，斩淮阴侯韩信于长乐宫钟室。梁太仆告发彭越谋反，刘邦逮捕彭越，将其流放蜀地，吕后建议刘邦杀彭越，刘邦遂族灭彭越。封刘恒为代王、刘恢为梁王、刘友为淮阳王。淮南王英布反，刘邦率军镇压，立刘长为淮南王。

汉高祖十二年（公元前195年）

刘邦五十三岁。刘邦击败英布，英布逃往江南被杀。刘邦回家乡沛县。周勃平定陈豨叛乱，杀陈豨。刘邦封刘濞为吴王。燕王卢绾反，樊哙率兵镇压，刘邦立刘建为燕王。四月甲辰日，刘邦逝世于长安长乐宫。五月丙寅日，葬于长陵。